|品|牌|经|典|系|列|

MANAGING BRAND EQUITY

Capitalizing on the Value of a Brand Name

管理品牌资产

（珍藏版）

[美] 戴维·阿克（David A. Aaker）◎著

吴进操 常小虹◎译

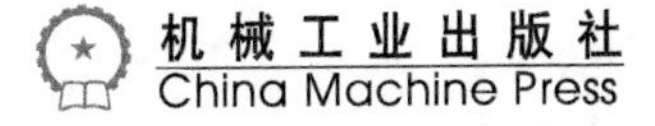

图书在版编目（CIP）数据

管理品牌资产（珍藏版）/（美）戴维·阿克（David A. Aaker）著；吴进操，常小虹译．—北京：机械工业出版社，2019.1（2024.5 重印）
（品牌经典系列）
书名原文：Managing Brand Equity：Capitalizing on the Value of a Brand Name

ISBN 978-7-111-61518-7

I. 管…　II. ① 戴…　② 吴…　③ 常…　III. 品牌－企业管理　IV. F273.2

中国版本图书馆 CIP 数据核字（2018）第 269004 号

北京市版权局著作权合同登记　图字：01-2011-3025 号。

管理品牌资产（珍藏版）

出版发行：机械工业出版社（北京市西城区百万庄大街 22 号　邮政编码：100037）

责任编辑：袁　银　　责任校对：李秋荣

印　　刷：固安县铭成印刷有限公司　　版　　次：2024 年 5 月第 1 版第 7 次印刷

开　　本：170mm×242mm　1/16　　印　　张：21

书　　号：ISBN 978-7-111-61518-7　　定　　价：79.00 元

客服电话：（010）88361066　68326294

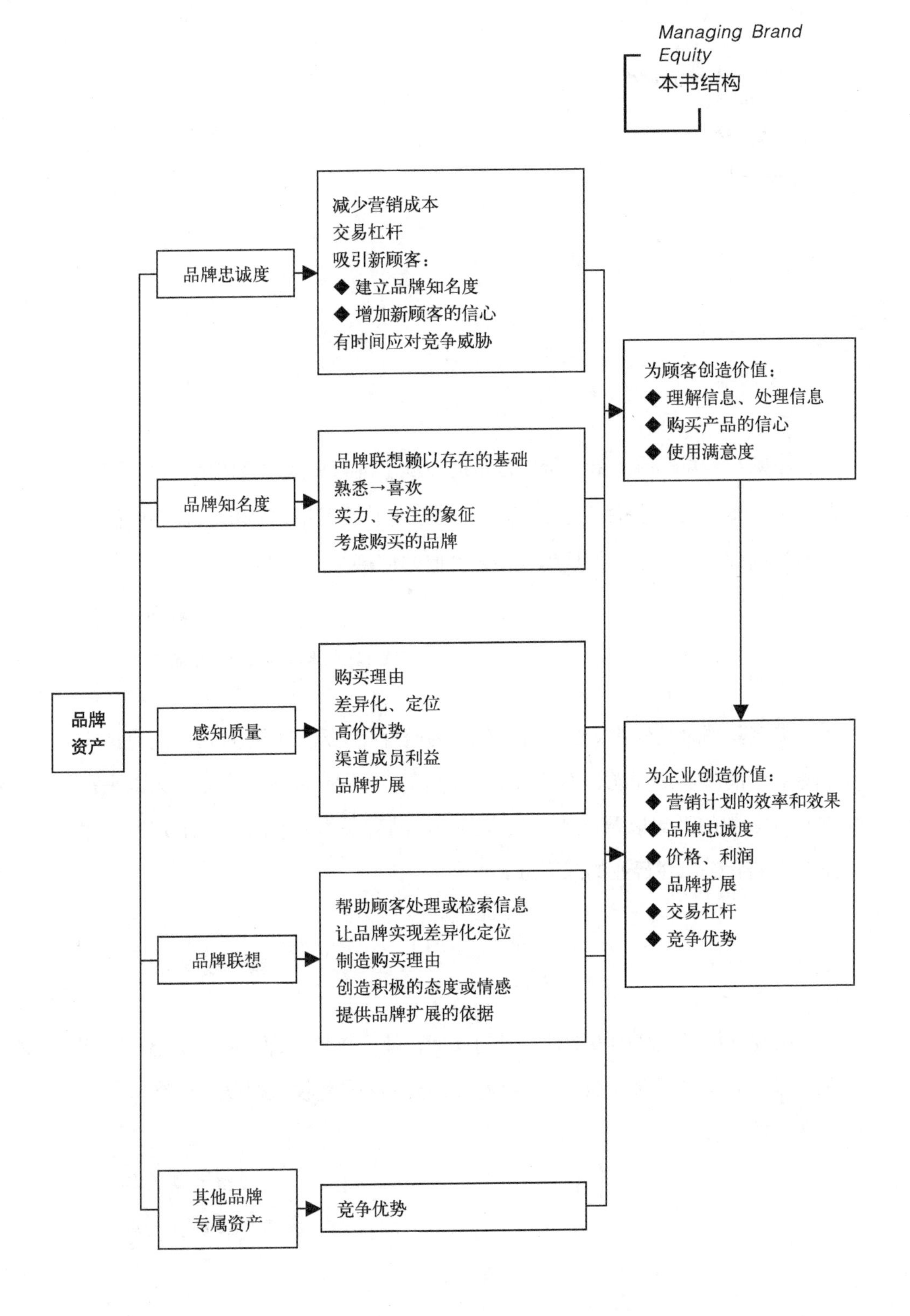
Managing Brand Equity
本书结构
品牌资产
品牌忠诚度
减少营销成本
交易杠杆
吸引新顾客：
◆ 建立品牌知名度
◆ 增加新顾客的信心
有时间应对竞争威胁
品牌知名度
品牌联想赖以存在的基础
熟悉→喜欢
实力、专注的象征
考虑购买的品牌
感知质量
购买理由
差异化、定位
高价优势
渠道成员利益
品牌扩展
品牌联想
帮助顾客处理或检索信息
让品牌实现差异化定位
制造购买理由
创造积极的态度或情感
提供品牌扩展的依据
其他品牌专属资产
竞争优势
为顾客创造价值：
◆ 理解信息、处理信息
◆ 购买产品的信心
◆ 使用满意度
为企业创造价值：
◆ 营销计划的效率和效果
◆ 品牌忠诚度
◆ 价格、利润
◆ 品牌扩展
◆ 交易杠杆
◆ 竞争优势

赞誉

戴维·阿克作品的最大价值是帮助你跳出创意和战术级传播，真正建立起品牌战略思维，关注深度品牌资产的建立，提升品牌溢价，解决中国企业低端的痛点，也是作为品牌人提升价值的秘籍。

翁向东

杰信品牌战略咨询首席专家

数字营销时代变化太快，让我们以为碎片化的观点便是前沿，阿克让我们想到了品牌不是曝光，不是点击，不是uv，不是share，而是长久以来积累在人心中的形象以及联想。只有回归对品牌最本质和最基础的理解，才能够参透我们所在行业的深远意义。

王冉

腾信创新COO

阿克介绍了品牌的重要性，针对如何创建、培养和评估品牌提出了明智的建议。这本书可能会使美国企业的注意力从季度收益报表，最终转移到永久性的增长。

约翰·奥图尔

美国广告协会主席

通俗易懂，富含大量有用的信息——戴维·阿克在这本无与伦比的著作中精辟地阐明了品牌资产的本质。所有的市场营销人员都应该读这本书，并将内容融汇于心。

彼得·希利

可口可乐公司前高级副总裁、全球营销总监

如果管理得当，那么随着时间的流逝，任何资产所能获得的回报都不及商标所能获得的回报。戴维·阿克的这本书有助于学生和企业在职人员更好地理解品牌资产领域的复杂性、敏感性和机遇。

戴维·丹古尔

菲利普·莫里斯公司高级营销副总裁

品牌资产是当今广告和营销中最热门的话题之一。本书为你提供全面且具洞察力的资料。

威廉·威尔斯

恒美广告公司执行副总裁

这本精彩、实用且富有洞察力的书精辟地审视了定义品牌资产的“资产”，以便在20世纪90年代战略性地创建、开发、营销和管理品牌。

维贾伊·马哈詹

得克萨斯大学奥斯汀分校

管理者必读之书。在竞争日趋激烈的市场上，蠢才比拼价格，胜利属于那些能够找到在消费者心目中产生永久价值的方法的人。这本书是为那些成功者所写的，它将简洁的案例研究与合理的学术研究融为一体。

汤姆·彼得斯

《追求卓越》作者

译者序

本书作者戴维·阿克（David A. Aaker）生于美国北达科他州，在麻省理工学院斯隆管理学院取得管理学学士学位，在斯坦福大学取得统计学硕士和工商管理博士学位，是铂慧品牌与营销咨询公司（Prophet Brand Strategy）的副总裁、美国加利福尼亚大学伯克利分校哈斯商学院营销战略学的名誉教授、日本电通广告公司的顾问，是品牌和品牌资产领域最具影响力的权威学者之一，当前美国品牌界的领军人物，被《品牌周刊》誉为“品牌资产的鼻祖”。

戴维·阿克在《哈佛商业评论》《营销学》《加州管理评论》等著名专业类媒体上发表过100余篇专业论文，其中有三篇曾赢得最佳论文奖。他先后出版了15本专业书籍，其中《管理品牌资产》（1991）、《创建强势品牌》（1996）和《品牌领导》（1998）被喻为“品牌三部曲”，并畅销全球，对全球企业界产生了广泛、深远的影响。他的作品被译成18种语言，销量超过100万册。

本书是“品牌三部曲”的开创与奠基之作。我们知道，品牌体现了企业对产品在质量、性能等方面的承诺，会影响顾客对产品的选择。顾客一旦对品牌产生了信任感，就有可能选择与之相关的其他产品，哪怕价格高于竞争对手。由此可见，品牌蕴藏着巨大的价值，这就是所谓的品牌资产。

品牌资产是20世纪80年代在营销研究和实践领域中新出现的一个重要概念。在20世纪90年代以后，特别是本书于1991年出版之后，品牌资产就成为营销研究的热点问题，而本书也极大地影响了管理者的思想和行动。

在本书中，品牌资产是指与品牌（名称和标志）相联系的，可为公司或顾客增加或削弱产品价值或服务价值的资产和负债，主要包括5个方面，即品牌忠诚度、品牌知名度、感知质量、品牌联想以及其他品牌专属资产（如专利、商标、渠道关系等）。

作者认为，品牌资产是企业最有价值的资产之一。品牌资产可以帮助顾客理解、处理并存储大量的产品信息和品牌信息，可以影响顾客再次购买产品时的信心，可以增加顾客对产品使用的满意度。从企业方面讲，品牌资产可以提高营销计划的效果，可以提高品牌忠诚度，可以增加产品的边际收益，可以通过品牌扩展实现企业发展，可以对分销渠道产生影响，可以形成竞争优势从而遏制竞争对手。

既然品牌资产具有重要的战略意义，那么企业就必须对品牌资产进行价值评估。作者在本书中列出了各种评估方法的依据，包括品牌名称所能支撑起的高价优势、品牌名称对顾客偏好的影响、品牌的重置价值、股票价格以及品牌的收益能力。在这些方法中，有些是从企业方面衡量的，有些是从产品方面衡量的，有些则是从顾客方面衡量的。仅仅采用其中一种方法，往往也能得到良好的效果。但要想全面了解品牌的价值，就需要综合利用多种方法。

当然，品牌资产不会自发产生。作者认为，品牌资产的创建、维持和保护需要主动管理。这既需要战略上的规划，也需要战术上的策略。在品牌忠诚度方面，我们需要正确对待顾客、亲近顾客，衡量并管理顾客满意度，制造顾客转向其他品牌的成本，提供额外服务；在品牌知名度方面，我们需要走差异化路线，使用口号或押韵，进行标志宣传和公共宣传，采取活动赞助，进行品牌扩展，运用产品或品牌提示，进行反复宣传等；在感知质量方面，我们不仅要提高产品质量，还要把产品的优质感传递给顾客；在品牌联想方面，我们需要识别并管理好顾客进行判断的信号和指标，开展有效的降价促销、公共宣传，并让顾客参与其中，以及进行危机管理。另外，扩展品牌、复兴品牌也可以增加或保持品牌资产。最后，在全球化的浪潮中，建立全球品牌已经成为必然趋势，但在这个过程中，企业也应注意品牌的地方化。

本书作者对品牌资产现象的探讨可谓深入而有趣，无论是品牌与标志、口号以及各类基础资产的关系结构，还是品牌资产创造价值的原理和方式，读者都能了然于心。

在本书中，作者援引了大量的案例，因而涉及不少生僻的公司名称、产品名称和专业术语，这里要特别感谢互联网带来的便捷性，为译者节约了不少时间和精力。由于译者水平有限，加之时间仓促，书中难免存在不妥之处，恳请读者批评指正。

前　言

品牌的力量

《广告研究杂志》（*Journal of Advertising Research*）有位编辑曾问过著名广告研究专家拉里·莱特（Larry Light）对未来30年营销的看法。莱特的分析对我们有一定的启示意义：

> 未来的营销大战将会是品牌争夺市场主导地位的竞争，是一场品牌之战。企业和投资者将会认识到，品牌才是企业最有价值的资产。这个观念非常重要。它看到了发展企业、巩固企业、保护企业和管理企业的方法……拥有市场比拥有工厂更为重要，而拥有市场的唯一方法就是拥有可以主导市场的品牌。

品牌名称的力量不仅仅局限于消费品市场。事实上，品牌资产对于工业品市场的重要性恐怕还要大于消费品市场。品牌知名度往往会对工业品买方是否考虑购买产品产生至关重要的影响。即使经过对比分析，买方也会在很多备选工业品之间慎重抉择。这时，品牌在购买者心中的价值就会成为决定性因素。

对品牌建设的关注

今天，品牌资产是管理学界最热门的话题之一。美国营销科学研究院（Marketing Science Institute）最近对其会员公司展开了调查，其中包括美国顶级的50家营销公司，调查的目的是了解这些公司眼中亟待研究的迫切问题，结果发现，最受追捧的研究议题就是品牌资产。学术研究对品牌建设的关注程度也在迅速高涨。最近，由营销科学研究院赞助的研究计划竞赛一共收到了28份计划。

这种高涨的兴趣还反映在激增的会议、文章和媒体关注中。另外，很多企业也在尝试不同的组织形式，从而更好地强化和保护品牌资产。例如，高露洁棕榄香皂、加拿大干饮（Canada Dry）等公司设立了品牌资产管理职位，以便保护品牌的价值。

兴趣高涨的背后有以下几个方面的原因。首先，由于建立新名称不切实际或成本过高，企业宁愿多花点钱来建设现有的品牌名称。这又引申出若干问题。例如，品牌资产的价值是多少？品牌资产的基本要素是什么？为何要投入如此多的资金？

其次，营销专家认为，过于强调价格往往会导致降价促销的滥用，最终使行业出现过度竞争的局面。因此，企业应将更多的资源转移到品牌建设活动上来，努力培育品牌的差异点。这就要求企业通过非价格竞争来建立持续性竞争优势。然而，品牌建设活动不像降价促销，几乎不会对短期销量产生显著影响，而在现实中，企业又往往面临着实现短期业绩的巨大压力，因此，如何为品牌建设活动提供合理依据就成了一道必须解决的问题。

再次，经理们认识到，为了最大限度地提高经营业绩，就需要综合利用企业的资产。通常，企业的核心资产就是品牌名称。如何利用品牌名称？品牌名称能否扩展到新的产品，能否应用到新的市场中，能否通过强化品牌名称或者改变品牌名称的组成要素来获得更多的利益？反过来说，品牌名称是如何受到损害的？怎样才能避免这种损害？

本书的写作思路

本书有以下几个目标。第一，解释品牌资产的含义及其组成要素，加深管理人员对品牌资产的认识，从而弄清品牌资产是如何创造价值的。第二，用研究成果和直观案例证明，营销决策或环境事件既可以提升品牌价值，也可以损害品牌价值。第三，讨论品牌资产的管理方法。品牌资产应当如何创建、如何维持、如何保护？品牌资产应当如何发掘？第四，提出若干问题供思考型经理从战略角度进行思考。

本书主要针对直接或间接负责品牌和品牌资产的管理者。这些管理者所代表的企业有大有小，有以消费品为主，也有以工业品为主，有服务型，也有产品型。他们非常理解发掘并保护核心品牌资产的必要性。他们将会（或应该）解决以下问题：公司名称在品牌方程中起到什么样的作用？是否应当建立子品牌？品牌名称是否应当扩展到其他产品？当然，我也希望本书能够在管理学院中应用，便于师生努力提高管理总体战略和具体品牌资产的能力。

第 1 章介绍象牙品牌及其历史背景，解释品牌资产的含义，给出评估品牌资产价值的各种方法。接下来的 6 个章节主要关注品牌资产的 4 个维度，其中包括各个维度的含义、为顾客和企业创造价值的方式及其衡量与管理。

第 2 章讨论品牌忠诚度的重要性。第 3 章讨论品牌知名度的建立、衡量及其作用。第 4 章讨论感知质量及其管理方式，并证明感知质量在经营业绩中的作用。第 5 章介绍品牌联想和品牌定位的概念。第 6 章讨论品牌联想的衡量方法。第 7 章的主题是品牌联想的选择、创建和维护。品牌联想的管理占了 3 章篇幅，很明显，这是最重要也最复杂的内容。

品牌是通过名称、标志和口号来进行识别的，其中标志和口号是更为常见的识别方式。第 8 章主要讨论品牌的这些指征及其选择。第 9 章的主题是品牌扩展，扩展品牌的结果有好、坏和糟糕之分。第 10 章提出疲劳品牌的复兴方法，即在疲劳品牌及其环境中注入新鲜活力。另外，这章也给出了终结品牌的方法，即让品牌优雅地坠落，甚至消亡。第 11 章讨论建立全球品牌的有关内容，给出品牌资产的总体模型，最后回顾各个章节的主要内容，集中列出本书的要点。

每章均以品牌的历史故事作为开头。这些品牌曾经历过不同寻常的事件，它们有的非常善于建设品牌资产，有的则非常不善于建设品牌资产。从历史中我们可以学到很多东西。每个案例分析都向我们生动地证明了各种各样的举措会对品牌造成影响。在其中几个例子中，我们用货币价值来评估那些影响品牌的一系列举措，不过，品牌与举措孰为因果是无法确定的。另外，一系列的案例研究贯穿了本书的始终，充分地阐释了各种概念和方法，便于读者把握和理解。

除了单个品牌的历史故事，我们还汇编了各种各样的系统性研究。过去 15 年来，人们对市场份额、知名度、品牌扩展、感知质量等品牌要素的研究有了长足的发展，为品牌要素的作用提供了重要的证据支持。其中，有些研究是根据大型数据库做出的，有些研究则来自对照实验。不管怎样，过去长期依赖于主观看法的品牌管理如今都已经取得了实质性的进展。

每章以若干思考问题结尾。通过这种方法，各个章节的思想就可以转化为诊断纲要和行动原则。有些问题可以促使企业重新看待品牌和品牌环境，有些问题则要求企业寻找更多的信息。

致　谢

在本书的写作过程中，我得到了很多人的帮助。在这里，请允许我对以下人士表示衷心的感谢。首先要感谢鲍勃·华莱士（Bob Wallace）和凯文·凯勒（Kevin Keller）。鲍勃·华莱士是自由出版社（The Free Press）的编辑，他对本书倾注了无限的热情。凯文·凯勒是我前两个品牌研究项目的同事，他提出了很多发人深省的看法。另外，睿狮公司（Lowe & Partners）的斯图尔特·阿格雷斯（Stuart Agres）、奥美公司（Ogilvy）的亚历克·比尔（Alec Biel）、柯达公司的帕特里克·克兰恩（Patrick Crane）、WPP 集团的斯蒂芬·金（Stephen King）、得克萨斯大学的维贾伊·马哈詹（Vijay Mahajan）、灵狮公司（Lintas）的拉里·珀西（Larry Percy）、金宝汤公司的阿尔·莱利（Al Riley）等人不但阅读了大部分书稿，还提出了有益的建议。睿狮公司的詹尼弗·阿克（Jennifer Aaker）、惠普公司的罗素·伯格（Russell Berg）、加利福尼亚大学伯克利分校的皮特·巴克林（Pete Bucklin）和拉什·格来齐尔（Rashi Glazier）、鲁尔百利宫公司（Ruhr/Paragon）的罗伯特·琼斯（Robert Jones）、营销科学研究院的肯特·米切尔（Kent Mitchel）、尼尔森公司（Nielsen）的奥古斯特·施瓦能伯格（August Swanenberg）、明尼苏达大学的阿尔·夏克（Al Shocker）、康奈尔大学的道格·斯泰曼（Doug Stayman）、恒美广告公司的比尔·威尔斯（Bill Wells）等同事阅读了本书部分章节，给出了有益的建议。自由出版社的丽莎·卡芙（Lisa Cuff）和加利福尼亚大学伯克利分校的塞丽娜·乔（Serena Joe）提供了非常有益的帮助。再就是营销科学研究院，该机构赞助了 3 场品牌研讨会，为我提供了灵感与支持。此外，苏珊·安德森（Susan Anderson）、杰夫·卡蒙（Ziv Carmon）、阿纳斯塔西亚·杰克逊（Anastasia Jackson）、安迪·基恩（Andy Keane）、塞迪·沙法利（Said Saffari）和伊哥·西尼亚夫斯基（Iegor Siniavski）等诸多研究助理和学生也提供了巨大的帮助。

最后，我还要感谢我的家人，感谢他们对我写作事业的宽容和理解。

戴维·阿克
于伯克利

Managing Brand Equity

目 录

MANAGING BRAND EQUITY

第1章

品 牌 资 产

工厂生产产品；顾客购买品牌。产品可以被竞争对手复制；品牌却是独一无二的。产品可以很快过时；成功的品牌却可以经久不衰。

——斯蒂芬·金（英国伦敦 WPP 集团）

象牙皂的故事

1879 年的一个星期天，蜡烛及肥皂生产商宝洁公司的创始人之一哈里·波克特（Harley Procter）来到教堂，听到唱诗“你的衣服散发没药、沉香、肉桂的香气，象牙宫中的丝弦乐器和声音使你欢喜”，便记住了“象牙”一词。[1] 后来，象牙成为宝洁公司的一款洁肤香皂的名称。

1881 年 12 月，宝洁公司在一份宗教周刊上登出了第一则象牙皂广告，宣称象牙皂可以“漂浮在水面上”，并且“纯度高达 99.44%”，这种一箭双雕的宣传后来成为宝洁公司最著名的广告词之一。而宝洁公司于 1920 年刊登的象牙皂广告显示，象牙皂的定位并没有随着时间的推移而发生变化。森林、赤脚女孩和清水所制造的意象仍旧能够烘托象牙皂的特点。

象牙皂的纯度口号并非无中生有，它是有实际证据支持的：一位化学家在实验中发现象牙皂仅含有 0.56% 的杂质。至于香皂可以漂浮，则纯属生产误操作所致。工人错误地把空气充入了香皂原料。后来，顾客无意中发现了香皂可以漂浮，甚至还想再订购一些这样的“漂浮香皂”。

当时，很多香皂是黄色或褐色的，会刺激皮肤，损伤衣物。在这种大环境下，象牙皂一经推出，便成了引人注目的产品。而且象牙皂还有特别的实用价值，即使掉到洗澡水里，也不会沉下去，解除了人们在水里寻找香皂的苦恼。于是象牙皂具有了良好的定位——是一款纯正、温和、可以漂浮的香皂。从一开始，宝洁公司就在广告中强调，象牙皂非常温和，适合宝宝使用，而在广告中也经常出现宝宝的形象。白色、象牙、纯正、漂浮、宝宝，所有这些都更加证明了象牙皂纯正、温和的口号。响亮的品牌名称加上独具特色的产品包装，使顾客确信，这就是他们想要的温和型香皂。1882 年，宝洁公司积极投入 1.1 万美元的预算，用于全国性广告支出，从此拉开了走品牌道路的序幕，同时这也让顾客相信，厂家愿意站在产品后面，做产品的后盾。

如今，象牙皂已有 100 多年的历史。象牙皂建立品牌资产，维持品牌资产，真正实现了品牌资产的价值，可以说是这一方面的最佳范例。品牌资产的严谨定义和详细讨论将在本章下文展开。这里，我们只简单地说，品牌资产就是一系列资产的集合，它包括品牌知名度、品牌忠诚度、感知质量和品牌联想，其中品牌联想（如“纯正”“漂浮”）是由品牌（名称和标志）产生的，它既可以增加产品或服务的价值，也可以减少产品或服务的价值。

无独有偶，1885 年，一向天气阴沉、少见阳光的英国出现了一款名为“阳光皂”的家用肥皂。这就是联合利华公司的发端，如今它已成为全世界规模最大的公司之一。只是，阳光皂不如象牙皂好运，后来逐渐被“卫宝”(Lifebuoy)、“力士”(Lux)、“闪亮”(Rinso) 等品牌取代。

在将近 30 年后的 1911 年，宝洁公司推出了起酥油（Crisco)，这是世界上第一款全植物性的起酥油。在登出的广告中，一位妇女在厨房中面对新烘焙的大黄馅饼赞不绝口。这则广告把品牌同人们的日常生活联系起来，是“生活片段式广告”的雏形。没过几年，生活片段式广告成了宝洁公司的主要宣传形式。截止到 1933 年，宝洁公司陆续推出了奇舒（Chipso)、卓夫特 (Dreft)、象牙皂片 (Ivory Flakes)、象牙雪 (Ivory Snow)、佳美 (Camay) 等品牌，其中奇舒是专为洗衣机设计的肥皂，卓夫特是合成洗衣粉，而象牙系列则与佳美同属香皂产品，互为竞争。

在 20 世纪 30 年代的大萧条期间，宝洁以实际行动表明了自己对象牙品牌资产的支持。虽然面临着巨大的经济困难，宝洁仍然顶住压力，没有削减广告费用。事实上，宝洁通过在广播节目中赞助《奥尼尔》这部“肥皂剧”，使其销量在 1933 ～ 1939 年翻了一番。

1941 年，利华兄弟公司 (Lever Brothers) 模仿象牙皂，推出天鹅香皂

(Swan)，使象牙皂的忠诚度和市场份额受到了威胁。利华兄弟公司在海报中宣称天鹅香皂是“快乐10年[⊖]以来第一款真正的漂浮香皂”。为了应对挑战，宝洁大幅增加广告投入来捍卫象牙品牌。由于天鹅香皂与象牙皂没有明显的差别，利华兄弟公司无法撼动象牙品牌的地位，最后选择退出市场。

1931年5月，尼尔·麦克尔罗伊（Neil McElroy）在备忘录中提出了建立品牌管理小组的想法。当时，尼尔在宝洁主要负责佳美香皂的广告事务，对在象牙品牌的阴影下工作非常不满。他认为，公司里关注佳美的人太少，营销工作（以及建立资产、维持资产的工作）混乱无序，而且缺乏预算支持。解决办法是建立品牌管理小组，专门负责营销计划并协调与销售、生产的关系。建立品牌管理小组可以说是品牌发展史上的重要事件。

20世纪40年代后期到50年代，宝洁公司新推出了斯潘清洁剂（Spic & Span cleaner）、汰渍洗衣粉（Tide）、飘然洗发露（Prell）、立特家庭烫发剂（Lilt）、欢乐洗碗精（Joy）、蓝奇乐洗衣粉（Blue Cheer）、佳洁士牙膏（Crest）、达诗低泡沫洗衣粉（Dash）、高美漂白清洁剂（Comet）、多姿香皂（Duz）、奥秘除臭液（Secret）、吉夫花生酱（Jif）、杜肯汉斯蛋糕粉（Duncan Hines）、魅力卫生纸（Charmin）和象牙洗手液（Ivory Liquid）。20世纪六七十年代，新增的品牌有帮宝适纸尿布（Pampers）、福格斯咖啡（Folger's）、适口福漱口水（Scope）、邦蒂纸巾（Bounty）、品客薯片（Pringles）、邦驰衣物柔顺剂（Bounce）、瑞灵棉球（Rely tampons）和乐肤纸尿布（Luv）。

到了20世纪80年代后期，宝洁已拥有83个广告品牌，年销售额近200亿美元。在其39类竞争产品中，有19类产品的品牌高居美国市场榜首；除5类产品外，宝洁其余的品牌都在前3强。在这39类产品中，宝洁公司的平均市场占有率接近25%。

很多公司把工作重点放在一个品牌上，并按照已有的定位策略来保护自

⊖ 快乐10年指1891～1900年。——译者注

己的品牌，这样一来，竞争对手通常就会竭力寻找新的细分市场，从而谋求自己的一席之地。但宝洁公司不一样，它愿意开发多个互相竞争的品牌来覆盖新的细分市场，不管新的品牌会不会对现有品牌造成不利影响，甚至威胁。在洗衣粉这个发展成熟且经过充分细分的产品门类中，我们很容易看到，一系列品牌联合起来，可以覆盖各个细分市场，并最终占据主导地位。例如，宝洁公司就采用了不同的联想来定位不同的细分市场，从而使自己的市场份额达到了 50% 以上。下面列举其中的 10 个品牌：

象牙雪——“纯度高达 99.44%”“温和无伤害，适合洗涤尿布和宝宝的衣物”。

汰渍——去污能力强，适合家庭洗衣，其广告语为“有汰渍，没污渍”。

奇乐（Cheer）——适合冷水、温水、热水洗涤，其广告语为“适用于各种水温”。

格尼（Gain）——以前是加酶洗衣粉，现在是加香洗衣粉，其广告语为“让全家都清新”。

波特 3（Bold 3）——含衣物柔顺剂，其广告语为“衣物洗后，干净、柔顺、没静电”。

达诗——去污能力强，泡沫少，不堵塞洗衣机。

卓夫特——含有“硼砂以及来自大自然的天然甜料”，适合洗涤宝宝衣物。

奥克多（Oxydol）——含有不伤衣物的漂白剂，适合洗涤亮白色衣物，漂白不掉色。

时代（Era）——浓缩型洗涤液，含有去污蛋白质。

梭罗（Solo）——超强去污力，含衣物柔顺剂。

在宝洁公司中，品牌的力量非常明显，很少有其他公司能够做到这样。毫无疑问，发展品牌资产、建立品牌管理体系、持续投资市场营销是宝洁公司取得成功的关键。

通过一些公开数据，我们可以粗略地估算象牙这一品牌名称在过去一个多世纪中给宝洁公司创造的价值。我们知道，在 1977 ～ 1987 年，宝洁公司在美国标准媒体（measured media）上的广告支出为 3 亿美元多一点。据估计，在这期间标准媒体的广告支出占宝洁广告总支出的 75%。如果象牙产品也是同样的比率，那么象牙产品的广告总支出约为 4 亿美元。

假定广告支出与销售额的比率为 7%（在这期间，宝洁公司的总体比率介于 6% ～ 8%），那么象牙产品的全球销量应为 57 亿美元。假定自 1887 年以来宝洁的销量呈指数增长，那么象牙产品自推出以来总销量约为 250 亿美元。假定平均利润率为 10%（1987 ～ 1989 年，洗衣、清洁类产品的平均利润率为 10%），那么象牙品牌的总利润估计在 20 亿～ 30 亿美元。

华尔街普遍认为宝洁公司是以长远眼光来看待其品牌盈利能力的，这一点很有趣，但也并非巧合。从短期看，这对投资者而言是丧气的，也是有风险的。尽管如此，宝洁仍然对品牌保持耐心，即使这些品牌出现了长时间的亏损。例如，在面临巨额亏损的情况下，宝洁仍然坚持品客薯片、杜肯汉斯即食软饼干、橘山橙汁（Citrus Hill）等品牌的运营。宝洁立足长远发展，在某种程度上是因为宝洁有 20% 的股份是由员工持有的。

在本书中，我们将对品牌资产展开探讨。宝洁公司的例子表明，发展品牌资产可以创造品牌联想，进而确立市场地位，实现长远发展，并抵抗竞争对手的强势攻击。只不过，发展品牌资产在初期投资后还需要持续投资，而且数额巨大，不一定能实现短期盈利。如果真要盈利，恐怕也是数十年之后的事情了。因此，品牌资产的管理绝非易事，它既需要有不急不躁的耐心，也需要有深谋远虑的眼光。

接下来，我们会给出品牌资产的定义，指出品牌资产是由若干基本维度组成的，对各个维度都需要进行管理。我们还会详细讨论如何定位品牌价值等一系列问题。但首先，我们必须解决一组基本问题。例如：品牌究竟是什么？品牌资产的作用在逐渐下降吗？降价促销是怎样影响品牌的？追求短期财务回报的内在原因是什么？重视品牌资产是否可以制衡短期财务回报的压力？

品牌的作用

一个品牌就是一个独特的名称和（或）标志（如徽标、商标或包装设计），既可以用来识别某一销售商或某一群销售商销售的产品或服务，也可以用来区别竞争对手的产品或服务。因此，品牌向顾客发出了产品来源的信号，品牌可以有效防范竞争对手生产外观相似的产品，既保护了消费者，也保护了生产商。

有证据表明，为了识别生产商而把名称印在砖头等产品上的案例古已有之。[2] 众所周知，欧洲中世纪的同业公会就要求使用商标，既让消费者放心，同时也保护了生产商。16 世纪初期，威士忌酿酒商用木桶装运自己的产品，木桶上烧刻有生产商的名字，告诉消费者谁是生产商，以防不法分子用廉价产品鱼目混珠。1835 年，苏格兰出现了一种名为“施美格”(Old Smuggler) 的牌子，因为造酒者采用了特殊的工艺，酿出来的酒味道香醇，于是名声大振，“施美格”正是利用了这样的名声。

虽然品牌早已在商业中发挥了重要作用，但直到 20 世纪，品牌化与品牌联想才被竞争者真正重视起来。事实上，现代营销的显著特征就是重视品牌的差异化建设。人们用市场研究来寻找品牌的差异化要素，借助产品特征、名称、包装、分销策略、广告宣传，就可以建立差异化的品牌联想。这一想法的目的是把普通商品转化为品牌产品，从而降低购买产品时价格因素的重要影响，并加大差异化因素的影响作用。

品牌的力量，以及品牌建设的难度与代价，取决于企业投资品牌的意愿。例如，卡夫食品公司（Kraft）在被收购时的价值为近 130 亿美元，是其账面价值的600%以上，美国雷诺兹－纳贝斯克公司（RJR Nabisco）拥有众多品牌，它们更是为其带来了250多亿美元的价值。这些价值远远超出了资产负债表中那些有形资产所代表的价值。

品牌名称如能特许使用，还可以创造更为可观的价值。例如，新奇士（Sunkist）1988年的特许使用权费收入高达1030万美元，特许使用其名称的产品达上百种，包括新奇士水果软糖（本迈尔森糖果公司（Ben Myerson））、新奇士橘子汽水（吉百利史威士公司（Cadbury Schweppes））、新奇士果汁饮料（立顿公司（Lipton））、新奇士维C（瑞士汽巴－嘉基公司（Ciba-Geigy））、新奇士水果点心（立顿公司）。[3] 立顿公司正是凭借"新奇士开心水果"的名称战胜了通用磨坊食品公司（General Mills）早已成功的"水果角落"系列点心。水果角落的口号是"真正的水果和真正的快乐在这里合二为一"，但新奇士开心水果一出场便令其黯然失色，因为它在名称上已经胜了一筹。

老品牌最有价值，因为今天创建品牌的难度要高于几十年前。首先，广告宣传和产品分销的成本要远远高于过去。今天，播一分钟甚至半分钟的商业广告都是非常昂贵的，对于很多企业而言不切实际。其次，品牌数量增长迅速。每年超市新出现的品牌大约有3000种。在本书写作时，市场上已有750种汽车品牌、150多种唇膏品牌、93种猫粮品牌。所有这些均表明，为了赢得顾客的芳心，为了建立分销渠道，竞争只会越来越激烈。另外，品牌退居到细分市场后，由于销量有限，往往无法落实成本高昂的营销计划。

不重视品牌建设

尽管品牌的价值是显而易见的，但种种迹象表明，品牌建设的过程在退化，顾客忠诚度在降低，价格因素的影响也越来越明显。另外，书刊插页广告也暗示出了一系列不重视品牌的征兆，很多企业将来一定会觉得这些征兆似曾相识。

不重视品牌建设的征兆

- 管理者对品牌联想及其力量的认识并不确定。几乎不了解不同产品门类、不同时间段品牌联想的差异。
- 不了解品牌知名度的划分。不知道产品认识问题是否存在于每个产品门类。对顾客首先想到的品牌、情况是如何变化的缺乏了解。
- 没有系统、可靠、细致、有效的方法来衡量顾客的满意度和忠诚度，也没有指导性的诊断模式来及时了解这些方法产生变化的原因。
- 品牌与企业之间长期成功的关系无法用指标来衡量，因而无法评估品牌的营销工作。
- 企业中没有真正负责品牌资产保护的专业人士。即使有名义上的品牌负责人（被称为品牌经理或产品营销经理），也只依据短期措施来评估品牌的作用。
- 品牌业绩和品牌经理业绩的衡量方法都是以季度和年度为周期的，没有真正意义上的长期目标。而且，品牌经理并没有真的打算用足够长的时间进行战略思考，因而也不会对品牌的最终绩效进行衡量。
- 没有相关机制来衡量并评估营销方案的各项工作对品牌的影响。例如，推行促销活动时没有考虑促销活动会给顾客造成的联想，也没有考虑这些联想可能对品牌造成的影响。
- 没有长期的品牌战略。没有回答或者没有解决以下三个关于未来

5～10年的品牌环境的问题：品牌应当具有什么样的联想？品牌应当以哪类产品为竞争对象？将来品牌应该在消费者心目中建立起什么样的形象？

尼尔森市场研究公司曾筛选出50种超市品牌进行研究，结果发现，1975～1987年，这些品牌的市场份额下降了7%。另外，NPD市场研究公司研究显示，1975～1983年，在20类超市产品中，以6个月为周期的品牌购买数目平均增长了9%。这些证据表明，消费者对超市商品的忠诚度已经有所下降。[4]

BBDO广告公司通过调查发现，在13类消费品中，全世界的消费者都觉得不同品牌之间的差异微乎其微。[5] 在调查中，消费者需要回答他们在某类产品中选择的品牌是否大同小异。结果发现，认为香烟品牌大同小异的占52%，认为信用卡品牌大同小异的占76%，其他产品门类的情况介于两者之间。纸巾、汤料等注重实用性能的产品的相似度明显高于香烟、咖啡、啤酒等注重形象的产品的相似度。

有人就内衣、鞋、厨房用具、家具、家电等11类产品对百货店的购物者进行了调查，结果同样表明价格因素的作用在下降。[6] 在400名随机拨通电话的调查对象中，只有39%表示他们愿意全价购买产品，41%在等待降价促销，另有16%以上的调查对象购买了打折的陈列货品。有趣的是，这项研究发现，一类产品的媒体宣传与该类产品的全价销量呈高度负相关。当然，广告宣传还是可以创造强势品牌，因为即使面临折扣狂潮，它们仍然可以占据市场份额。

促销活动

缩减广告宣传等品牌建设活动对企业的短期业绩几乎没有影响，用这种方式来对品牌资产进行“吸脂”㊀似乎非常诱人。而且，品牌资产的下降也并不明显。然而，无论是汽水还是汽车，降价促销都可以立见成效。降价促销对销量的影响是立竿见影、明明白白的。很多产品促销一周，就能看到销量的上涨：果汁饮料会上涨443%，冷冻食品会上涨194%，洗衣粉会上涨122%。[7]

降价促销是第三、第四品牌守住货架的一种方法。百事可乐也很喜欢降价促销，通过促销来打击可口可乐。当然也是通过促销，百事可乐把七喜挤出了市场。

过去的20年来，无论是面向顾客的促销活动（如赠送优惠券、满额返现），还是面向商家的促销活动（如批发折扣），数量都有大幅增长。仅仅在10年前，促销支出与广告支出的比例是2 ∶ 3。如今，这一比例变成了3 ∶ 2，而且还在发生变化。20世纪80年代，优惠券发放额度每年增长11.8%。[8] 即使像汽车之类的大件产品，降价促销也在大行其道。

与品牌建设不同，大多数促销活动很容易被人复制。实际上，促销活动一展开，竞争对手必须还击，否则只会遭受出乎其意料的损失。降价促销一旦开始，便很难停止，因为顾客和商家早已形成思维定式，一定会安排好在促销期间的购买计划。结果价格的影响作用势必要大幅增加。迫于压力，产品的质量、功能和服务必然要下降。在极端的情况下，市场上甚至会出现与之雷同的产品，因为品牌的联想已经不重要了。如此一来，促销活动的短期效应反而更好，只不过，品牌的价值降低了。最近一项针对1000多项促销活动的研究表明，如果把成本和预购因素考虑在内，只有16%的促销活动产生了真正的回报。[9]

由于促销业绩可以直接衡量，因而促销的作用被大大提高了。加之最近食品、药品商店中出现了基于条码扫描的数据库，用短期措施衡量营销活动的做法也比以往更受欢迎。从数据库中可以看到，降价促销可以增加销量，但是这样的数据库非常不适合衡量长期成果。一方面，在喧闹的市场中，长

㊀ 吸脂的具体含义见第10章。——译者注

期成果是很难检测的；另一方面，跨越多年进行促销实验的成本是高昂的。由于促销活动的长期效果无法用简单便捷且行之有效的方法来衡量，短期举措的影响力反而增加了。这种情形有点像醉汉只在街灯下寻找车钥匙，重要的不是车钥匙在哪里，重要的是街灯下有灯光，因此就“按灯索匙”了。

降价促销及其他活动虽然对品牌有一定的损害，但很多营销部门的短期定位使降价促销等活动深受欢迎。品牌经理及其他关键人员往往是定期轮流任职的，因此，他们在任何职位上都只打算待三五个年头。这就是他们的时间范围。更糟糕的是，在这期间公司对他们的业绩评估采用的是短期衡量方法，例如市场份额的变动情况和短期的利润率。这是因为短期衡量方法切实可行且行之有效，而衡量长期成功的指标却虚无缥缈、难以把握。另外，营销部门自身关注的也只是短期业绩。

短期业绩压力

品牌决策一般发生在短期业绩压力极大的组织机构中。特别是在美国，各种各样的发言人，包括从哈佛大学毕业的政治学者兼索尼公司董事长和麻省理工学院工业生产力委员会的作者，都得出了有力的结论：美国经理过于专注短期利润而损害了长远战略。

美国经理专注短期业绩的主要原因在于，他们坚信股东价值最大化是美国企业的首要目标。然而，股东又特别容易受到季度收益的影响。在股东眼里，未来回报与当下业绩是紧密相连的。在股东这种不成熟的思维模式下，经理必须拿出最佳季度收益的需要就会逐渐渗透到组织目标与品牌管理评估中来。结果，公司上上下下莫不感到压力巨大——他们必须拿出最好的短期财务成果。

这里有一个基本问题，即股东通常无法了解企业的战略远景：一方面，股东对企业的战略决策并不知情；另一方面，股东也无法理解变化多端的战略环境或错综复杂的组织机构。况且，除了短期财务指标，长远业绩实在别无其他可靠的指标来衡量。

由于缺乏能跨越多年的现场实验，因此我们虽然努力了几十年，但仍然没能成功地为广告宣传的长期价值建立模型。新产品推广的业绩衡量同样很难量化。企业可以跟踪新产品的研发费用、新产品数量、新产品推出后 5 年内的市场份额等，但是很难形成可靠的替代措施来衡量长远业绩。营销活动的长远价值，比如是增强品牌资产还是削弱品牌资产，同样很难得到有效的体现。出于无奈，这项空白只好由短期财务来填补，结果短期财务成了衡量业绩的主要方法。

美国经理不但要重视股东利益，还要面临其他各种压力，因此很难以长远的目光来管理品牌资产。那怎么办？简而言之，我们需要找出长期业绩的衡量方法，以此作为短期财务的补充，甚至直接取代短期财务，这些衡量方法必须可靠管用，还必须满足股东的要求。

广告宣传对品牌建设的潜在影响

IRI 研究公司曾就广告宣传对品牌建设的潜在影响这一冷门领域进行了研究。[10] 在研究中，IRI 对数百个高频广告进行了实验分析，其中将高频广告与中频广告或普通广告进行了对比。实验结果显示，半数以上的高频广告在实验期内对销量没有显著影响。IRI 找出广告实验在一年后对销量产生重大影响的 15 个实验，结果发现，销量在基期内平均增长了 22%，在高频广告结束后的第二年到第三年，销量增长开始萎缩，但仍然高于基期，分别为 17% 和 6%。由此可见，如果只以一年为单位，广告宣传的作用就被大大低估了。当然，人们往往希望广告宣传和降价促销能在几个月甚至几周之内就效果显著。

资产和技能的作用

把主要工作重心从短期财务管理转移到资产和技能的开发与维护，是进行战略定位的一种方法。[11] 资产是企业拥有的优于竞争对手的资本，例如品牌名称或零售地点。技能是企业比竞争对手做得好的地方，例如广告宣传或高效的生产制造。

资产和技能是企业获得持续性竞争优势的基础。企业做什么（企业的竞争方式和企业选择的竞争范围）通常很容易被人模仿。然而企业是什么却要难模仿得多，因为这里面要涉及对资产或技能的获取和控制。任何人都有权利选择超市来分销谷类食品或洗涤剂，但很少有人有能力像通用磨坊食品公司那样做到高效。适当的资产和技能可以阻挡竞争对手的猛烈攻击，让企业长时间地保持竞争优势，并获得长期利润。这里的问题是，我们需要找到核心的资产和技能，从而使企业获得竞争优势、建立竞争优势、保持竞争优势并高效利用竞争优势。

我们都知道，资产是滚滚利润的创造者，特别是当资产资本化，并出现在资产负债表中时。例如，政府债券是一种典型的资产，厂房、设备和工人的工厂也是一种资产。当然，工厂与政府债券不同，它需要有积极的管理，而且必须进行维护。

然而，企业最重要的资产是无形的，例如组织人员和品牌名称，由于它们没有资本化，因而无法显示在资产负债表中。“无形资产”的折旧是无法评估的，因此，除了现金流和短期利润，我们还要对无形资产进行保值。众所周知，即使情况不容乐观，也必须保有工厂这部分有形资产：一方面，利润表中含有折旧的部分；另一方面，维护也是必需的。相比之下，无形资产则更加脆弱，对它们的“维护”也更容易被忽略。

管理品牌名称

以品牌名称为代表的资产就是一种无形资产。对于很多企业而言，品牌名称及其含义是最重要的资产，是建立竞争优势的基础，也是未来滚滚收益的前提。只不过，大家都盲目地认为，品牌名称必须保值、必须增值，因而品牌名称的管理大都杂乱无章，缺乏连贯性。

凡事求快的美国经理常常忙碌于每日业绩的衡量，因为这件事做起来更容易；他们不会把工作重点放在品牌资产上。东北公司股价大跌是什么造成的？降价促销能否打败新产品的挑战？我们怎样做才能战胜市场新人？我们能否把名称用在其他部门的产品上，以解燃眉之急？怎样才能实现持续增长？品牌名称能否成为进入新产品市场的通行证？

解决好品牌的短期问题，说不定会带出一项行之有效的举措，在某些情况下，这样的举措甚至是长期有效的。然而这种做法也有危险之处，即品牌在得到开发的同时，也可能因为过度开发遭到恶化。如果对品牌扩展不加限制，品牌的核心联想就会被弱化。一个品牌如果把市场扩展到中低端商店和顾客，品牌的联想就有可能受到损害。降价促销也许可以让顾客感到自己捡了大便宜，但我们应当把品牌看成一项资产，看成一块禁伐林区。不顾将来的利益而肆意开采禁伐林区也许会带来巨额的短期利润，但资产却会在开采的过程中遭到毁灭。

仅仅防止侵害是不够的，我们还需要培育品牌、呵护品牌。假如一个企业崇尚成本文化、效率文化，那么品牌还会面临着更为危险的境地，因为这样的企业会专注于采购、产品设计、生产制造、促销、物流等各个环节的工作效率，使品牌无法得到培育而一步步走向衰败。另外，效率压力还会增加企业在成本目标和顾客满意度之间进行平衡的难度。

品牌建设活动对未来业绩的价值是很难衡量的。因此，我们需要深入了解品牌资产与未来业绩之间的关系，从而证明品牌建设活动的合理性。品牌资产是由哪些基本维度组成的？这些基本维度与未来业绩有什么样的关系？需要开发、保值或增值的维度有哪些？其回报 / 风险的本质又是什么？提高产品感知质量或品牌知名度的价值是什么？找到这些问题的答案，我们就有了更多的依据来支持品牌建设，并抵制使用短期的权宜之计。

任何品牌建设活动都需要正当理由的支持。只不过，广告宣传活动对支持理由的需求更加强烈罢了，因为这里面要涉及巨额的支出，而巨额的支出又很容易受到短期压力的影响。扬罗必凯广告公司（Young & Rubicam）的总裁彼得·乔治斯库（Peter A. Georgescu）看到了广告宣传的这种压力。他注意到，公司要想打造一个强势品牌，就需要学会衡量、预测并管理好传媒方面的因素。[12] 他告诫说："我们的客户投入巨额资金进行强势品牌建设，我们必须找出品牌建设活动的衡量方法，我们必须给出品牌建设活动的充分理由，否则……""否则"的意思是品牌会变成"毫无个性、毫无生气"的商品。

要判断品牌资产的价值，首先要弄清楚什么是品牌资产的价值——给品牌资产带来价值的到底是什么。因此，我们要先回到定义问题。接下来，我们要看看增加品牌价值的几种方法，以加深我们对品牌概念的理解。最后，我们还会介绍品牌创建者或管理者会面临的一些问题。

品牌资产的含义

品牌资产是指与品牌（名称和标志）相联系的，可为公司或顾客增加或削弱产品价值或服务价值的资产和负债。品牌资产基于的资产和负债必须与品牌的名称和（或）标志相联系。如果品牌名称或标志发生变化，部分甚至全部品牌资产或负债就会受到影响，甚至消失，尽管部分资产或负债有可能会转移到新的品牌名称或标志上。品牌资产基于的资产和负债虽然因环境而异，但大体上可以分为以下五类：

1. 品牌忠诚度。

2. 知名度。

3. 感知质量。

4. 除感知质量以外的品牌联想。

5. 其他品牌专属资产——专利、商标、渠道关系等。

图 1-1 为品牌资产概念的总结。从图中可以看出，这五类资产是品牌资产的基本维度。另外，从图中还可以看出，品牌资产为顾客和企业都创造了价值。

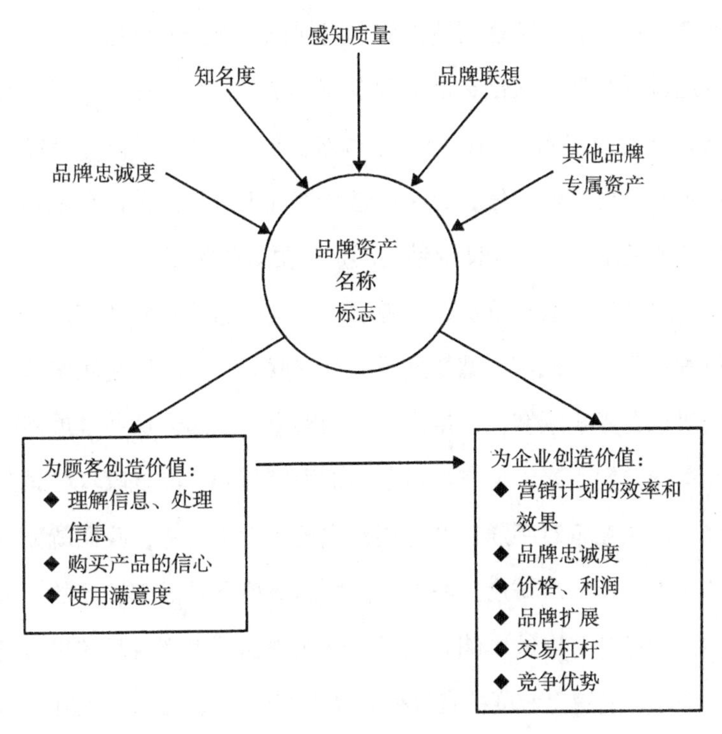

图 1-1 品牌资产

为顾客创造价值

品牌资产通常可以为顾客增加价值。品牌资产可以帮助顾客理解、处理并存储大量的产品信息和品牌信息。顾客用过产品、熟悉品牌及其特征后，品牌资产还可以影响顾客再次购买产品时的信心。更重要的是，感知质量和品牌联想可以增加顾客对产品使用的满意度。假如顾客知道珠宝是蒂芙尼（Tiffany）出品的，就一定会对佩戴体验产生影响：佩戴者确实会有不一样的感觉。

为企业创造价值

品牌资产不但能为顾客创造价值，同样也能为企业创造价值。品牌资产至少可以通过五六种方法创造边际现金流。第一，品牌资产可以提高营销计划的效果，从而吸引新顾客，夺回老顾客。假如顾客对某一品牌较为熟悉，而且对品牌质量也表示信任，那么在这种情况下进行促销活动就会促使顾客尝试新口味或新用途，从而使促销活动产生更好的效果。

第二，知名度、感知质量、品牌联想、其他品牌专属资产这四类品牌资产均可以提高品牌忠诚度。感知质量、品牌联想和知名度是顾客购买产品的理由，同时也会影响顾客在使用产品时的满意度。即便这些维度不是决定顾客选择品牌的关键因素，但它们可以增加顾客信心，降低顾客尝试其他产品的可能性。假如竞争对手通过产品创新实现了竞争优势，我们就尤其需要提高顾客购买产品时的忠诚度。注意，品牌忠诚度既是品牌资产的一种，也会受到其他四类品牌资产的影响。而且，这四类品牌资产对品牌忠诚度的影响非常大，因此，品牌忠诚度被直接列为品牌资产为企业创造价值的一种方式。

应当注意，知名度、感知质量、品牌联想、其他品牌专属资产这四类品牌资产也存在类似的相互关系。例如，感知质量有时会受知名度的影响（知名产品往往质量较好），受品牌联想的影响（知名代言人只会代言优质产品），受忠诚度的影响（忠诚的顾客不喜欢劣质产品）。在某些情况下，我们直接把这四类资产看成品牌资产形成的原因或结果反而更好一些，虽然这并未在

图 1-1 中表现出来。

第三，品牌资产通常具有较高的边际收益。一方面，品牌具有高价优势；另一方面，品牌对降价促销的依赖程度低。在很多情况下，品牌资产的基本维度都支持着品牌的高价优势。另外，假如某一品牌的品牌资产出了问题，那么该品牌一定会在促销活动上投入更多的资金，目的也往往只是守住自己在分销渠道上的地位。

第四，有了品牌资产，企业便可通过品牌扩展实现自身的发展。我们已经看到，象牙品牌扩展到其他清洁产品后，扩大了企业的经营范围，如果没有象牙这个名称直接进军这些领域，其成本要远远高于现在的成本。

第五，品牌资产可以对分销渠道产生影响。商家和顾客一样，面对已经取得认可和建立联想的成熟品牌，内心的不确定性减少了。大品牌往往具有很多优势，它们既能获得货架来展示，又能得到营销支持。

第六，品牌资产是企业的竞争优势，是遏制竞争对手的真正壁垒。品牌联想可以预先占领消费者对某类产品重要特征的联想。例如，汰渍洗衣粉适合去顽渍，则其他品牌就很难在“去顽渍”方面与汰渍竞争。

极高的感知质量是难以攻克的竞争优势，例如讴歌汽车（Acura）让顾客相信不会有其他品牌的质量能够超越讴歌（即便真的超越了）。一个没有知名度的品牌，要想实现同样的知名度，恐怕要付出极其高昂的代价。

现在，我们回过头来再看看构成品牌资产的五个维度。每个维度都讨论过了，我们不难发现，每个维度的建设都需要资金支持，每个维度都需要保值，否则就会随着时间的流逝而逐渐消失。

品牌忠诚度

在任何行业中，争取新顾客都需要付出高昂的代价，而维持老顾客的成本则相对较低，特别是当老顾客满意于该品牌，甚至喜欢该品牌时。其实，在很多市场中，即使顾客转换品牌的成本非常低，即使顾客对现有品牌的忠诚度不高，但顾客仍有着巨大的惯性，不愿意做出改变。因此，我们可以说，现有顾客群的建立主要基于过去的投资。另外，有些老顾客还会把品牌介绍给新顾客，他们用自己的亲身经历消除了新顾客的疑虑。

顾客群的忠诚度越高，品牌就越不容易受竞争对手的攻击。竞争对手不会主动把资源花费在对其他品牌满意的顾客群上。另外，顾客忠诚度越高，对经销店的影响也越大，因为顾客希望随时都能买到某一品牌的产品。

品牌名称和品牌标志的知名度

人们往往喜欢购买熟悉的品牌，熟悉的品牌让人产生舒服的感觉。在人们的心里，熟悉的品牌是被普遍认可的，比较可靠，有质量保证。因此，人们往往会选择知名的品牌，不会选择不知名的品牌。如果顾客只考虑品牌产品，只在看中的几个品牌中选择，那么品牌的知名度就显得特别重要。不知名的品牌也就几乎没有被选中的可能。

感知质量

说到某个品牌，人们往往对其总体质量有一个感知，这种感知不一定建立在详细了解产品规格的基础上。在不同的行业中，顾客对质量的感知是不一样的。惠普、IBM 的感知质量不同于所罗门兄弟（Solomon Brothers）、汰渍洗衣粉或亨氏食品的感知质量。不过，感知质量始终是可以衡量的重要品牌特征。

感知质量可以直接影响顾客的购买决定和品牌忠诚度，特别是当购物者不想或不能进行详细的分析时。感知质量还可以支持品牌的高价优势，高价优势反过来又能创造毛利，而毛利也能再次投资于品牌资产。另外，感知质量是品牌扩展的基础。如果一个品牌能在一个环境中得到广泛的认可，我们就有理由认为，该品牌在其他类似环境中具有同样优秀的质量。

品牌联想

品牌名称的潜在价值往往取决于具体的品牌联想。例如，顾客看到麦当劳叔叔，往往会产生积极的态度或感觉，然后联想到麦当劳。看到演员卡尔·马尔登（Karl Malden），我们会联想到美国运通卡，进而联想到信用，有时还会增加我们对服务的信心。由阿司匹林联想到心脏病预防，这种“使用情境”的联想可以变成购买理由，从而吸引顾客。生活方式或个性方面的联想可以改变使用体验。“捷豹”（Jaguar）的联想会让拥有捷豹和驾驶捷豹的体验“与众不同”。强烈的品牌联想是品牌扩展的基础：“好时”(Hershey)的品牌联想甚至让好时巧克力奶这款饮料有了竞争优势。

为原料产品建立品牌：纽特健康糖

从“珀杜鸡”(Perdue)和“金吉达香蕉”(Chiquita)的例子中可以看出，初级产品也能建立成功的品牌。不久以前，人们还认为两者只是单纯的初级产品，如今，这些品牌却都建立了无可比拟的知名度和质量声誉。

孟山都公司（Monsanto）旗下的纽特公司（Nutrasweet）面临的任务更为艰巨，它要为专利产品天冬甜素代糖建立一个强有力的品牌，使天冬甜素在20世纪90年代初专利到期后仍能继续存活下去。[13]

它的策略就是创建一个消费级的品牌名称（使用“营养”“甜味”等词）和品牌标志（使用大家都熟悉的旋涡形），以此建立牢固的品牌，使消费者只选择纽特公司的产品，而不选择竞争对手用低成本制造的同类产品。纽特公司一方面投放了大量的广告，另一方面坚持其 3000 款产品每款都要贴上纽特的名称和标志，后者为品牌的创建工作立下了汗马功劳。该品牌在市场上取得了极大的成功。1989 年，即产品推出后仅仅 6 年，其销售额超过 8.5 亿美元，利润高达 1.8 亿美元。

这里出现了几个有趣的问题：面对廉价的替代品，纽特品牌有多强？纽特怎样才能保持顾客的忠诚度？它的新产品简而乐代脂品（Simplesse）能否重现昔日的成功？同样的策略能否再次奏效？

如果一个品牌在该类产品的核心特征上具有良好的定位（如服务支持或技术优势），那么竞争对手将无从攻击。假如竞争对手发起正面攻击，直接宣布其产品在这一方面的优势，就一定会出现信誉问题。例如，一家存在竞争关系的百货店宣布自己已经在服务方面超过以服务闻名的诺德斯特龙公司（Nordstrom），这恐怕很难让人相信。到头来，它只得寻找其他方面（也许是其劣势方面）进行竞争。由此可见，品牌联想是遏制竞争对手的重要壁垒。

其他品牌专属资产

前文提到的知名度、感知质量、品牌联想这三类品牌资产都是顾客对品牌的感知和反应；第一类品牌资产是顾客忠诚度；第五类则是其他品牌专属资产，例如商标、专利、渠道关系等。

能够阻碍甚至制止竞争对手争夺顾客群、损害品牌忠诚度的品牌资产都是最有价值的资产。这些资产包括商标、专利、渠道关系等。商标可以防止竞争对手采用相似的名称、标志或包装迷惑顾客，从而保护品牌资产。一个强势的专利会直接影响顾客对品牌的选择，使品牌避开竞争，而一个业绩记录良好的品牌还可以控制分销渠道。

资产要想发挥作用，就必须与品牌建立关联。例如，分销渠道要想成为品牌资产的组成要素，其建立就必须基于品牌，而不是基于企业（比如基于宝洁公司或菲多利公司（Frito-Lay））。企业无法直接接触商店货架，不能随便用一个品牌替换另一个品牌。如果一项专利的价值很容易由一个品牌名称转移到另一个品牌名称，那么它对品牌资产的贡献就是很低的。同样，如果一组门店地址换成其他品牌名称照样能够很好地经营，那么它们对品牌资产就没有什么贡献。

品牌的价值

寻找品牌价值的评估方法是非常重要的，原因有几个。第一，评估品牌价值是一个实际问题。既然品牌可以买卖，买卖双方就必须对品牌价值进行评估，这样才能找出最合理的方案。第二，资金有很多用途。为什么要投资品牌，可以提升品牌资产吗？我们需要给出理由。至少，我们要证明品牌投资可以增加品牌的价值。正因为这一点，有人会“觉得”，品牌价值的评估方法可能有助于经理解决品牌投资的问题。第三，价值评估问题可以加深我们对品牌资产概念的理解。

品牌名称的价值是什么？我们不妨先来看一看IBM、波音、贝蒂妙厨（Betty Crocker）、福特、慧俪轻体（Weight Watchers）、百威啤酒（Bud）、富国银行（Wells Fargo）等品牌名称。假如这些公司没有了品牌名称，只保留了其他相关业务的资产，会出现什么情况呢？这些公司在失去品牌名称后，如果要挽回经营损失，又需要花费多大的开支？花费什么样的开支才能避免业绩下滑（也许是永久性的业绩下滑）？

百得公司（Black & Decker）曾投资3亿多美元收购了通用电气公司的小家电业务，但通用电气这一品牌名称只用了3年。百得公司经过一番努力把通用电气转换成为自己的品牌名称。最后，百得公司的人员认为，如果当初不收购通用电气的小家电系列而直接进入这一领域，也许他们可以把小家电业务做得更好。由通用电气到百得，品牌资产的转换成本非常高昂，公司完全可以开发新的产品系列并建立新的品牌名称。很明显，通用电气这一品牌名称是小家电业务的重要组成部分。

关于品牌资产的价值评估，人们至少提出了五种常规方法。第一种方法的依据是品牌名称所能支撑起的高价优势。第二种方法是衡量品牌名称对顾客偏好的影响。第三种方法是看品牌的重置价值。第四种方法的理论基础是股票价格。第五种方法侧重于品牌的收益能力。下面我们将逐一讨论这五种方法。

品牌名称创造的高价优势

知名度、感知质量、品牌联想、品牌忠诚度等品牌资产均可为品牌带来高价优势。这些额外收入既可用于提高利润，也可用于再投资，从而创造更多的资产。

衡量品牌高价优势有一种简单的方法，那就是直接观察市场的价格水平。两者相差多少？不同品牌的差值之间又有什么关系？例如，同类汽车的价格水平是怎样的？不同品牌每年的价格下降多少？面对企业自身的价格调整，或者面对竞争对手的价格调整，品牌是如何反应的？

另外，高价优势还可以通过顾客调查来衡量。我们可以问顾客愿意花多少钱购买某一产品的各项功能和特征（其中一项特征为品牌名称）。这种调查方法称为货币衡量法（dollarmetric scale），它可以直接衡量品牌名称的价值。

美国汽车公司（American Motors）曾用货币衡量法对某款车型（当时叫作雷诺豪华车（Renault Premier））进行了测试，不过方法略有变通。美国汽车公司的工作人员把无标记（无名称）的车型展示给顾客，问他们愿意花多少钱购买。[14] 接着，他们又向顾客展示贴有不同名称的汽车，并问了同样的问题。结果显示，没有名称的车型，价格在 1 万美元左右，贴有雷诺豪华车名称的汽车，价格要再高出 3000 美元。后来，克莱斯勒公司收购了美国汽车公司，雷诺豪华车也变成了鹰牌豪华车（Eagle Premier），但其售价仍然接近于上述调查中所显示的水平。

如果我们找到有关方法来衡量在不同价格水平下顾客的购买偏好或购买概率，那么我们就可以有更深入的了解。在这样的研究中，购买偏好对竞争对手下调价格的抵制程度和对品牌自己下调价格的响应程度都是可以确定的。资产价值高的品牌在面对竞争对手的低价竞争时，只会损失极少的份额，而一旦把自己的相对价格略微下调，便能收回这些失去的份额。

第二种方法是取舍分析法（也称为联合分析法）。在这种方法下，调查对象需要对品牌的特征进行取舍判断。例如，假设电脑的特征包括现场服务（提供、不提供）、价格（3200 美元、3700 美元）、名称（康柏、赛科（Circle）），有的调查对象可能会选择有现场服务、价位低、知名品牌的电脑。要确定各项特征的相对价值，调查对象需要进行如下选择：

3700 美元，康柏	相对于	3200 美元，赛科
3700 美元，有现场服务	相对于	3200 美元，无现场服务
康柏，无现场服务	相对于	赛科，有现场服务

取舍分析法的结果就是各项特征对应的货币价格。因此，根据某类产品的相关特征进行取舍判断后，便可得出品牌名称的货币价格。

假定某一品牌已经取得高价优势，那么某一年品牌的价值应为高价差值乘以单位销量。另外，减去一定时间范围内的现金流，也是品牌价值评估的一种方法。

品牌名称与顾客偏好

只考虑品牌所获得的高价优势，并非量化品牌资产的最佳方法，特别是像香烟、航空旅行等产品，价格极其相似，高价优势并不明显。这时，我们需要采用另外一种方法，即用顾客的购买偏好、购买态度或购买意愿来衡量品牌名称对品牌价值评估的影响。那么，品牌名称与品牌价值评估的关系是什么？

有研究表明，当顾客区分品牌名称后，家乐氏公司（Kellogg）的玉米片的支持率从 47% 上升到了 59%。[15] 阿姆斯特朗公司（Armstrong）也将瓷砖系列与同类产品进行了对比试验，当顾客得知阿姆斯特朗品牌后，购买偏好从 1 ∶ 1 上升到 9 ∶ 1。这里的问题是，品牌名称对市场份额和品牌忠诚度的影响究竟有多少？

品牌的价值应为品牌名称所带来的额外销量（或额外市场份额）的边际价值。例如，我们假设品牌失去名称后，销量将减少 30%，或者品牌的广告宣传停止后，5 年内的销量将下降 30%。因失去边际销量而损失的利润即为品牌的价值。

在一段时间内品牌的高价优势、顾客偏好均可通过调查研究进行衡量和跟踪。高价优势和顾客偏好可以说是跟踪品牌资产的依据。然而，这种方法是静态的，只能看到品牌的当前力量，没有考虑质量改进等变化因素对未来前景的影响。

重置成本

另外，研究建立相似品牌、相似业务的成本也是一种办法。据基德 - 皮博迪公司（Kidder Peabody）估计，推出新消费品的成本在 0.75 亿～ 1 亿美元之间，成功概率在 15% 左右。假如开发并推出新产品的成本为 1 亿美元，成功概率为 25%，那么平均下来，我们要开发 4 款产品，花费 4 亿美元，才能保证其中一款的成功。因此，一个公司肯定愿意花费 4 亿美元收购一个成熟的品牌，而且收购的预期前景并不比自主开发新产品差。

根据股价走势估算品牌价值

该方法取自金融理论，并且芝加哥大学卡罗尔·西蒙（Carol J. Simon）和玛丽·沙利文（Mary W. Sullivan）两位教授也使用过。[16] 该方法依据股票价格来评估公司品牌资产的价值。其理论依据为，股票市场可以调节企业的价格，从而反映品牌的未来前景。

根据该方法，首先要计算出公司的市场价值，即股票价格与股本总数的函数，然后减去有形资产（如厂房、设备、库存、现金）的重置成本，再将得到的收支差额，即无形资产，按比例一分为三：品牌资产的价值、非品牌因素（如研发、专利）的价值和行业因素（如法律法规、产业集中度）的价值。品牌资产应为品牌年龄及其上市次序（品牌越老，资产越多）、广告累积（广告创造资产）、当前广告在行业中的份额（当前广告份额与定位优势相关）的函数。

为了估算这一模型，在用股票市场对 638 家公司进行价值评估时（减去有形资产的价值），必须与 3 类无形资产的指标建立关联。有了模型的估算结果，即可估算各个公司的品牌资产。该模型的适用范围是公开交易的公司，因此，对于拥有主流品牌的公司，该模型是最有效、最有用的。当然，该模型的吸引人之处在于，它依据的是股票价格，因而反映的是未来收益，而不是过去收益。

表 1-1 为不同行业品牌资产的平均值，以公司有形资产百分比表示，数据源于 638 家公司在 1985 年的数据。正如所预期的那样，金属、初级建材等行业的品牌资产微不足道，而服装、烟草业的公司却有着巨大的品牌资

产。我们再具体到公司层面来看，德雷尔冰激凌（Dreyers Ice Cream）（美国东部市场采用埃迪（Edy）这一名称）、盛美家（Smucker）拥有相对于有形资产较高水平的品牌资产，虽然品食乐（Pillsbury）的品牌资产相对较低，但也是非常庞大的。

表 1-1 品牌资产（以公司有形资产百分比表示）

行业	品牌资产
服装	61
烟草	46
食品	37
化工品	34
机电产品	22
运输设备	20
初级金属	1
石材、玻璃、黏土	0
食品公司	**品牌资产**
德雷尔	151
盛美家	126
百富门	82
家乐氏	61
莎莉	57
通用磨坊	52
品食乐	30

在用该模型分析软饮料行业后我们发现，营销活动会对品牌资产产生影响。1982 年 7 月可口可乐公司推出“健怡可乐”（Diet Coke）后，其品牌资产增长了 65%，而百事可乐则没有变化。1985 年可口可乐公司推出前景暗淡的“新可乐”（New Coke）后，其品牌资产下降了 10%，而百事可乐反倒增长了 45%（不过，软饮料仅占百事公司销量的 40%）。

依据未来收益估算品牌价值

衡量品牌资产的最佳方法是估算品牌资产未来收益的贴现值。那么，如何进行这样的估算呢？

第一种方法是使用品牌的长期规划。我们只需对预计的利润流进行贴现。品牌的长期规划应当把品牌的优势及其对竞争环境的影响考虑在内。假如公司利用品牌规划来估算品牌资产的价值，就需要校准生产成本，使其反映行业的平均成本，而非实际成本。原因在于，任何高于（或低于）平均效率的成本都应算作生产成本，而非品牌资产。[17]

第二种方法是估算当前收益，然后乘以收益倍数。即使品牌利润规划不存在或不合适，该方法同样适用。收益估算可以是扣除了特别费用的当前收益。如果当前收益反映的是上升或下降周期，不具代表性，那么最好从过去几年的收益数值中取几个平均值。如果收益因为可校正问题而出现较低值或负值，那么收益可以根据行业利润标准以销量百分比进行估算。

收益倍数是估算和衡量未来收益价值的一种方法。要想得到收益倍数的正常范围，必须查看本行业或临近行业企业的历史价格收益比率（即市盈率 P/E）。例如，品牌的收益倍数范围为 7 ～ 12 或 16 ～ 25，不同行业的情况所有不同。

通过行业市盈率，可以判断股市投资者对该行业的预期——行业增长潜力、现有竞争对手和潜在竞争对手所构成的未来竞争强度、替代产品的威胁。在收益倍数范围确定后，品牌又该取哪个市盈率呢？

要在收益倍数范围内确定实际倍数值，还需要对品牌的竞争优势进行估计。品牌收益是越来越强，且高于行业平均水平，还是越来越弱，且低于行业平均水平？在估计之前，我们应当先对品牌资产的五个基本维度进行评估，然后再算出加权平均值。

评估品牌资产

要对品牌资产的五个基本维度进行评估，就需要解决并回答以下问题：

品牌忠诚度 不同产品门类的品牌忠诚度分别是多少？顾客是否满意？对流失顾客进行采访后说明了什么？顾客为何离开？不满意的原因是什么？市场份额有多少？销售趋势是怎样的？

品牌知名度 在该类产品市场中，品牌知名度这一资产的价值是多少？与竞争对手相比，自己的品牌知名度有多高？未来发展情况如何？该品牌有人考虑吗？品牌知名度是不是需要考虑的问题？怎样才能提高品牌知名度？

感知质量 是什么触发了顾客的感知质量？顾客看重的是什么？是什么传递出了质量的信号？感知质量是否有价值，或者说，市场竞争是否进入了过度竞争的状态？价格、边际利润是否在逐步下降？如果是，下降趋势能否稳住或减缓？在感知质量方面，各个竞争对手的情况是怎样的？有无变化？在盲测中，我们的品牌名称的价值是多少？是否随时间而变化？

品牌联想 品牌能否在人们的头脑中产生形象？产生的是什么样的形象？该形象能否成为竞争优势？口号或标志能否成为独特的资产？品牌及其竞争对手是如何定位的？对品牌的各种定位进行评估，然后弄清品牌的价值、品牌与顾客的关联性、品牌是否容易受到竞争对手的影响，即何种定位是最有价值的、最不受竞争对手攻击的？品牌的意义是什么？品牌最强的联想是什么？

品牌的价值是否应该向股东汇报

有人认为，品牌的价值应当在资产负债表中体现出来，即便不是如此，也应以公司财务报表的形式向股东汇报。其实，英国已经有好几家公司把品牌资产列入资产负债表中了。例如，1988 年，兰克斯·霍夫斯·麦克道格尔（Ranks Hovis McDougall）决定将价值 120 亿美元的 60 个品牌纳入资产负债表。首先，这些无形资产的价值很容易超过科目详尽的有形资产的价值，从而影响股东对公司价值的评估。其次，品牌资产报告侧重于无形资产，因此更容易给出支持品牌建设活动的理由，即可以获得长远回报。假如没有这些信息，股东就只能依赖于短期财务情况进行投资判断。

不过，这里有一个问题，品牌资产的价值评估能否做到既客观真实又有据可依？除非品牌资产的价值评估经得起推敲，否则就是毫无意义的，甚至还有可能引发法律责任。将品牌资产纳入资产负债表首先出现在英国，这绝非偶然，因为英国人不喜欢打官司。

其他品牌资产 除了以上四个方面，品牌名称是否具有其他方面的持续性竞争优势？是否具有重要的专利或商标？是否具有遏制竞争对手的渠道关系？

估算权重系数

除了评估品牌优势外，我们还要了解品牌优势在市场中的重要性或相关性、公司发掘品牌优势的能力以及保护品牌优势的行动。

在各个市场中，品牌资产的各个基本维度并非同等重要。我们需要确定不同维度的相对价值。哪些维度代表了或可以代表重要的持续性竞争优势？品牌知名度能否解释竞争对手的相对成功？或者，有关竞争对手的品牌知名度是否相差不多？感知质量对于清洁产品或高科技设备来说也许是至关重要的，但在成熟的市场中，顾客很难相信不同品牌有什么不同之处，因而感知质量的重要性并不明显。

另外一个问题是，强大的顾客群等品牌资产有没有得到发掘、会不会得到发掘？品牌资产如不加以利用是不会产生价值的。品牌忠诚度本身并不能创造价值。我们需要开展各种活动来提高顾客满意度，增加顾客转换其他产品的成本——保护好顾客群，就不用因顾客流失而支付挽回顾客的成本。通过感知质量，我们应当创造出高价优势或感知价值优势。我们需要开展各种活动，防止市场过度竞争，减弱感知质量这一优势的价值。

最后一点，品牌资产需要保护。如果不制订相应的计划来保持感知质量，那么对感知质量这一优势的发掘是无法长久的。

由此可见，如果重要资产具备优势，而且该优势得到了发掘和保护，那么权重系数就应该高一些。如果核心资产缺乏优势，或者资产优势没有得到保护，或者尚未发掘，那么权重系数就应该低一些。

两个条件

如果要评估品牌资产的价值，就需要解决两个问题：第一，评估公司其他资产的价值；第二，评估品牌扩展的价值。

第一，企业的贴现值涉及流动资本、库存、厂房、设备等有形资产。这部分资产占有多大的比例？有人认为，有形资产（固定资产）属于账面资产，会折旧，那么折旧费乘以收益倍数即可反映有形资产的价值。另外，我们也可以关注现金流而非收益，用账面价值或市场价值估算有形资产的价值，然后从估算的未来收益贴现值中减去估算的有形资产价值。

第二，估算因品牌扩展而带来的收益流，其中品牌扩展是指用已有的品牌名称进入新的产品门类，例如家乐氏牌面包、好时牌冰激凌。通常，品牌扩展的潜在价值需要单独估算。

品牌扩展的价值取决于待扩展市场区域的吸引力、增长空间、竞争强度以及扩展优势。扩展优势的影响因素有品牌联想与感知质量的相关性、其转化为持续性竞争优势的程度和品牌适合扩展的程度。详细讨论将在第 9 章中展开。

管理品牌资产的若干问题

品牌资产概念的提出引发了一系列品牌管理的实际问题。我们先预览其中的几个问题，为后续章节的展开做好准备。

1. *品牌资产的基本要素* 品牌资产的基本要素应该是什么？什么样的品牌联想会对品牌定位带来影响？知名度有多重要？在哪些产品门类？能否制造障碍，增加竞争对手争夺忠诚顾客的难度？

2. *创建品牌资产* 品牌资产是如何创建的？主要决定因素是什么？名称、渠道、广告、代言人和包装在某一特定环境中的作用是什么？它们又是如何相互影响的？实际上，在创建品牌资产或改变品牌资产时，企业对这些问题都需要考虑。

3. *管理品牌资产* 品牌资产应该如何随时间管理？哪些行为会对品牌资产的基本维度——特别是品牌联想和感知忠诚度产生实质性影响？在取消支持性活动（如广告宣传）后，品牌资产的“衰变速度”是多少？一般而言，在削减广告宣传支出后，产品销量并不会有明显的下降。但如果长期削减广告支出，又是否会损害品牌资产？促销活动或其他营销活动对品牌资产的影响能否确定？

4. *预测资产弱化* 怎样才能预测品牌资产的弱化及其他将来可能产生的问题？可问题在于，真到发现品牌受到损害的时候，恐怕为时已晚。与维护品牌资产时的低成本相比，纠正问题的成本可能会非常高昂。像汽车之类的耐用品更新换代的时间需要5年之久，因此预测资产弱化是非常关键的问题。在品牌受损表现出来的前两年如果能够检测到品牌变弱的迹象，还可以及时弥补。像泰诺（Tylenol）药品造假案之类的危机也有一定的好处，那就是它显示出了品牌资产的威胁和采取行动的必要。不过，更常见的现象是，品牌弱化的速度非常缓慢，很难形成紧迫感。

5. *扩展决定* 一个品牌应该扩展到哪些产品中？在不影响品牌资产的

前提下，品牌的扩展范围有多广？这里我们需要特别关注一下品牌的纵向扩展：品牌能否向上扩展到高档产品？如能，会不会对品牌名称造成连带影响？例如，嘉露酒庄（E&J Gallo Winery）的纯种葡萄酒系列是否会对嘉露牌基础型葡萄酒系列产生有利影响？把品牌名称向下扩展到低档产品又会出现什么情况？如何预测其对品牌资产的损害程度？品牌扩展后新建立的联想是有益的还是有害的？

6. **创建新名称** 如果投资新的品牌名称（品牌扩展的另一种方法），就会在新名称的基础上建立新的品牌联想，从而为新的增长趋势创造条件。如何在不同的名称之间进行取舍？在什么情况下使用这种名称，在什么情况下使用其他名称？一个企业可以支持多少个品牌名称？

7. **名称、子名称大家族** 在品牌名称家族中对不同层次的品牌名称应当如何管理？例如，百得公司应当如何为“Black & Decker”“Space Saver”（表示一个产品子类）或“Black & Decker Dustbuster”这些名称分配广告？美国政府是否应该把各个军事部门的征兵工作统一起来，还是应该以美国国防部为主？我们必须认真地考虑各品牌、“子品牌”的纵向关系。

8. **品牌资产的衡量** 在所有这些问题中，最根本的问题是如何衡量品牌资产及其基本维度。假如品牌资产在特定环境中可以拆解成准确的概念进行衡量和监测，那么其他问题就会迎刃而解。当然，拆解品牌资产、衡量品牌资产有很多种方法，我们只需确定并选择最合适的衡量方法即可。

9. **评估品牌资产及其基本维度的价值** 另外一个亟待解决的重要问题是如何评估品牌的价值。假如品牌具有市场，那么找出具体的方法来评估品牌的价值就有着重要的实际意义。当然，更重要的是对品牌资产的基本维度（如知名度、感知质量）进行价值评估。投资品牌资产建设，关键是要证明品牌建设活动可以进行价值评估。尽管这一领域已经有了一些进步，但营销领域的专业人士仍然面临着巨大的挑战。

本书内容安排

本书有以下几个目标。第一，解释品牌资产的含义及其组成要素，加深管理人员对品牌资产的认识，从而弄清品牌资产是如何创造价值的。第二，用研究成果和直观案例证明，营销决策或环境事件既可以提升品牌、创造价值，也可以损害品牌，甚至消灭价值。第三，讨论品牌资产的管理方法。品牌资产应当如何创建、如何维持、如何保护？品牌资产应当如何发掘？第四，提出若干问题供思考型经理从战略角度进行思考。

第 2 章讨论顾客忠诚度及其与品牌资产的关系。第 3 章和第 4 章分别讨论品牌知名度和感知质量。第 5 章介绍品牌联想、品牌定位的概念。第 6 章讨论品牌联想的衡量方法。第 7 章的主题是品牌联想的选择、创建和维护。品牌联想的管理占了 3 章篇幅，很明显，这是最重要也最复杂的内容。

品牌是通过名称、标志和口号来进行识别的，其中标志和口号是更为常见的识别方式。第 8 章主要讨论品牌的这些指征及其选择。第 9 章的主题是品牌扩展，结果有好、坏和糟糕之分。第 10 章提出疲劳品牌的拯救方法，即在疲劳品牌及其环境中注入新鲜活力。另外，这章也给出了终结品牌的方法，即让品牌优雅地坠落甚至消亡。第 11 章讨论建立全球品牌的一些想法，同时回顾各个章节的主要内容，并在最后给出品牌资产的“总体模型”。

MANAGING BRAND EQUITY

第2章

品牌忠诚度

你必须让品牌成为朋友。

——弗雷德·波斯纳（艾尔父子广告公司）

名誉，名誉，名誉！噢，我名誉扫地了！我丧失了自己不朽的部分，剩下的就和禽兽没什么差别了。

——威廉·莎士比亚

微处理的故事

1979年，微处理公司（MicroPro）推出了一款文字处理软件WordStar，可在CP/M上运行，CP/M是当时个人计算机的标准操作系统。[1] WordStar是第一款运行可靠、功能齐全的文字处理软件，很快占领了对文字处理要求高的用户市场。通过一系列组合键的巧妙使用，用户可以实现盲打，非常快速地执行各种各样的文字处理任务。

随后几年，微处理公司的销售收入呈爆炸式增长：

1980年为150万美元

1981年为440万美元

1982年为2230万美元

1983年为4380万美元

1984年为6690万美元

1981年，IBM进军个人电脑业务。此举不但增加了IBM产品的认可度，同时也把文字处理软件带到了商用领域。IBM计算机及其MS-DOS操作系统成了名副其实的行业标准。第二年，微处理公司改写WordStar软件代码，使其适应MS-DOS操作系统。然而，它并没有真正利用新型电脑的10个功能键这一重要特征，而是死守多键组合的命令结构。也许真正的盲打人员不会在乎新的功能键，但很多新兴商业用户往往不是熟练的盲打员，他们的确被功能键的强大功能吸引了。

在IBM进军个人电脑之后，市场上又出现了一系列互相竞争的软件，其中最成功的当属WordPerfect（完美文字）和Microsoft Word（微软文字），它们分别于1982年和1983年推出。这两款软件都有一系列的改进，都充分利用了功能键。为了应对两者的竞争，微处理公司推出WordStar 3.3版，极大地缩短了差距。然而，这一版本一直延续了4年，期间从未更新。我们要知道，在软件这一领域，公司必须持续改进，才能应对竞争对手的软件革新和日益频繁的硬件升级。

微处理公司的财务状况

1983年，微处理公司实际上已经占领了市场的主导地位。1984年，微处理公司已经拥有80多万名WordStar用户。在文字处理领域，用户的转换成本非常高，而且购买软件的新用户也严重依赖于那些经验丰富的同事和朋友。然而就在行业快速发展之际，微处理公司的销售额却在1985年下降到了4260万美元。此后一直到1990年，销售额始终不见起色。其中，1987年，微处理公司的市场份额骤然降至12.7%，到了1989年年末，其市场份额不足5%。虽然1983年的收益超过400万美元，1984年的收益将近600万美元，但在接下来的3年中，收入几乎不复存在，平均每年不足100万美元。随后，巨额亏损接踵而至，1988～1990年公司平均每年亏损超过400万美元。股票价格从1984年7月的十几美元下跌到1990年4月的1美元以下，公司价值不到1000万美元。

然而就在同一时间范围内，WordPerfect腾空而起。它在1982年的市场份额为零，到1987年年底已经超过30%，1989年更是猛增到70%以上。虽然WordPerfect的股票没有上市交易，但公司价值应该介于10亿美元（假定利润率、市盈率均在行业平均水平）到20多亿美元（假定其利润率、市盈率与微软公司大致相当，而且这种假设的可能性更高）之间。

当然，其他文字处理公司数以百计，但均未能存活，主要原因在于它们没有顺利的开始，没有足够的分销和销售渠道。另外，它们也没有像

WordStar 一样拥有庞大的客户群。

WordStar 缘何失败

WordStar 之所以失去阵地，主要原因在于，它背离了既有顾客群的需求。第一，它未能向既有顾客提供足够的使用支持。第二，重要的后续产品与 WordStar 早期版本不相兼容，不但不兼容，最后还互相竞争。

当然，到了 1987 年，微处理公司背上了对顾客漠不关心的坏名声。顾客遇到问题打电话咨询，却总也接不通，因此业界有了“微处理，请别挂断电话”的调侃。而且，电话费是由顾客支付的。即使顾客接通了电话，也往往会被转接到经销商那里，而经销商不是不愿意帮忙，就是帮不上忙。因此，顾客的沮丧程度自不必说。

相形之下，WordPerfect 吸取了微处理公司的教训，建立了无限制、免费的热线电话咨询服务，这项服务后来成为 WordPerfect 的重要特征。一位作家曾说，WordPerfect 系统提供了一种“不问则已，有问必答”的技术帮助，这种作风是其他公司没有的。他最后还得出了饶有讽刺意味的结论：“付费顾客喜欢幻想着软件商接听顾客的电话，并解决顾客的问题。”[2] 图 2-1 为 WordPerfect 的广告，其中重点强调了它的顾客支持系统。

1984 年 11 月，微处理公司开始推出 WordStar 2000，这令 WordStar 用户翘首以盼，因为他们早就想对钟爱的软件进行升级了。尽管 WordStar 2000 在其他功能方面具有竞争优势，但反应速度仍显迟缓，内存占用高于 WordStar。同时，WordStar 2000 不能兼容早期版本，顾客仍然需要重新学习新的使用说明。此外，WordStar 盲打人员还必须学会使用独立于键盘的功能键。

其实，WordStar 2000 几乎完全支持 WordPerfect（以及 Microsoft Word）的功能键处理这一特色功能，可以说是 WordPerfect 的翻版。而且，

WordStar 用户也知道，要想使用最高级的功能，就必须重新学习软件。改用 WordStar 2000 绝不比改用 WordPerfect 或 Microsoft Word 轻松多少。

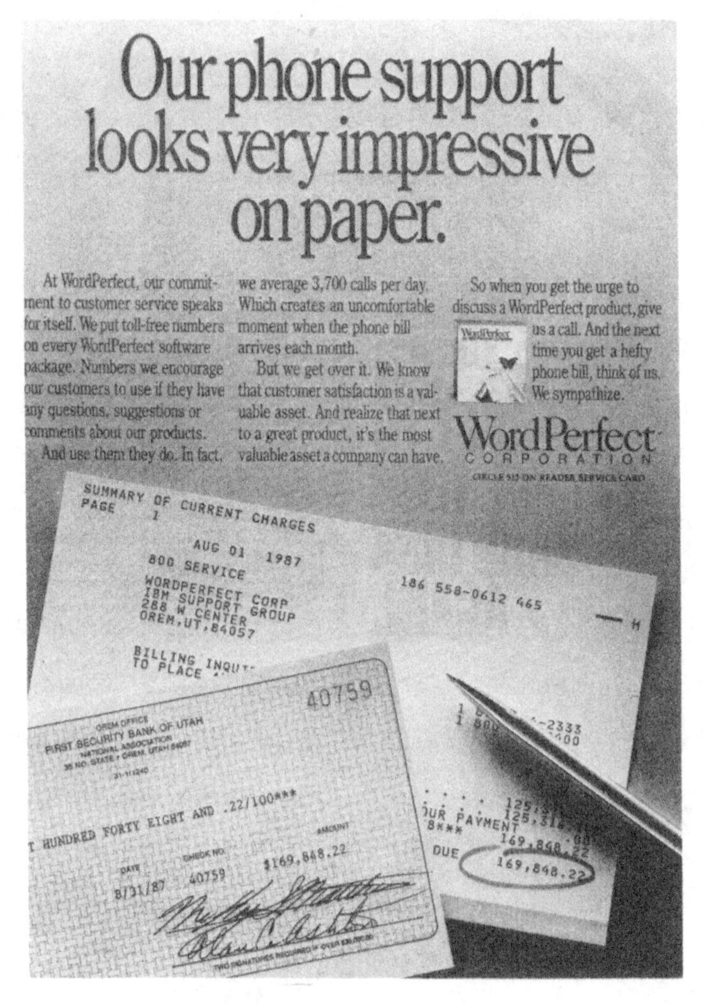

图 2-1　顾客支持系统

注：图中标题可译为“这些电话费账单生动地说明了我们的电话支持系统”。

资料来源：Courtesy of WordPerfect Corporation.

重新获得忠诚度

1986 年年初，WordStar 2000 发布第 2 版，纠正了很多问题，提高了产品竞争力，但是仍然无法兼容 WordStar 老版本；1987 年 11 月 WordStar 2000 第 3 版同样无法兼容 WordStar 老版本。

与此同时（1986 年年底），微处理公司投资 310 万美元收购新星软件公司（Newstar Software），因为该公司开发出一款“modern WordStar”软件。该软件于 1987 年 2 月以 WordStar 专业版第 4 版推出。WordStar 用户终于迎来了软件升级，只不过，这迟到了好几年。1988 年 4 月，WordStar 专业版第 5 版推出，并获专业刊物好评。1989 年第 5.5 版发布。

然而，WordStar 专业版和 WordStar 2000 分裂为两条产品线，最后出现了两个非常严重的问题。第一，两款产品功能相似，目标市场也基本相同，结果形成了相互竞争的关系。第二，公司提供两款产品，顾客反而更加困惑，甚至连微处理公司的销售人员和零售代表也莫名其妙。顾客究竟该选哪款产品？没有明确的答案。

即使进行广告宣传，公司也无法解决顾客的困惑。1987 年，WordStar 专业版开展了“文字之星看‘文字之星’”的活动，美国作家汤姆·沃尔夫（Tom Wolfe）等名人用户参与其中极力赞美这款软件。然而，WordStar 2000 第 3 版一经推出，该活动即宣告破产！

1989 年，微处理公司开始奋力扭转乾坤，但为时已晚。公司决定放弃 WordStar 2000，转而支持 WordStar 专业版——该款软件可以兼容 190 万名 WordStar 既有用户。WordStar 专业版被定位为一款盲打人员的高效工具，有了这款工具，盲打人员就可以充分利用独具特色的控制键命令来提高工作效率。另外，微处理公司还建立了相应的顾客电话支持系统，同时推出第一期“文字之星简讯”，向顾客提供更多帮助。WordStar 的图形界面也更加精美。微处理公司还对 WordStar 老用户进行软件升级，其口号为“让失落的星星重回家里”。公司建立直销队伍，绕过全国性经销商直接与顾客建立联系。WordStar 似乎生存下来了，但只能在曾经控制过的市场中充当小配角。

原因分析

我们已经看到，如果一个行业的转换成本非常高，同时顾客口碑又是非常重要的影响因素，那么 1984 年数量庞大的顾客群无疑是 WordStar 的巨大资产。只可惜，WordStar 没有为顾客提供足够的产品支持，只专注于 WordStar 2000，离顾客资产越走越远，最后为竞争对手（WordPerfect 和 Microsoft Word 的开发者）制造了难以置信的机会。

创造新模型、淘汰旧模型并非不可能，特别是在有现成的名称可以使用时。20 世纪 60 年代中期，IBM 公司推出 System 360 大型主机，这款全新的产品完全取代了旧产品。而且，当时的 System 360 和后来 1984 年的 WordStar 2000 有两点明显的不同。第一，System 360 属于高品质顶级产品，而 WordStar 2000 不是。第二，IBM 拥有非常忠诚的顾客群，他们相信 IBM 一定会对新产品提供支持。相比之下，WordStar 没能取信于顾客，造成很多顾客不满于微处理公司的服务态度。

品牌忠诚度

顾客群的忠诚度往往是品牌资产的核心要素。如果顾客对品牌漠不关心，在购买产品时只考虑功能、价格、便捷性，对品牌名称很少关注，我们可以说这个品牌没有什么资产可言。可是从另个一方面讲，即使竞争对手的产品在功能、价格、便捷性上更胜一筹，顾客仍然选择心目中的品牌，那么品牌、品牌名称、品牌口号就蕴藏着巨大的价值。

品牌忠诚度是衡量顾客是否忠于品牌的一种方法，长期以来一直是市场营销领域的核心概念。品牌忠诚度反映了顾客转向其他品牌的可能性，特别是品牌在价格方面或产品功能发生变化时。品牌忠诚度越高，顾客受其他公司竞争行为的影响就越弱。品牌忠诚度是衡量品牌资产的指标之一。由于品牌忠诚度可以直接转化为未来销量，因而品牌忠诚度与未来收益是密切相关的。

品牌忠诚度级别

品牌忠诚度可以划分为若干级别，如图 2-2 所示。不同的级别会给营销工作带来不同的挑战，同时也意味着不同的资产管理方式和开发方式。但这些级别并不能完全反映某类产品或某一市场的情况。

图 2-2　品牌忠诚度金字塔

最低一级的忠诚度是无忠诚度，这类购买者对品牌完全不关心，在他们的心目中，每个品牌都不错，在购买产品时，品牌名称对他们的影响微乎其微，他们凡事只求便宜，只求方便。这类购买者可以称为转换不定者或价格型购买者。

第二个级别的购买者对产品满意，至少不对产品厌恶，基本上不会出现一不满意就改用，甚至故意转向其他产品的情况。这类购买者称为习惯型购买者。他们很容易受到竞争对手的影响，只要竞争对手向他们提供显而易见的好处，就可以促使他们转换品牌。不过，这类购买者很难被打动，他们寻找其他替代产品根本不需要理由。

第三个级别的购买者对产品满意，且转换其他品牌的成本高，如时间、金钱、风险方面的成本等。这类购物者要么对某一品牌的学习已经投入了很多精力，无法轻易割舍，如微处理公司之例；要么认为其他品牌在特定环境下效果不一定好。要想吸引这类购买者，竞争公司就需要提供具有诱人之处的产品或者提供极大的益处以补偿转换成本。

第四个级别的购买者是真正喜欢品牌的购买者。他们对品牌的偏好取决于标志联想、使用体验或感知质量。然而，喜欢往往只是笼统的感觉，无法深入细微之处；喜欢有着特殊的规律。人们往往不能确定自己为何会喜欢一件物品，为何会喜欢一个人，如果这种喜欢关系由来已久，人们更是难觅原因。有的时候，即使没有亲切的标志，也没有喜欢的原因，仅仅是长期关系就能产生强大的影响。由于存在情绪或情感上的依恋，我们不妨把第四个级别的购买者称为品牌的朋友。

最高级别的忠诚度是坚定不移的购买者。这类购买者无论是发现了该品牌，还是使用了该品牌，都会有一种自豪感。无论是从品牌功能上讲，还是从身份表达上讲，品牌对他们而言都是非常重要的。他们有信心把品牌推荐给其他人。顾客对品牌坚定不移，其作用与其说是增加了业务，不如说是他们对其他人、对市场本身产生了影响。

哈雷戴维森摩托车（Harley Davidson）骑手在身上刺上哈雷的标志；苹果电脑用户亲历每一场电脑展览会，千方百计地阻止朋友购买 IBM 电脑，以免他们享受不到苹果机易学易用的乐趣；20 世纪 60 年代的甲壳虫车主时刻不忘向别人炫耀汽车的新潮时髦，可以说这些人都达到了坚定不移的最高境界。假如一个品牌拥有一群数量庞大、一心一意、忠心耿耿的顾客，那么我们可以把这样的品牌称为富有魅力的品牌。当然，不是所有的品牌都非要去追求魅力，只不过，像苹果、NeXT、甲壳虫、哈雷这样的品牌，一旦有了自己的魅力，就往往能够创造巨额的收益。

五级忠诚度的划分比较偏于某一方面。实际上，各级忠诚度并非总以单纯的形式出现，有时候还可以形成其他形式。例如，在有些顾客身上，不同级别可能会有所组合，例如喜欢某一品牌，但又有转换成本。在另外一些顾客身上，态度可能与结果不一致，例如对某一品牌不满意，但由于转换成本较高，无法转向其他品牌。不过，这五个级别大致给出了品牌忠诚度可能的不同形式，以及品牌忠诚度对品牌资产的影响。

品牌忠诚度是品牌资产的一个基本维度

一群习惯型购买者是公司长期而持续的收入来源，可以创造巨大的价值。品牌忠诚度越高，顾客流失率越低，品牌的价值就越高。假如品牌忠诚度与品牌购买频率的关系可以估算出来，那么品牌忠诚度的变化值也是可以估算的。进行估算的理论方法将在本章的后面讨论。

品牌忠诚度与顾客的使用经历有着更为密切的关系，因而在本质上不同于品牌资产的其他维度。没有之前的购买经历和使用经历，就不存在品牌忠诚度，但很多品牌仍然可以具有知名度、品牌联想和感知质量等特征。

品牌忠诚度是品牌资产的一个基本维度，它取决于很多因素，其中以使用经历为主。不过，品牌忠诚度也会受知名度、品牌联想、感知质量等其他维度的影响。在某些情况下，品牌的感知质量或特征联想也会形成品牌忠诚度。不过，品牌忠诚度并不总是由这三个方面的因素决定。在很多情况下，品牌忠诚度与这些因素无关，有时即使有关系，也是不清晰的。喜欢感知质量低的产品，或不喜欢感知质量高的产品（如日本车），这都是完全有可能的。由此可见，品牌忠诚度是品牌资产的重要维度，而且与其他维度有着明显的不同。

巴黎水泡沫的破裂

20 世纪 80 年代，巴黎水（Perrier）开发出了一个特殊的细分市场。[3] 凭借独特的瓶子、天然产生的气泡和不同凡响的贮藏方式，巴黎水有着极高的忠诚度，特别是在餐饮市场方面。1989 年，虽然一批市场新人举办了大规模、高密度的营销活动，但巴黎水仍然占了近 50% 的市场份额。对于很多人而言，巴黎水就是瓶装水的代名词。

1990 年 2 月，人们发现巴黎水中含有可疑致癌物苯的踪迹。随后，全球范围内的巴黎水都被召回。下架 5 个多月，其影响是毁灭性的。到了 1990 年年底，即使通过大规模的降价促销，巴黎水的市场份额仍然下降至不足 20%。

人们发现巴黎水这种“天然水”（“地球上第一款软饮料”）的质量并不怎么样，巴黎水采用降价促销的策略来夺回销售渠道和老顾客，而最好的餐馆、最好的酒吧都不再供应巴黎水，所有这些因素都使巴黎水的形象受到了损害。

然而，最主要的原因是人们订购巴黎水的习惯被打破了。巴黎水当初的成功主要在于既有顾客群的忠诚度。很多顾客只点巴黎水，巴黎水绝不仅仅是瓶装水，巴黎水好比舒洁纸巾（Kleenex），品牌本身即代表了产品。在巴黎水供应中断后，顾客必然要试用其他品牌，结果发现，其他品牌不逊于巴黎水，甚至好过巴黎水。由于巴黎水没有真正的产品优势，供应一旦中断，顾客群势必要瓦解。泡沫破裂了，巴黎水恐怕再也无法恢复昔日的繁荣。

实际上，品牌资产的各个维度之间均有一定的因果关系。例如，感知质量在某种程度上是取决于品牌联想，甚至品牌知名度的（顾客认为，知名品牌往往质量更优）。又如，标志联想有时会对品牌知名度产生影响。因此，我们不能说品牌资产的四个基本维度是互相孤立的。

这里有一个关键前提，即忠诚度是针对品牌的，也就是说，不投入大量资金、不放弃巨额销量和利润，忠诚度是不可能转移到其他名称和标志上的。假如忠诚度针对的是产品，而非品牌，资产一说也就不复存在了。购买油或小麦之类的产品，几乎牵扯不到对产品本身的忠诚度。不过，有些品牌可能会附带相关服务，相关服务又能产生相当的忠诚度。

假如只关心短期销量，不重视品牌资产的建设和维护，那么就很容易把顾客群忽略掉。这时人们往往把精力集中在便于分析和控制的呆板的销量统计上，而忽略了承担顾客角色的人和组织。结果，品牌忠诚度往往会受到善意地忽视，品牌得不到培育，也得不到发掘。只有把品牌忠诚度看成品牌资产的关键要素和核心要素，企业才会把顾客当作品牌资产来对待。

衡量品牌忠诚度

要想更好地了解品牌忠诚度及其管理技巧，我们有必要思考一下品牌忠诚度的衡量方法。通过思考，我们不仅能够深入地了解忠诚度的范围和细微差别，还能掌握一门实用工具，把抽象理论转化为实际利润。衡量忠诚度的一种方法就是考察顾客的实际行为。其他衡量方法则基于转换成本、满意度、喜欢程度、坚定程度等因素。

行为衡量法

要想确定忠诚度，特别是习惯性行为的忠诚度，我们可以直接考察顾客的实际购买模式。可用的衡量方法如下：

再购率 奥兹莫比尔（Oldsmobile）车主在下次购车时仍然购买奥兹莫比尔的比例有多大？

购买比例 在最近5次购买中，各个品牌的购买比例是多少？

品牌购买数量 在购买咖啡时，只买一种品牌的顾客占了多大比例？购买两种品牌、三种品牌的顾客又占多大比例？

产品门类不同，顾客忠诚度相差悬殊，这取决于相互竞争的品牌数目和产品的性质。对于食盐、食用油喷雾、蜡纸、宠物香波之类的产品，只购买一种品牌的顾客比例占了80%以上；对于汽油、轮胎、蔬菜罐头、垃圾袋之类的产品，其比例不到40%。[4]

行为数据虽然客观，但也有限制。数据获取不方便，成本高，对未来的诊断有限。另外，倘若一个家庭有多个成员，一个组织有多个单位，他们购买了多个品牌，那么很难用行为数据来判断真正转换品牌的人。因此，表面上人们从IBM转向了康柏，其原因也许只是组织中的一群人忠于IBM，另一群人忠于康柏罢了。

转换成本

分析转换成本有助于了解转换成本对品牌忠诚度的影响程度。假如公司或消费者转换供应商的成本非常高或风险非常大，那么顾客群的流失率就会相对较低。

产品或系统投资是最显著的一类转换成本。企业购买计算机系统，硬件投资只是相关投资的一小部分。他们还要有软件投资、员工培训投资。因此，IBM的DOS行业标准一旦确立，苹果或NeXT就很难将其废除。企业必须在软件和培训上进行再次投资，这一过程不但耗时耗财，还会影响生产率。

另一种转换成本是转换风险。如果当前系统运转正常，即使偶尔出现问题，人们也不会尝试新系统，因为说不定新系统的效果更差，这种风险是完全存在的。顾客在与某家医院、某个医生建立关系后，即使不满意，也不愿意尝试新的医院、新的医生。如果一件东西没有明显损坏，人们是不愿意去修理的。具体到实际层面，我们可以问顾客转换品牌的风险有哪些。假如我们不知道顾客从美国电话电报公司（AT&T）转向美国世界通信公司（MCI）的原因，我们就有必要与顾客进行一番沟通了。

企业应当重视所享有的转换成本。当然，WordStar 并没有遵守这一原则。另外，企业还应努力提高顾客对其产品或服务的依赖性。

满意度

判断品牌忠诚度级别的一种关键方法是衡量满意度和不满意度，后者也许更为重要。顾客有哪些问题？激怒顾客的原因是什么？为什么有些顾客会转向其他产品？深层原因是什么？第二级和第三级的忠诚度有一个关键前提，即不存在不满意，或者不满意程度非常低，不足以诱发顾客下定决心转向其他产品。

任何对满意度的衡量必须是当下的、具有代表性的和敏感的。让某项服务的用户填好服务（如通话礼貌）满意卡并返回，这种方法既无代表性，也无敏感性。通过这些衡量方法，我们可以看到，保险业公司的满意度还算不错，但在第 103 条提议（加利福尼亚州的保险费率强制下调 20%）通过之后，情况大变。很明显，顾客之前一定有相当程度的怨恨和沮丧，只是没有反映在所用的满意度调查方法中罢了。

喜欢程度

第四级忠诚度涉及喜欢程度。顾客“喜欢”这个公司吗？顾客对公司或品牌有没有尊敬或友好的态度？对品牌是否有一种亲切感？一种积极的感情可以阻止竞争对手对品牌的侵犯。在产品竞争中，朦胧、抽象的喜欢感觉远远胜过具体实际的特殊功能。朦胧、抽象的整体喜好可用一系列的方法进行衡量，如：

- 喜欢
- 尊敬
- 友好
- 信任

我们认为，笼统的喜欢或情感不同于内在的具体特征。人们可以毫无理由地喜欢某一品牌，而且这种喜欢不完全取决于人们对品牌特征的感知和认识。相反，这种喜欢是由上述喜好的笼统阐述来反映的。在某些情况下，可靠性这一概念表示的是某一具体的特征。不过，可靠性也往往与笼统的情感密切相关。

顾客对某一品牌的喜欢程度也可以通过顾客愿意为该品牌支付的额外价格和竞争对手吸引忠诚顾客所必须具有的价格优势来衡量。品牌名称高价优势的几种估算方法在第 1 章中有讨论。最简单的方法是货币衡量法，即问顾客为了自己喜欢的品牌愿意支付多少货款。

坚定程度

最强势的品牌，即资产价值极高的品牌，必定拥有一大批坚定的顾客。假如坚定程度非常高，检测起来就相对容易，因为它在很多方面都是突出的。其中一个关键的指标是产品所涉及的互动与沟通量。顾客是否愿意向别人谈论该产品？顾客只是推荐产品，还是告诉别人应该购买该产品的原因？另一个指标是该产品对一个人在活动性和个性上的重要程度：是否特别有用或颇具趣味性？

品牌忠诚度的战略价值

已有顾客的品牌忠诚度经妥善管理和适当发掘后，即可成为战略资产，可在以下几个方面带来价值，如图 2-3 所示。

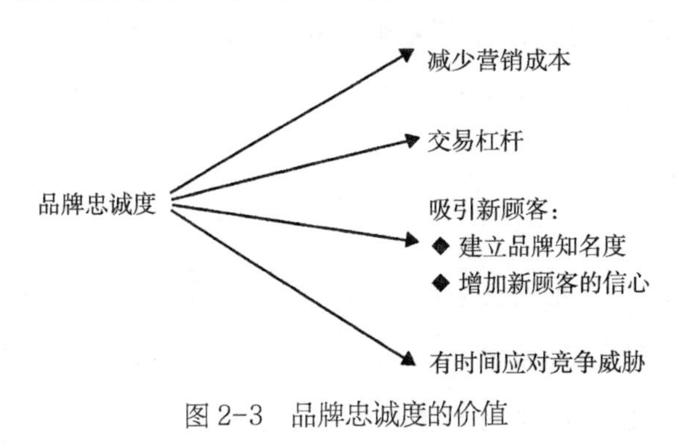

图 2-3 品牌忠诚度的价值

减少营销成本

拥有一批忠于品牌的顾客可以降低企业经营的营销成本。维持老顾客的成本绝对远远低于争取新顾客的成本。由于潜在的新顾客一般不会主动转换他们当前的品牌，更不愿意花费精力去寻找其他替代品牌，因而要让这类顾客接受替代品牌就需要付出昂贵的代价。即使替代品牌近在眼前，他们也往往需要充分的理由说服自己去冒险购买并使用这些品牌。千方百计吸引新顾客而忽略了现有的老顾客，这一常见的错误将在本章结尾部分讨论。

相比之下，假如老顾客没有什么不满意的，那么维持老顾客要相对容易一些。熟悉的产品用起来既舒服又省心。让老顾客高兴，减少他们转向其他产品的理由，其成本要远远低于寻找新顾客的成本。当然，忠诚度越高，顾客就越容易高兴。只是，顾客关注的问题如果没有得到解决，顾客自然会流失。我们的任务就是减少顾客的流失。

老顾客的忠诚度是其他竞争对手进入市场的巨大障碍。假如老顾客忠于或满意于现有品牌，不经引诱不会转向其他品牌，那么新品牌进入这样的市场就需要额外投入大量的资源，因而降低了潜在的利润空间。要想让这样的障碍产生实际效果，就必须让潜在的竞争对手知道存在这样的障碍，让他们不敢妄想随意争取顾客。因此，把顾客忠诚度高的信号传递给竞争对手，例如对真实的顾客忠诚度或产品质量进行宣传，是非常有用的。

交易杠杆

品牌忠诚度可以起到交易杠杆的作用。忠诚度高的品牌，如纳贝斯克高级咸饼干、切里奥斯麦圈（Cheerios）或汰渍洗衣粉，一定可以获得更多的货架面积，因为商店知道顾客会把这些品牌列入购物单。在极端情况下，品牌忠诚度甚至左右了商店的采购决策。例如，除非超市提供慧俪轻体公司的冷冻食品、保罗·纽曼公司的沙拉调料、朝日公司的超干啤酒或贵婆婆（Grey Poupon）公司的芥末酱，否则有些顾客就会转向其他商店。在扩展品牌、改善产品或推出新规格或新品种时，交易杠杆都会起到极其重要的作用。

吸引新顾客

对品牌感到满意甚至喜欢品牌，这样的顾客群可以增加潜在顾客的信心。特别是当潜在顾客的购买行为存在一定风险时，参考老顾客的意见便不会冒冒失失地脱离大众。“你不会因为购买 IBM 的产品而被公司辞退”，这句老话的道理就在于此。特别是在新产品或其他高风险的产品中，一群老顾客对品牌的认可可以传达出有效的信息，这也是老顾客群的作用之一。但利用这一点并不能达到自动向新顾客进行销售的目的，它通常还需要具体的营销方案来配合。

假如某一品牌的顾客群数量庞大且对品牌感到满意，那么我们可以认为这样的品牌是举世公认的成功产品，不仅随处可见，还有能力为顾客提供服务支持和产品改进。在很多行业中，后续服务和产品支持是非常重要的。例如在计算机行业和汽车行业中，顾客一般会关注两个主要问题：第一，企业是否发展健康、成就突出、有求必应；第二，其产品是否得到了公众的认可。又如，戴尔电脑公司是一家电脑邮购公司，1989 年在广告中宣称已经拥有 10 万名顾客（包括《财富》世界 500 强半数以上的企业），这让原本对邮购电脑心存警惕的潜在顾客信心大增。

顾客群有时还能创造品牌知名度。老顾客、老经销商本身就能提高品牌的认可度。顾客的朋友和同事在看到产品后，自然就认识了产品。而且，这种接触产品的形式往往更加生动。看到“正在使用”的产品，或者在零售商的货架上看到产品，效果都比看几遍广告要好得多（除非广告超凡脱俗、异常醒目）。在看到朋友使用某款产品后，记忆中自然会联想到产品的使用环境，联想到用户本身，这在任何广告中都是难以实现的。品牌回想因而更加强烈。因此，在选择目标市场时，我们应当考虑该市场创造品牌知名度的潜力。

有时间应对竞争威胁

品牌忠诚度为企业应对竞争威胁赢得了时间，使企业有了喘息的机会。假如竞争对手开发出更高级的产品，那么追随者的忠诚度就能为企业改进产品、赶超对手赢得必要的时间。例如，在一些新开发的高科技市场中，有些顾客只被眼下最先进的产品所吸引，这类人群几乎没有品牌忠诚度可言。相比之下，那些忠于品牌、满意于品牌的顾客就不会对新产品紧追不舍，因而不太关注产品的最新情况。而且，这类顾客即使接触到了新产品，也几乎不会主动转向该产品。品牌忠诚度越高，顾客就越愿意追随其后，企业就越能享受到因此带来的好处。

巩固并提高忠诚度

在很多情况下，摆脱顾客、把顾客推向竞争对手并不容易。你甚至要下点功夫才行。很多客观资料表明，通用汽车生产了大约 20 年的劣质汽车。按理说，通用汽车在美国市场中的份额应该下降到零才对，然而它却一直停留在 33% 左右，美国市场中每三辆汽车就有一辆是通用汽车的产品。其实，顾客并不喜欢改变，我们非要用木棒才能将其赶走。不可思议的是，有些企业（如微处理公司）竟然真的把顾客赶走了。

改换品牌需要付出很多努力，特别是在涉及大量投资或大量风险时。而且，人们很容易形成对现有品牌的积极态度，因为它不仅解释了之前的购买决定，还肯定了之前的购买决定。人们不喜欢承认自己错了，相反，人们更愿意为之前的购买决定寻找正当的理由。实际上，顾客在选择产品时，往往存在着巨大的惯性。人们喜欢熟悉的产品，相信熟悉的产品。

例如，可口可乐公司在大力推广新可乐时，一大批可乐的忠诚顾客反抗了。他们希望恢复以前的产品！（可就是这些人，他们在盲测中也区分不出新可乐、老可乐和百事可乐的差别。）最后，他们成功了：已经被弃用的可乐原配方重新出现了——尽管这次老可乐不得不采用了“经典可乐”的名字以示区别，但仍然引起了广泛的争议。

总之，只要遵守若干基本原则，留住顾客就应该不难，如图 2-4 所示。

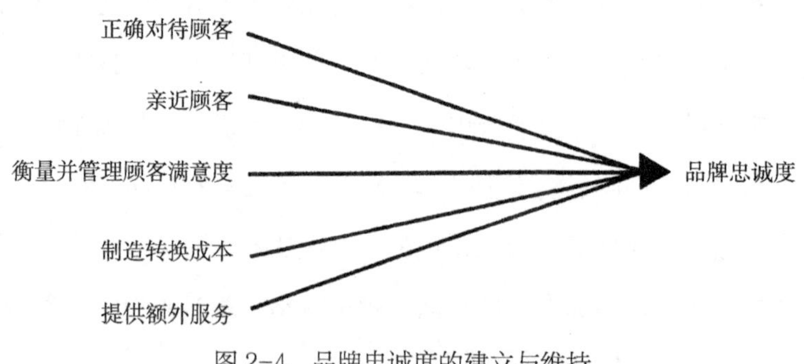

图 2-4 品牌忠诚度的建立与维持

正确对待顾客

管理大师汤姆·彼得斯（Tom Peters）曾谈到美泰克电器公司（Maytag）某款实用型洗衣机的“成功秘诀”：它能洗衣服。这很难算得上是高深玄妙的理念。可问题在于，实用的产品或服务满足了人们的期望，这是忠诚度的前提，是顾客不转向其他产品或服务的理由。我们再次强调，顾客转换产品需要理由，而留住顾客的关键往往只是不赶走顾客而已。

要赶走顾客并不难，企业只需不礼貌待客，不关心顾客，不理会顾客，不尊重顾客就行了。要杜绝这些不良行为，理论上应该不难，可实际上，顾客总是受到这样的待遇。当然，我们的目标是与顾客进行积极的互动，以大家都喜欢的方式对待顾客、尊重顾客。

培训和文化是确保良好顾客体验的关键。在日本，培训的强度很高，而且内容详细，再加上顾客的文化水平普遍偏高，因而很难看到消极的顾客互动。银行柜员要花费几周时间来学习和实践如何应对与各种各样的顾客接触。再者，银行文化也不允许出现消极的顾客互动。

亲近顾客

企业如果具有重视顾客的文化，大都会想方设法地亲近顾客，与顾客保持密切关系。例如在IBM公司，即使是高层管理人员，也会接触顾客。迪士尼乐园的管理人员每年要以“舞台人员”的身份在乐园工作两个星期。沃辛顿钢铁公司（Worthington Steel）则会派遣生产人员与使用该产品的客户见面，最后他们认识到，真正关注问题的顾客是看重质量的。为了听取顾客对某一产品的意见，我们可以召集一群人来看一看、听一听顾客真正关注的问题。单单是支持与顾客接触的举动就向企业和顾客传达出了重视顾客的信号。

衡量并管理顾客满意度

定期调查顾客满意度和不满意度特别有助于了解顾客的感受，从而对产品和服务进行调整。满意度调查要及时、细致、全面，只有这样企业才能了解整体满意度的变化原因。如果不同时段的满意度没有变化，那么原因也许是调查过于频繁，也许是调查不够细致。

要使顾客满意度的衡量方法产生效果，就必须把这些衡量方法纳入日常管理。例如，万豪酒店（Marriott Hotel）每周都要衡量客人的满意度，从而找出当前存在的问题，推进相应的改进计划。比如，前台经理往往会关注等候时间、住店登记、退房结账等方面的衡量方法。开展满意度衡量可以促进对有关问题的详细讨论，从而产生相应的解决方案。

把满意度调查纳入补偿制度是确保满意度调查得以实施的方法之一。例如，达美乐比萨（Domino’s Pizza）每周都对顾客进行电话调查，其中涉及响应时间、面饼口感、辣味香肠新鲜度、送餐人员态度等方面的问题。另外，达美乐各销售点都建立了调查指标，奖金也是根据调查结果按月派发。这种制度可以提高满意度衡量效果，进而改善商店的经营操作。

制造转换成本

制造转换成本的第一种方法是为顾客解决问题，让顾客重新认识企业。过去，药品批发业的特点是一大批经销商要建立自己的销售队伍来讨价还价。后来，麦克森公司（McKesson）为其药品零售商安装了计算机终端，向他们提供基本的库存控制和自动订购服务。这就为零售商制造了巨大的转换成本，并最终改变了整个药品批发行业。

制造转换成本的第二种方法是直接奖励忠诚顾客。航空公司建立飞行常客俱乐部已经成为奖励顾客、留住顾客的一种方法。而且，这一理念已延伸到其他产品。例如，“大回馈计划”向宝氏（Post）谷类食品、慧俪轻体、高乐氏（Clorox）等品牌的顾客提供积分，顾客可在任何一家西尔斯商店(Sears)兑换商品。又如，“礼品链接购物者奖”向卡夫食品、金宝汤、欧氏丝柏（Ocean Spray）、宝洁等公司产品的购买者赠送新秀丽（Samsonite）、索尼等品牌的产品。

提供额外服务

改变顾客的行为往往比较简单：我们只需提供一些超出预期的额外服务，顾客的态度就会从勉强接受转变为热情欢迎。买枕头送薄荷、对过程中的问题有人解释、面包店提供免费品尝，有了这些，顾客就自然在心目中产生了良好的印象。简简单单的一声道歉甚至可以化险为夷、转危为安。只不过，在接触顾客的过程中，企业恰到好处的道歉又有多少？

诺德斯特龙百货店向顾客提供竞争对手不曾提供的额外服务，至今传为美谈。这些额外服务包括钢琴演奏、提供全方位服务的前台以及配备有电话的擦皮鞋摊。更令人难忘的是，售货员会给顾客提供全程购物帮助，会长时间陪伴顾客，以满足顾客的需求。一家企业并不一定非要成为下一个诺德斯特龙，但以它为榜样从某种程度上说是不会有错的。

向老顾客销售，而非向新顾客销售

通过吸引新顾客来实现自身发展也许是很多企业最常犯的一个错误。吸引新顾客往往需要在营销方面投入巨额资金。可问题在于，新顾客通常是很难吸引的，他们几乎没有从一个品牌转向另一个品牌的理由。而且，打动新顾客也要付出昂贵的代价，毕竟这些顾客一般不会刻意地到广告中去寻找其他品牌，更不会直接联系销售人员。

相比之下，维持老顾客通常可以带来巨大的效益，因为维持老顾客的成本要相对低廉。假如转向竞争对手的老顾客减少了，企业自然就能实现增长。有了老顾客的影响，新顾客也会更加容易被吸引。顾客群好比漏桶，增加投入只会加重浪费，我们不如退一步把漏洞补好。

这里，我们需要降低顾客因不满意而离开的促动因素，增加满意顾客的转换成本。首先，我们要接触流失的顾客，分析他们转换品牌的原因和问题。这类顾客往往是我们了解顾客群动态情况的最佳信息来源。他们为何离开？促动因素究竟是什么？如何消除这些因素？对流失顾客进行系统采访或许有助于我们发现问题。例如，银行经理往往知道上个月客户开立新账户的确切数目，甚至了解新顾客选择他们银行的原因，但对老顾客因不满而离开的原因却知之甚少甚至一无所知。

实施大手笔营销方案留住顾客，不仅可以消除令顾客不满的因素，还可以通过回馈顾客制造转换成本。例如，沃尔登书店（Waldenbooks）推出“最佳读者计划”，以奖励顾客，制造转换成本。最佳读者可持有一张卡，享有以下服务：

- 电话购书免话费。
- 所有商品享 10% 优惠。
- 每消费 100 美元返 5 美元优惠券。
- 订单审核及时通过。

该计划产生了强烈的促动效果，提高了沃尔登书店的顾客忠诚度。

斯巴鲁驾驶计划

根据斯巴鲁驾驶计划，每位斯巴鲁车主在购车后 4 年内均可从经销商处获得一系列的服务资料，其中包括：

- 欢迎信
- 各种斯巴鲁服务兑换券
- 16 页季讯，内容涵盖新产品、驾驶技巧、特别优惠等
- 保养提示
- 汽车服务卡
- 意见反馈表

通过该计划，斯巴鲁与车主保持了密切的联系，顾客有一种被重视的感觉，同时经销商的服务业务也得到了增加。

顾客维系率分析

为什么要实施顾客维系计划？顾客维系计划能否以未来利润的形式获得收益？通过对顾客维系率的系统分析，我们会找到这些问题及相关问题的答案。

顾客维系率分析是必要的，其中一种方法是评估顾客维系率和利润率之间的关系。[5] 我们以当年年度维系率为计算基础，假如年度维系率增加或减少 1%、5% 或 10%，那么边际利润的年度变化是多少？如图 2-5 所示。在一定范围内，我们考虑的主要成本就是可变成本。只有可变成本受到影响，才会对顾客维系率产生较高的杠杆作用。

因顾客维系率变化而产生的年度利润需要换算成净现值。方法大致是，先用未来价值估算年度利润，再用企业的资本成本和顾客维系率对年度利润进行贴现。因此，已知资本成本为 15%，维系率为 90%，假定当年年度利润为 100 美元，则第二年年度利润应为 100 美元 ×0.85（资本成本）×0.9（维系率），即 76.5 美元。

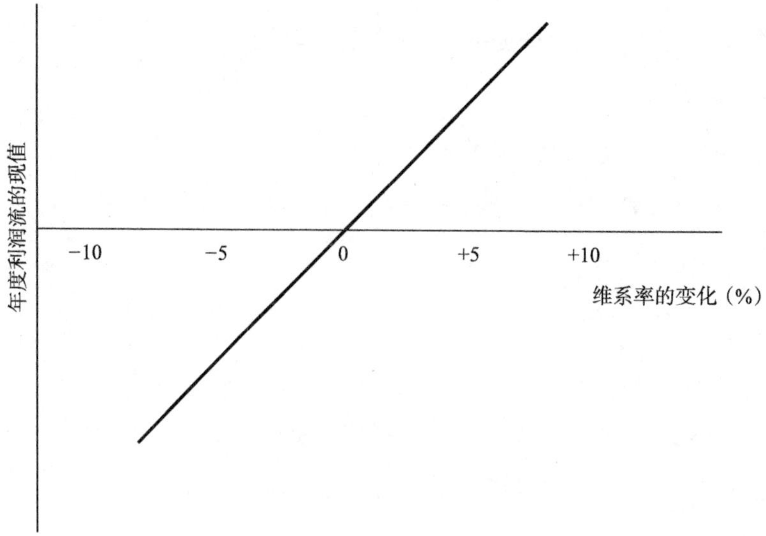

图 2-5 顾客维系率分析

有分析表明，如果顾客流失率下降 5%，那么普通顾客就会给公司带来巨大的利润增长。利润增加幅度取决于行业类型。[6] 对于汽车服务公司而言，由于忠诚度一般偏低，利润增幅估计只有 30%；软件公司为 35%；对于信用卡、银行储蓄等忠诚度明显偏高的行业而言，利润增幅高达 75% 以上。

在分析过程中最困难的问题是确定维系计划和维系率变化的相关性。维系计划会对维系率造成什么样的影响？有的时候，判断、经验，加上市场调查，会给我们提供一定的参考意见，但在一般情况下，我们还需要进行某些市场实验。要想判断维系计划对维系率的影响，不妨先对一小批顾客实施维系计划实验。

不过，在大多数情况下，顾客很少会做出改换品牌的决定，因此顾客维系计划反倒变成了无关痛痒的举措。这时，我们就需要采用满意度、不满意度、决定改换品牌的可能性等指标来衡量。这些衡量指标必须与维系率建立关系，其中维系率可根据随时间变化或随顾客单位变化的历史数据进行计算。

思考题

1. 你的顾客是谁？已有顾客群有没有为其他顾客提供参考，有没有增强其他顾客的信心，有没有为提高产品知名度做贡献？

2. 品牌忠诚度的级别是如何划分的？衡量忠诚度的其他方法是否管用？忠诚度为何有高低之分？是否有针对流失顾客的采访计划？

3. 满意度、不满意度的级别是如何划分的？导致顾客不满意的原因是什么？不满意度是如何随时间变化的？

4. 是否需要对现有计划进行整顿改革，以提高忠诚度？是否需要聘请“消费顾问”来找出改善顾客使用产品或服务的方法？有哪些顾客需求仍未得到满足？应该考虑哪些计划来提高忠诚度？顾客维系率与利润率的关系是什么？

MANAGING BRAND EQUITY

第3章

品牌知名度

美名胜过财富。

——塞万提斯，《堂吉诃德》

莫顿盐业公司曾让一个小女孩穿上黄色雨衣，并打出“就算在雨天，盐也能自由倒出”的口号，从此，任何合格的广告人都没有任何理由忽视一件产品的独特价值。

——马尔科姆·麦克杜格尔

大产变日产的故事

1918 年，一家日本汽车公司（即后来的日产汽车公司（Nissan））生产了一款 Datson 双座汽车——Datson 意为 Dat 之子。Dat 是由该汽车主要赞助人田（Den）、青山（Aoyama）、竹内（Takeuchi）三人名字的首字母组成的。[1] 由于 Son 在日语中容易联想到“损”，因此 Datson 改名为 Datsun（大产）。

第二次世界大战后，日产公司重归汽车制造业，以日产的名字向日本市场推出了一系列汽车产品。然而在 1961 年进军美国市场时，日产公司却使用了大产这个旧名字——希望这样可以淡化日本的影响。到了 1981 年，日产公司不仅在美国使用大产的名字，而且还在很多其他国家也使用了大产的名字，但在日本市场推出汽车、卡车等产品时使用的名字却是日产。事实上，日产在美国的知名度只有 2%，相比之下，大产的知名度却高达 85%。

1981 年秋，日产公司宣布了把美国市场的大产改为日产的决定，因为改名有利于全球战略的实施。在采用统一的全球名称后，广告宣传、产品介绍、促销材料就能跨国使用，这简化了产品设计和产品生产。而且，潜在顾客即使在其他国家旅行期间，也能随时接触到产品的名称。

不过，据行业观察员推测，改名有利于日产公司在美国出售股票和债券才是最重要的原因。他们还认为自尊心也起到了很大的作用：日产高管眼睁睁地看着丰田、本田成为美国家喻户晓的名字，一定会为日产的缺席而感到难过。

1982 ～ 1984 年，日产公司落实了改名决策，逐步改变了产品名称。在 1982 年的车型中，日产名字出现在汽车前护栅上，护栅后面左侧为大产名字，右侧为日产名字。但其他大产车型只采用了“日产制造”的广告语，并无其他举措。因此，很多汽车在销售时同时拥有两个名字。1983 年，一些车型已被完全取代。例如，1983 年大产 510 车型被日产斯坦扎（Nissan Stanza）取代。1984 年，改名工作全部完成。

当然，广告宣传是改名工作的前提。“大产：我们的动力”系列广告（见图 3-1）于 1977 年开始投放，取得了巨大的成功，1981 年预算高达 6000 万美元，后来被“活跃起来，走，开车去：来自日产的大胆建议”“大胆建议：车的名字叫日产”等系列广告取代，广告预算从 1983 年的 1200 万美元增长到 1987 年的 1800 万美元。“车的名字叫日产”系列广告（见图 3-2）的投入资金在 2400 万美元左右。毫无疑问，注册新名称在某种程度上增加了广告预算。很明显，“车的名字叫日产”广告宣传加上名字注册的效果远远不及大产系列广告成功。

最不可思议的是，大产的名字非常坚韧，难以撼动。1988 年春，一项全国性调查发现，即使大产已经从商场上绝迹了 5 年，即使日产的名字得到了大力宣传，但人们对大产的认识和尊重几乎与日产不相上下。[2]

名称改换的最大潜在成本是销量对净利润的影响。日产公司的市场份额从 1982 年的 5.9% 下降到 1983 年的 5.5%，再到 1984 年的 4.5%——总共下挫了 1.4 个百分点；与此同时，丰田的市场份额下跌了 0.9 个百分点。不过，在这段时期，美国对进口车实施限制政策，日产汽车自身爆出若干质量问题，本田汽车销量呈现上涨态势，这些都会对日产汽车的市场份额产生了影响。因此，因改名而造成的产品混乱究竟在多大程度上导致了日产份额的下跌是很难确定的。当然，改名带来的产品混乱肯定是非常重要的影响因素。

改名成本很有可能超过了 5 亿美元，甚至更多。首先，大家都知道，运营成本占了 3000 万美元左右，其中包括 1100 家经销店更换标志的成本。其次，我们可以推测，1982 ～ 1984 年，用于改名的广告投资可能高达 2 亿美元。另外，由于过早地中止了“大产：我们的动力”系列广告，造成了 5000 万美元的浪费。最后，假定 3 年内由于购买混乱而丧失的市场份额为

0.3%，那么这些损失就是几亿美元的边际利润。如果我们合理地假定改名影响一直延续到 20 世纪 90 年代，那么改名成本也许还要高很多。

图 3-1 “大产：我们的动力”

注：图中的标题可译为“现在，大产 280-Z 的价值已经超出了两年前的最初价格”。

资料来源：Permission to reprint this advertisement granted by Nissan Motor Corporation in U.S.A.

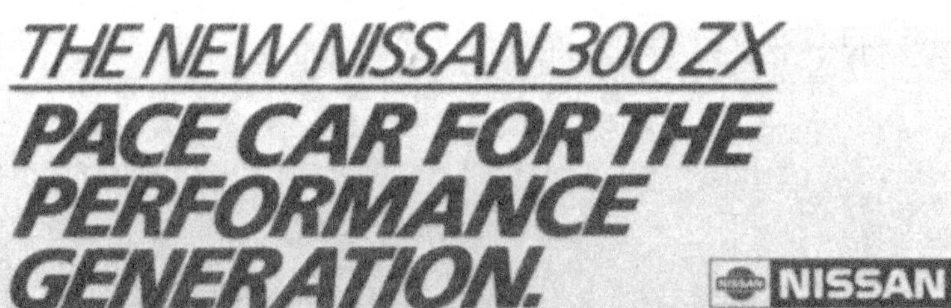

图 3-2 “车的名字叫日产”

注：图中标题可译为“新日产 300 ZX 是一款高性能的开路车”。

资料来源：Permission to reprint this advertisement granted by Nissan Motor Corporation in U.S.A.

通用变百得的故事

百得公司于1985年收购了通用电气公司的小家电业务，虽然通用电气的名字仍然可以沿用数年，但百得却突然决定改换名字。他们立即更换产品名称，并投入1亿美元的广告费，为新品牌建立知名度。结果，在前18个月，百得作为厨房小家电生产商的知名度从15%攀升至57%。然而，百得公司认为，广告宣传的持续时间、宣传难度和宣传成本都远远超出了预期。

通用电气名称的热度经久不衰是百得故事最显著的特点，这一点与日产的情况颇为类似。1988年年末，也就是在百得决定改名的3年之后，有人对随机抽取的1000个家庭样本进行了调查，调查结果发表在一份折扣商店专业杂志上。[3] 每位调查对象都要回答这样一个问题，即在各类产品中，他们会选择哪一种品牌。对于家庭用具，购物者选择各个品牌的比例如表3-1所示。

表3-1 家庭用具方面顾客的品牌偏好

品牌	顾客偏好比例
乐柏美（Rubbermaid）	14.6
通用电气	12.8
康宁锅（Corning）	9.9
佳能（Cannon）	5.7
康宁餐具（Corelle）	5.1
犀牛（Ecko）	4.0
晶彩透明锅（Visions）	3.5
尚彬散热器（Sunbeam）	3.3
百得	3.0
利比玻璃制品（Libbey）	2.8

资料来源：Reprinted by permission from *Discount Store News*, October 24, 1988 Issue. Copyright Lebhar-Friedman, Inc., 425 Park Avenue, New York, NY 10022.

按常理推测，在通用电气牌家庭用品销声匿迹3年后，其名称也会如潮水般退去。然而，令人难以置信的是，人们对通用电气名称的喜爱程度是百得的4倍。

品牌知名度的含义

品牌知名度是指潜在顾客认出或想起某类产品中某一品牌的能力。这里包括由某类产品到某一品牌的联想。宣传大都会博物馆（Metropolitan Museum）未必能够提高大都会人寿保险公司（Metropolitan Life）的知名度。同样，在大气球上打出李维斯（Levi's）的字样也许会让李维斯的名称更加显著，但对知名度的提高未必有用。不过，要是把气球制作成李维斯301系列牛仔裤的样子，人们就很容易由名称联想到产品，因此气球创造知名度的效果也得到了提升。

从不确定认不认识品牌到坚信某类产品只有一个品牌，品牌知名度就在这一连续区域内变化。如图3-3所示，在这一连续区域内，品牌知名度可以划分为三个不同的级别。[4] 品牌知名度在品牌资产中的作用取决于具体环境和知名度的级别。

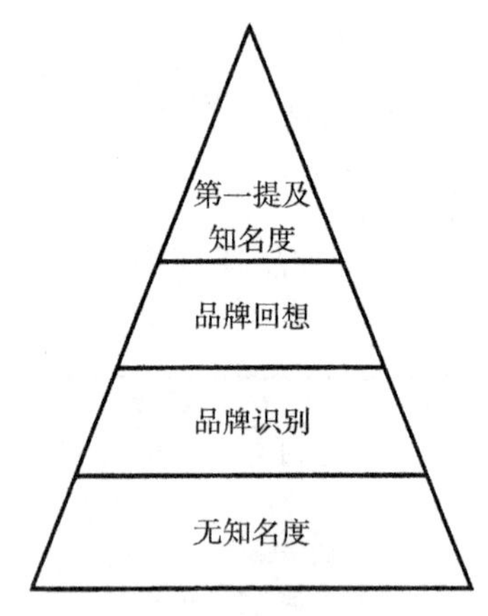

图3-3 知名度金字塔

品牌知名度的最低级别是品牌识别。这类级别的顾客能在有提示的回想实验中回想起某一品牌。比如在电话调查中，如果给出了某类产品的一组品牌，那么调查对象就能辨别出自己听说过的品牌。因此，尽管调查对象需要在品牌和产品门类之间建立联想，但这种联想并不需要强烈。认出品牌虽为品牌知名度的最低级别，但在顾客购物、选择品牌时会起到特别重要的作用。

第二个级别是品牌回想，即调查对象可以直接说出某类产品中某些品牌的名称，也称为“无提示回想”，因为调查对象没有现成的品牌名称可供参考，这一点与认出品牌不同。无提示回想的难度要远远高于有提示回想。在无提示回想中，品牌需要在顾客心目中有较高的地位。不过，在有提示回想中，人们想起的品牌数目要远远多于无提示回想。

在无提示回想中，顾客首先想到的品牌往往是知名度最高的品牌，这类品牌在顾客心目中具有一定的特殊地位。从最现实的角度讲，首先想到的品牌在顾客心目中的地位要远远高于其他品牌。(当然，在有些情况下，第二品牌的地位也会仅次于首先想到的品牌。)

除了图 3-3 中所展示的以外，还有一种特殊的回想情况，即调查对象中有很大一部分比例都只想到了一种品牌，这样的品牌我们称为主导品牌。[5] 我们来看一看美国力槌苏打粉（Arm & Hammer，占 85% 的市场份额，标志认知度高达 95%)、邦迪创可贴、吉露果冻（Jell-O)、绘儿乐画笔(Crayola)、莫顿盐业（Morton Salt)、莱昂内尔火车模型（Lionel)、费城奶酪、V-8 蔬菜汁、A-1 牛排酱等，在这些产品门类中，你又能说出多少种其他品牌的名称呢？拥有主导品牌是一种强大的竞争优势。在很多情况下，有了主导品牌，顾客购买产品就几乎不再考虑其他品牌。

知名度如何影响品牌

品牌知名度可以创造价值，主要体现在四个方面，如图 3-4 所示。

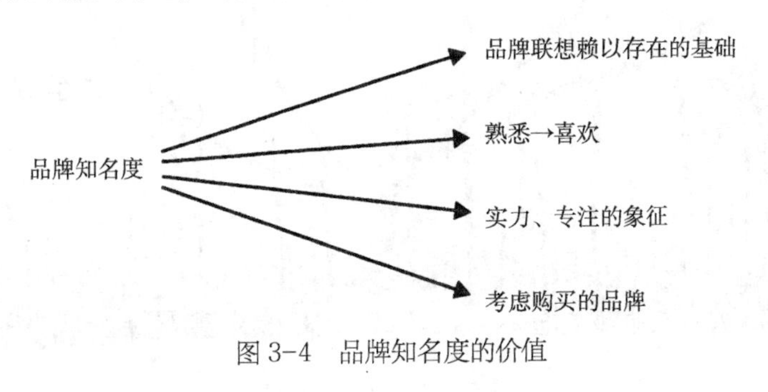

图 3-4 品牌知名度的价值

品牌联想赖以存在的基础

顾客认出品牌是品牌传播的第一步。不树立品牌名称而直接传播品牌特征，只会徒劳无功。没有品牌名称便无从联想到品牌特征。名称好比头脑中的文件夹，里面可以装入与名称相关的事实和感受。假如记忆中没有现存的文件夹，事实和感受就无法对号入座，一旦有需要，也无法从中调取。

图 3-5 以锚作比来阐释说明。金色拱门、干净 / 高效、麦当劳叔叔、儿童、巨无霸等联想都以链条（记忆链条）的形式与麦当劳的名称联系在一起。注意，链条有粗有细、有强有弱。此外，把不同的联想联系起来，可以增强其结构，例如麦当劳叔叔与儿童之间就存在这样的链条。

图 3-5 麦当劳的联想

资料来源：Courtesy of Jennifer Aaker.

当然，新产品、新服务尤其需要获得顾客的认识。几乎所有预测新产品成功与否的模型都认为，顾客是否认识品牌是新产品成功与否的关键前提；

购买决策很少在不认识品牌的情况下发生。而且，顾客不认识品牌，就很难了解新产品的功能和优点。在顾客认识品牌后，接下来企业就只需补充产品特征等品牌联想。

熟悉、喜欢

有了初步的认识，顾客对品牌就有了一种熟悉感，而人们大都喜欢熟悉的事物。特别是不太重要的产品，如肥皂、口香糖、纸巾、糖、一次性笔、面巾纸，熟悉与否往往会影响人们的购买决定。如果没有特别原因，顾客不会深入评估产品的具体特性，只要觉得熟悉，就会直接购买。

研究表明，接触次数与喜爱程度呈正相关，无论是抽象的图片、名称、音乐，还是其他诸如此类的事物，这一结论通通适用。例如，有人在研究中向调查对象展示了一组土耳其单词，有的展示 3 次，有的展示 6 次。尽管展示的词语各不相同，且每个词语都不存在内在的吸引力，但结果显示，与不熟悉的词语相比，调查对象更喜欢熟悉的词语。

有趣的是，这些研究还发现，多次接触虽然不会对人们的认识水平产生显著影响，却可以影响人们的喜爱程度。[6] 其中一个原因是，虽然人们对品牌的认识非常微弱，达到了无法衡量的地步，但认识（熟悉）的效应仍然存在。

我们不妨看一看邦那牙膏（Ipana）、黑杰克（Black Jack）口香糖等老品牌的名字，它们在重新推出后，都做得很好。毫无疑问，人们对品牌的认识起到了非常重要的作用。

实力、专注

知名度可以说是存在、专注与实力的象征，这些特征对于大宗物品的厂家买方和耐用品的消费者买方而言，都是至关重要的。因为一个众所周知的品牌，必定有其众所周知的原因，例如：

- 该企业投放大量广告。
- 该企业经营相关业务已有一定的历史。
- 该企业产品销售范围广泛。
- 该品牌是成功的——其他人都在用。

但这些只是推测，顾客未必了解品牌的具体情况。即便人们没有接触到广告，对企业知之甚少，然而面对一个知名品牌，人们也自然会推测出该企业实力雄厚，并能用广告支撑起自己的品牌。在选择产品时，假如眼前有一个完全未知的品牌，我们一定会认为该品牌实力平平，背后没有专注的公司作为支撑。

有的时候，即使碰到金额高、难度大的购买决定，只要品牌著名，给人以熟悉感、充满实力感，情形就会大不相同。例如，在选择电脑或广告公司时，如果经过深入分析仍不能确定最终答案，那么品牌知名度往往会成为最后的决定性因素。

考虑购买的品牌

购买过程的第一步往往是选择一组要考虑的品牌，即考虑范围。例如，在选择广告公司、试驾汽车或待评计算机系统时，要考虑三四个备选方案。除非有特殊情况，否则顾客在购买过程中一般接触不到太多的品牌名称。因此，企业要想进入顾客的考虑范围，就必须让顾客回想起品牌。谁是电脑生产商？首先顾客想到的企业自然具备了一定的优势。一家企业如果让顾客无从记起，恐怕连最初的机会都得不到。

品牌回想与购买决定

多伦多大学普拉卡什·纳东加迪（Prakash Nedungadi）教授在精心设计的实验中证明了品牌回想对购买决定的影响。[7] 在实验中，先把一个产品大类（如方便食品）划分为两个小类（如全国性连锁店和地方性商店）。在各个小类中，根据使用情况和喜爱程度的调查结果来判断一个品牌是大品牌（如麦当劳、乔得力（Joe's Deli））还是小品牌（如温迪（Wendy's）、赛百味（Subway））。实验对象首先要回答12道判断题，其中涉及4个品牌，例如，判断爱尔兰春天（Irish Spring）是不是洗衣粉。每个实验对象有3道问题关于4个实验品牌中的一个（该品牌名称事先介绍过），但在对照组中的实验对象除外。然后，实验对象需要回答自己会为午餐选择什么品牌，以及要考虑的其他品牌。接着，实验对象需要列出自己有意前往的不同餐厅。研究结果非常有趣（用汉堡调味品和酒精搅拌机重复实验，结果仍然如此）：

> 假如一个大品牌事先介绍过（如麦当劳或乔得力），实验对象选择该品牌的比例大幅上升，即使他们对该品牌的相对喜爱并未改变（实验对象对就餐意向的回答可以说明这点）。品牌回想提高后可以影响选择，但不影响喜爱程度（实验对象对考虑范围的回答可以说明这点）。
>
> 对于地方性商店这一小类，假如小类中的小品牌事先介绍过（如赛百味），实验对象选择大品牌（如乔得力）的比例同样也会出现大幅度的上升。对赛百味的介绍会让实验对象联想到地方性商店，继而联想到乔得力，这从间接上强化了实验对象对乔得力品牌的回想。该项研究结果表明，品牌回想是复杂的，而且在产品小类中的强势地位会让人注意到该产品小类，继而注意到其他品牌，从而完成品牌回想。

品牌回想（当然，首先回想尤佳）的作用对于咖啡、洗衣粉、头痛药等常购产品而言也是至关重要的，顾客往往在去商店之前就已经确定好了品牌。在某些产品门类中（如谷类产品），备选品牌非常丰富，这会使购买者不知所措，因此，即使果蜜（Nut & Honey）品牌备受瞩目，也非常有必要成为让顾客想得起的品牌，甚至是首先想到的品牌，这样顾客才会购买产品。

有些研究表明，品牌回想和考虑范围存在一定的关系。通常而言，如果一个品牌让顾客想不起来，也就不会被列入考虑范围。当然，人们有时候也会回想起自己非常厌恶的品牌。其他一些研究同样表明，首想回想和态度/购买行为之间存在一定的关系。其中有一项研究针对三类产品（方便食品、苏打、银行业务）中的六个品牌展开调查。结果发现，在无提示回想中，对于首先想到、第二想到或第三想到的品牌，其偏好程度和购买可能性有着巨大的差异。[8]

咖啡研究

一项针对咖啡市场的研究表明，知名度可以对咖啡销量产生影响。[9] 该研究取得了以两个月为周期、连续 19 个周期的市场份额和广告费用数据，并与 19 次用以调查无提示回想和对待品牌态度的随机电话采访建立了联系。研究结果如图 3-6 所示。广告宣传影响知名度和顾客态度，从而间接影响品牌的市场份额。而且，知名度变化带来的影响与顾客态度变化带来的影响大致相当，这表明，知名度有时也是一项重要的因素，不受顾客态度变化的影响。从中我们不难发现，广告宣传可以提示顾客，对产品知名度产生影响，知名度反过来又会影响顾客的购买决定。

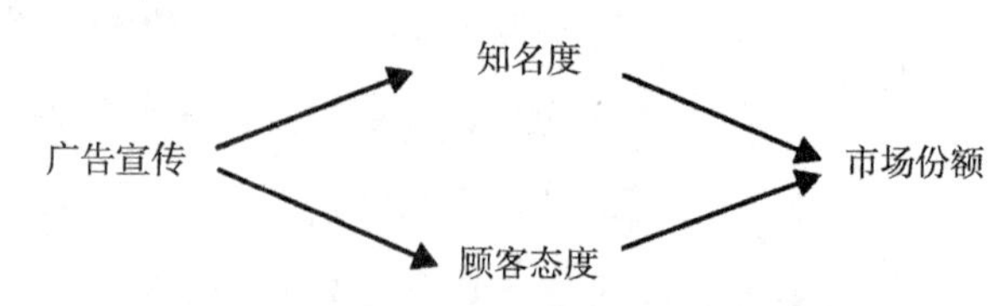

图 3-6 知名度对咖啡市场销量的影响

朗涛对形象力的研究

朗涛品牌咨询公司（Landor Associates）曾对1000名美国消费者进行了调查，并在此基础上提出了品牌名称力量的衡量方法。[10] 该方法包括两个方面，其一为“心理份额指数”，用以衡量顾客对品牌的认知度；其二为“尊重度指数”，用以衡量顾客对所知企业和品牌的认同和支持。两项分值取平均，可得到“形象力总分”。表3-2为667个实验品牌中部分品牌的得分情况（1988年）。

表3-2 美国最强势的品牌

形象力排名	公司 / 品牌	尊重度指数	心理份额指数
1	可口可乐	68	78
2	金宝汤	67	60
3	百事可乐	61	67
4	美国电话电报公司	64	63
5	麦当劳	50	77
6	美国运通	60	65
7	家乐氏	58	64
8	IBM	65	58
9	李维斯	63	58
10	西尔斯	59	62
⋮			
30	劳斯莱斯	63	46
⋮			
169	日产	43	66
⋮			
177	大产	41	67
⋮			
667	朝日	28	27

资料来源：Mim Ryan, “Assessment: The First Step in Image Management,” *Tokyo Business Today*, September 1988, pp. 36–38.（表中所示数据为近似值。）

有趣的是，可口可乐在调查中表现出了极高的主导地位。可口可乐与第2名金宝汤的差距非常大，相当于金宝汤与第50名都乐（Dole)(表中未予显示）的差距。心理份额指数是品牌认知度的反映，指数分值高无疑是品牌成功扩展的基础。在某些情况下，品牌甚至无须借助市场营销就能实现成功扩展。在 20 世纪 80 年代中期，可口可乐把名字运用到 9 款不同的软饮料上。特别是健怡樱桃可乐（Diet Cherry Coke），可口可乐公司甚至没有投入任何广告资金。

我们从朗涛的研究中可以看出，知名度与尊敬度呈高度相关。当然，人们知道了品牌，也就会喜欢使用这些品牌。这也在某种程度上反映出，熟悉的品牌更受人欢迎。当然也有例外。有些品牌，如灰狗巴士（Greyhound）、花花公子（Playboy）、华纳兄弟（Warner Bros.），可谓众所周知，但人们并不怎么尊敬它们。而其他品牌，如劳斯莱斯、希尔顿酒店（Hilton）、哈雷戴维森、稳洁（Windex）、劳力士（Rolex），其尊敬度很高而知名度却一般，这些品牌有着得天独厚的优势，它们完全可以借助尊敬度来提高自己的知名度。

另外，朗涛还用同样的方法调查了日本和欧洲企业打造世界级品牌的成功情况。实际上，把美国、日本、欧洲三方面的数据综合起来看，可口可乐是第一品牌，接下来分别是 IBM、索尼、保时捷和麦当劳等品牌。

知名度的局限

知名度虽为品牌的关键资产，但其本身却不能创造销量。对于新产品而言，情况更是如此。我们以英菲尼迪（Infiniti）为例。[11] 当年，为了推出英菲尼迪，日产公司独辟蹊径，采用了惹人争议的广告方案。广告中有鸟、田地、湖泊（独独没有汽车）等场景，使顾客的认识水平达到 90%，同时也创造了独具特色的品牌联想。然而在产品推出的头几个月，销量总不尽如人意，批评人员称，这是因为广告中没有给出“购买理由”。不过，一位喜剧演员揶揄道，广告效果相当好：石块、树木销量大涨 300%！

老品牌名称的优势

当然，知名度会衰变，特别是最高级别的知名度。不过，有一种现象值得我们注意：当品牌真正建立后，顾客经过多次接触和多次使用，会对品牌形成高度认可，这时即使取消广告宣传，品牌认可度也会在相当长的时间内保持较高水平。

例如，20 世纪 80 年代中期，有人针对搅拌机进行了知名度研究。在研究中，实验对象需要尽力回想起所有的搅拌机品牌。结果，通用电气排了第二名，尽管通用电气牌搅拌机已经停产了 20 年。又比如联合利华公司生产的力士美容香皂块（Lux Beauty Bar），虽然广告宣传停止了 15 年，但仍然创造了 2500 万美元的销售额，这里面毛利恐怕就占了一半。[12]

有人曾对 4 座城市的 100 名家庭主妇进行了品牌名称熟悉度的调查。在调查中，这些主妇需要说出尽可能多的品牌名称，名称数目与所获酬劳呈比例。[13] 结果，平均数目为 28 个，其中 15% 的家庭主妇说出了 40 多个品牌名称。在说出的品牌中，有一半是食品名称。另外，这项调查最值得注意的是品牌的年龄。如表 3-3 所示，68% 的品牌超过了 25 年，36% 的品牌超过了 75 年！

表 3-3　最著名品牌名称的年龄

品牌年龄	占提到的 4923 种品牌的百分比
100 年以上	10
75 ～ 99 年	26
50 ～ 74 年	28
25 ～ 49 年	4
15 ～ 24 年	4
14 年以下	3

资料来源：Adapted from Leo Bogart and Charles Lehman, "What Makes a Brand Name Familiar?" *Journal of Marketing Research*, February 1973, pp. 17–22.

另外，波士顿咨询集团（Boston Consulting Group）有一项研究也很著名。它在22类产品中对1925年的主导品牌和1985年的主导品牌进行了对比。[14] 结果发现，19类产品的主导品牌是相同的，而在其他3类产品中，先前的主导品牌仍然具有非常重要的地位。研究结果如表3-4所示。当然，有些产品门类在1925年尚未出现，如冷冻餐、燕麦条饼干，因此市场情况要比表格更具生动性。不过，老品牌名称的优势仍然是令人难以置信的。这在某种程度上是因为，老品牌名称的优势基于顾客对品牌的认识水平，而品牌认识水平又基于数以千计的接触次数。

表3-4　1925年、1985年的主导品牌

产品	1925年的主导品牌	1985年的主导品牌
咸肉	斯威福特（Swift）	领导者
电池	永备（Eveready）	领导者
饼干	纳贝斯克	领导者
早餐谷类食品	家乐氏	领导者
照相机	柯达	领导者
水果罐头	地扪	领导者
口香糖	箭牌	领导者
巧克力	好时	第二名
面粉	金牌（Gold Medal）	领导者
薄荷糖	救生圈（Life Savers）	领导者
油漆	宣威	领导者
烟丝	阿尔伯特王子（Prince Albert）	领导者
剃刀	吉列	领导者
缝纫机	胜家（Singer）	领导者
衬衫	曼哈顿（Manhattan）	领导者
起酥油	科瑞	第五名
肥皂	象牙	领导者
软饮料	可口可乐	领导者
汤	金宝汤	领导者
茶叶	立顿	领导者
轮胎	固特异	领导者
牙膏	高露洁	第二名

资料来源：Thomas S. Wurster, "The Leading Brands: 1925-1985," *Perspectives*, The Boston Consulting Group, 1987.

从以上研究中我们不难发现，一个众所周知的强势名称可以创造巨大的资产。而且，随着顾客接触次数、使用经历的增多，资产价值只会越来越多。最后，一个新的品牌即使极具挑战性，即使投入巨额广告预算，即使拥有出色的产品或服务，也很难顺利进入消费者的记忆。

很多人，特别是外行人，都普遍认为，只要广告宣传足够多，只要产品足够好，即使在成熟的产品门类中，新的品牌仍然能够取得成功。其实不然。我们不妨来看一看上述研究中居于领导地位长达60年的那些品牌，又有多少品牌战胜了这些品牌？在某些业已成熟的产品门类中，要想成为主导品牌，就必须天生就是主导品牌。

要想在成熟的产品门类中取得胜利，一般来说最好的办法就是恢复已经建立的既有品牌，而不是重新开创一个新的品牌。如果真要开创一个新品牌，那么其中一种方式就是把既有品牌名称扩展到相关的产品门类中。恢复品牌、扩展品牌将在后续章节中讨论。

如何实现知名度

实现知名度就是要让顾客认得出品牌、想得起品牌，它包括两个方面的任务：一是取得品牌身份，二是将品牌与某类产品联系起来。对于新品牌，两项任务缺一不可。不过，在某些情况下，如果其中一项任务已经实现，那么工作安排就会有所不同。例如，像比萨地带（Pizzaplace）这类品牌名称已经表明了产品门类，我们只需把品牌名称建立起来即可。如果乐通（Roto-Rooter）这个名头响亮的品牌要进军水暖行业，我们也只需把既有名称同新的产品门类联系起来即可。

知名度应当如何实现、保持并提高呢？虽然最佳方案取决于具体环境，但我们根据心理学、广告学的权威研究，对成功建立知名度、维持知名度的品牌进行观察后，最终给出以下几条指导原则。

与众不同，令人难忘

要让产品众所周知，就要给出让别人关注产品的理由，而且这种理由一定要令人难忘。方法有很多，但最好的办法就是独具一格、与众不同。我们不妨看一看会说话的帕克（Parkay）人造黄油。它采用了幽默的手法把派克笔同人造黄油联系起来，从而与其他品牌的传播手段形成了差异。

在很多产品门类中，品牌的传播方法非常相似，让品牌很难脱颖而出。例如，大多数香水、跑车、薄荷香烟、软饮料的广告千篇一律，令顾客眼花缭乱、无从辨别。有一位广告客户把电视广告中可口可乐的声道切换成七喜的，结果几乎没有人注意到。

当然，在品牌和产品门类之间建立联想是有必要的。例如，把汽车置于孤立的山巅，也许让人难忘，但观众往往想不起来置于山巅的究竟是哪款汽车。

使用口号或押韵

使用口号或押韵可以极大地改变宣传效果。“可以漂浮”或“你今天需要休息了”等口号有助于加深人们的印象。说起某类产品，比如说香皂，我们就很容易想到“可以漂浮”，继而想到象牙皂，而不是直接想到象牙皂这个牌子。由于口号中包括了非常直观的产品特征，因而更容易产生联想。因此，建立易于联想到品牌、产品门类的口号是值得的。

押韵是创造知名度的有力武器。有人设计了一个新产品模型，用以预测新产品推出 13 周后的知名度水平。在对 58 款新产品进行实验后发现，有些产品的回想水平高于其他产品，原因在于朗朗上口的广告词起了极其重要的作用。[15] 有一个回想水平高的品牌就使用了这样一句广告词：“哦，哦，Spaghettios。”

标志宣传

如果标志已经存在或者可以设计出来，那么标志在创造知名度、维持知名度上就能起到重要作用。例如，肯德基上校、美通公司（Transamerica）的金字塔或旅行者公司（Travelers）的伞，都与品牌密切相关。标志属于视觉形象，比单词或短语更容易识别，更容易回想。而且，除了广告以外，标志还可以通过很多创造性方法达到宣传目的，例如贝蒂妙厨举办烘焙比赛，百威啤酒举办克莱兹代尔马队展览，苹果公司举办各式各样的电脑展览，等等。

我们来看一看固特异的小飞艇，如图 3-7 所示。该飞艇自 1925 年起就被专门用于负责固特异的公关宣传。当时由 3 架飞艇组成的舰队极大地提高了人们对固特异这一名称的认识。飞艇上显示的是一个接近 3 米长的徽标，徽标由固特异的名称和翼角组成，另外还有 7560 只发光程控灯标志。在很多户外电视节目，如美国橄榄球超级杯赛、世界职业棒球锦标赛中，固特异每年播出 80 多次飞艇电视表演，使固特异得到了极大的曝光。一位记者这样写道："没有固特异小飞艇的比赛，是不能算作比赛的。"固特异的标志非常强势，致使竞争对手古德里奇公司（Goodrich）在投放广告时只显示蓝天白云，从而着重强调它是一家没有小飞艇的公司。

图 3-7 固特异的小飞艇

资料来源：Courtesy of The Goodyear Tire & Rubber Company.

公共宣传

广告宣传非常适用于提升品牌知名度。在广告宣传中，广告信息和广告受众可以准确定位，从而满足品牌的需要，而且广告一般是获得曝光的有效方法。不过，公共宣传[⊖]也可以起一些作用，有时甚至起主要作用。公共宣传不仅成本远远低于媒体广告，而且效果更佳。与单纯的阅读广告相比，人们往往更喜欢了解新闻故事。例如，固特异的小飞艇每年都会有几千条的新闻剪报。因此，问题的关键是制造与品牌相关的、有新闻价值的事件或问题。

假如产品本身就是有趣的，那么这种情况最理想不过了。例如新概念汽车——米埃塔（Miata）双座跑车，或新型计算机芯片。不过，万一产品本身不具备新闻点，我们就需要制造事件、设计标志，或者采取其他手段。例如，本杰里公司（Ben and Jerry）策划了“移动奶牛”的活动，开着冰激凌车全国漫游，所到之处免费赠送本杰里冰激凌。这件事至少在途经的小城小镇中是有新闻价值的。

活动赞助

大多数活动赞助的主要作用在于制造或维持知名度。因此，沃尔沃汽车赞助网球巡回赛，维珍妮香烟（Virginia Slims）赞助女子巡回赛，美通公司赞助网球锦标赛，凡此种种都让它们暴露在现场观众、电视观众、赛前读者、赛后读者的眼前。很早以前，啤酒品牌就发现了宣传推广的价值，因此百威、米勒、康胜等品牌经常与数以百计的体育赛事联系在一起。

⊖ 公共宣传（Publicity）是指利用第三方（多为新闻媒体）将与企业有关的积极信息传递给受众，以达到塑造、提升企业正面形象的目的。——译者注

品牌扩展

要想让顾客想得起品牌，让品牌更加引人注目，我们就可以把品牌名称扩展到其他产品上。可口可乐、亨氏食品、慧俪轻体、新奇士把自己的名称扩展到其他经过宣传、展示并使用的产品上，这些品牌的名称得到了宣传。

在日本，索尼、本田、马自达、三菱、雅玛哈等很多知名企业甚至把自己的名称应用到所有的产品上。例如，索尼这个名字是经过精心挑选的，目的是得到广泛的应用，进而从多项推广活动中获得利益。三菱的名字和 3 个菱形的标志遍布三菱 25 000 款产品，其中包括汽车、金融产品甚至蘑菇产品。

当然，凡事总有利弊。虽然广泛采用同一品牌名称往往可以提高品牌回忆率，但如果采用不同名称，会有机会为各个名称开发不同的联想。详细内容将在第 9 章品牌扩展部分展开。

运用提示

产品提示或（和）品牌提示往往可以在知名度宣传活动中起到辅助作用。其中，包装是特别有用的一种品牌提示。包装是消费者直接面临的刺激因素，决定着消费者是否对产品有兴趣。莫顿盐业或瘦身特餐的包装就是产品的提示。职业网球运动员安德烈 · 阿加西（Andre Agassi）则会给人以球拍产品的提示。在某些情况下，提示还可以用来提醒人们在广告中宣传的品牌联想。[16] 例如，生活公司（Life）针对谷类食品策划了米奇系列广告。广告中有一个聪明的小男孩叫米奇，他非常喜欢生活公司的谷类食品，最后连他哥哥都觉得难以置信。生活公司把米奇的小照片印在包装上，形成广告提示，大大提高了广告的宣传效果。

品牌回想需要反复宣传

让顾客回想品牌比让顾客认出品牌更难。我们需要让品牌名称更加醒目，让品牌与产品的联系更加紧密。我们知道，时间久了，顾客对于以前仅有几次接触的品牌也许还认得出，却未必想得起。品牌回想是困难的，既需要顾客深入了解，也需要厂家反复宣传。当然，要想成为顾客首先想到的品牌，更是难上加难。像百威这样的品牌，之所以总是被顾客首先想到，这与它的反复宣传是密切相关的。

回想红利

通过持续宣传来维持首想知名度，不仅可以提高品牌知名度，还可以提升品牌特征，阻止顾客回想其他品牌。很多研究表明，一旦给出一个或一组品牌名称，实验对象就很难说出其他竞争对手的产品名称。在其中一个实验中，实验对象看了德里斯坦感冒药（Dristan）的电视广告后想到的感冒药品牌要少于那些没看广告的实验对象，[17] 因为德里斯坦这一知名品牌阻挡了实验对象对大脑记忆的搜索。

思考题

1. 品牌认识和品牌回想的作用是什么？两者究竟是如何影响购买决定的？

2. 所在公司不同品牌的认识率和回想率各是多少？在让新顾客认识品牌的过程中有没有遇到问题？核心产品的品牌名称是否备受瞩目？回想率是否保持得住？

3. 对旨在提高认识率、回想率及其各个组成因素的传播计划进行评估。哪些计划具有实际效果？哪些方面值得广泛关注？包装如何？宣传计划是否与品牌联想一致？

4. 竞争对手有哪些可以提高认识率、回想率的有效的推广方法或传播方法？有没有充分利用各种公关方法？

MANAGING BRAND EQUITY

第4章

感 知 质 量

质量是保护专利的唯一法宝。

——詹姆斯·罗宾逊（美国运通公司首席执行官）

优质形象好比头等车票，可为大多数产品增加价值。

——大卫·奥格威

质量是免费的。

——菲利普·克罗斯比

施利茨的故事

施利茨酿酒公司（Joseph Schlitz Brewing Company）创立于1850年，起初是一家小酒厂，仅为密尔沃基市的一家餐馆供应啤酒。1871年，芝加哥发生大火灾，烧毁了当地很多啤酒厂，施利茨公司因此得到了极大的发展。[1] 1872年，施利茨打出的宣传口号是“让密尔沃基声名远播的啤酒”。到了世纪之交，施利茨发展成为美国第三大啤酒品牌，仅次于帕布斯特（Pabst）和安海斯－布希（Anheuser-Busch）公司。在20世纪上半叶，施利茨依然保持着稳健的发展势头。尽管美国在20世纪20年代实施了禁酒法令，但施利茨依靠生产麦芽糖浆和酵母糖浆，成功度过了这一时期。1947年，施利茨成为美国第一啤酒品牌，虽然在1957年被百威啤酒超越，但直到20世纪70年代初期，施利茨始终保持在第二强的位置上。

图 4-1　施利茨“口味”主题广告

资料来源：Courtesy of The Stroh Brewery Company.

20世纪60年代，施利茨请李奥贝纳广告公司（Leo Burnett Company）创作了备受推崇的主题广告：“喝顶级淡啤，品真正口味”和“不喝施利茨，不知啤酒味”。图4-1为60年代的一则“口味”主题广告。同样在60年代，施利茨不但成功推出了施利茨麦芽酒，还发明了易拉罐，并注册了商标。在70年代初期，施利茨又以“海洋男人”的生活方式为切入点，在保留“口味”主题的基础上，创造出喝浓啤酒的英雄形象，其口号是“人生只此一回，不要错过新口味”。

由盛转衰

即使到了1976年，施利茨酿酒公司凭借大众价位的密尔沃基老啤酒和新推出的施利茨淡啤，仍然占据了16.1%的市场；相比之下，安海斯－布希公司为19.5%，米勒公司为12.2%。然而就在1977年，施利茨公司把第二名的位置让给了米勒公司。从此，施利茨的命运急转直下，市场份额从1976年的15.8%下跌到1977年的13.9%，再到1978年的11.8%。利润也在一路下滑，1974年为4800万美元，到了1979年，变成了亏损5000万美元。

图4-2为施利茨啤酒销量下降图（不含麦芽啤酒和淡啤）。从图中可以看出，施利茨啤酒的年销量从1974年的1780万桶下降到1976年的1660万桶（因为这一年安海斯－布希公司发生大罢工，施利茨从中捡到不少份额），再到1980年的750万桶，到了1986年，销量已经不足100万桶——可以说施利茨在市场上几乎失去了踪影。20世纪80年代中期，施利茨不再拥有高档价位优势，所剩下的只是一个普通的品牌。

于是，施利茨酿酒公司选择公开上市交易，1982年被斯特罗（Stroh）收购。正因为公开交易，我们今天才能看到施利茨公司的价值变动记录。我们这里假定公司价值等于产品销售额，因为公司价值自然要归在施利茨名下，而产品销售额也只计算与施利茨品牌相关的产品，详见表4-1。从表中可以看出，品牌名称的价值（即品牌资产）从1974年的10亿美元下降到6年后的7500万美元，超过93%的品牌资产损失掉了。

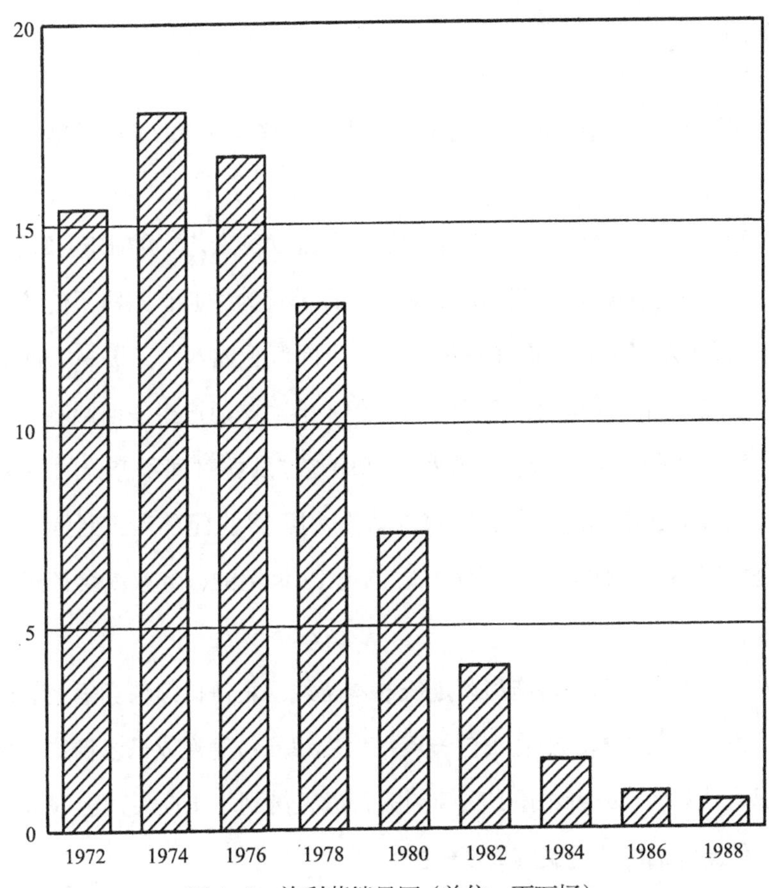

图 4-2 施利茨销量图（单位：百万桶）

注：不包括施利茨麦芽啤酒和施利茨淡啤。

资料来源：R. S. Weinberg & Associates.

表 4-1 施利茨的品牌资产 （金额单位：百万美元）

年份	总市值 当年最高值	总市值（不含债务） 当年最高值	施利茨收入百分比 (%)	施利茨品牌市值
1974	1 670	1 374	71	1 082
1975	875	596	68	447
1976	698	426	65	307
1977	530	300	62	207
1978	487	311	60	207
1979	388	231	56	145
1980	287	150	45	75
1981	495	345	36	138
1982	465	318	28	98

质量危机

品牌资产为什么会损失？是怎么损失的？这要从 1974 年最早出现的负面事件说起。

1974 年，施利茨耗时 10 年的“加速分批发酵工艺”（ABF）研制成功，并正式投产旗下的密尔沃基酒厂。新工艺以酵母为中心，颠覆了传统。原来需要 12 天的发酵过程，现在只需 4 天，既降低了成本，又提高了产品的均匀度。虽然产品的保质期会有所下降，但不会对味道产生任何影响。可是在大街小巷，人们却纷纷传言，施利茨在酿造“发酵时间不充分的生啤酒”。一位员工说，在酿酒这一行，大家都认为，用 18 世纪的老工艺酿出来的啤酒才是好啤酒，可你要是说运输方式也是 18 世纪的，大家就会怀疑你的啤酒是否卫生了。

采用新生产工艺只是施利茨走低成本路线、获得持续性竞争优势的一个环节。为了降低成本，施利茨曾一度把大麦芽原料偷换成玉米糖浆。虽然公司内部人员认为（或者希望）喝啤酒的普通人辨别不出前后两者在味道上的差别，但新啤酒的味道确实要淡一些。

施利茨为了节约成本，不惜购买廉价原料，采用低档工艺，但这样做很难密不透风，一旦被人揭穿，恐怕连辩护的机会都没有。特别是当安海斯 - 布希公司明确表示要坚持使用昂贵原料时，施利茨只能束手待毙，毫无还击之力。1975 年年初，安海斯 - 布希公司总裁奥古斯特 · 布希（August Busch）说道：“我们的竞争对手为了追求更高的利润、获得更大的投资回报，不惜偷换原料和酿酒工艺。但产品质量的下降是糊弄不了消费者多长时间的。所以，我们宁愿利润少点，也不会降低质量。我们更看重长远的生意。”

施利茨为了提高销售额，用节约出来的成本大搞削价处理和广告宣传，使公司的形象进一步受损。本来此举可以降低生成成本，实现以量取胜的规模经济，与追求成本优势的竞争策略并无矛盾之处。施利茨还认为成本是非常关键的市场要素，直接决定着企业的成败与否。不过问题就出在这里，施利茨过去一向定位高端啤酒，如今却要打折促销，未免有些不伦不类。

1975 年，施利茨出现质量形象危机，当然也有竞争对手从旁煽风点火、诽谤造谣。为了应对危机，施利茨在广告中专门强调了质量这一主题。“口味”系列广告换成了“啤酒只此一词：施利茨！你一定知道”“合不合意，只有你知道”。但这次广告宣传，同即将到来的广告宣传一样，再也不能扭转施利茨走下坡路的颓势了。

1976 年，最要命的事情发生了。1 月 1 日，施利茨为了延长啤酒保质期，擅自更换了所用的泡沫稳定剂，但并没有在产品标签上标示出来，为的是规避新产品标签法的规定。况且新稳定剂可在酿造阶段直接被过滤掉，不会出现在成品中。然而意想不到是，新稳定剂与啤酒的其他成分发生反应，形成了雪花状的小薄片。结果有人反映啤酒里有片状物或絮状物，但几个月来，这一问题一直未能引起重视。到了初夏，施利茨才采取补救措施，停用稳定剂。这样一来，啤酒上架时间只要一长，味道就会变淡。1976 年秋，公司秘密召回并销毁了上千万瓶装和罐装的施利茨啤酒。事后秘密泄露，施利茨被传为笑柄。

力挽狂澜

1977 年，为了挽回形象，施利茨再度出击，进行广告宣传。在广告中，虎背熊腰的男士向那些喝其他牌子啤酒的人发出低沉地怒吼：“想抢走我的施利茨？想剥夺我的口味？”这些广告咄咄逼人，在啤酒行业被人喻为“喝施利茨，不然要你命”的宣传活动。而在广告界，人们普遍认为，这样短命的广告宣传只会带来灾难。的确，施利茨再也没能重振雄风。

1978 年，施利茨聘请到安海斯 - 布希公司的酿酒大师，对目前的酿酒工艺和配料做了一番调整，重现了 20 世纪 60 年代的优质啤酒。后来，酿酒大师亲自上阵代言施利茨广告，打出的口号是“施利茨啤酒，酒中好酒”。1979 年，广告口号为“快去买吧”，之后又回到了“口味”系列主题，但销量仍在下降。

1980 年，施利茨在绝望之下，投资 400 万美元，分 5 次开展啤酒口味现场测试。他们邀请了 100 位喝百威、米勒、米狮龙啤酒的选手，参加现场直播的无标志啤酒口味测试。其中一场测试是在 1981 年美国超级足球杯赛期间举办的，此次测试的最大亮点是邀请到了一位著名的足球裁判，令人极为兴奋。最后，在喝米狮龙啤酒的选手中，有 50% 的人说他们喜欢未加标志的施利茨啤酒，这是施利茨取得的最好成绩。然而，一切的一切都不能让消费者相信施利茨恢复了以往的品质，哪怕施利茨从 1978 年起已经在使用老配方、老工艺了。

原因分析

当然，20 世纪 70 年代，啤酒业发生的很多事情都影响到了施利茨。1970 年，菲利普·莫里斯（Phillip Morris）收购米勒公司，随后大幅增加广告预算，将“瓶装香槟啤酒”重新定位于喜欢“米勒时光”的蓝领工人。他们还推出了 7 盎司（约 200 克）的罐装啤酒，并规定，上架 120 天未售出的啤酒，均要做下架处理，啤酒质量因此提高。另外，他们在 1975 年推出了米勒淡啤，定位于“真正的啤酒饮者”，这些人想喝一种“略微清淡的啤酒”。米勒淡啤销量增长很快，1979 年超过施利茨，1982 年位列第二，仅次于百威，是他们推出的最成功的新产品之一。

20 世纪 70 年代末，安海斯 - 布希公司为了对抗米勒公司，同样大幅增加广告开支，并积极赞助各类体育赛事（1976 年仅赞助 20 场，1982 年超过 400 场）。它还进行酒厂扩容，推出了自然淡啤和米狮龙淡啤。在这样的背景下，从 70 年代末到整个 80 年代，啤酒行业的整体环境对竞争对手的吸引力大大降低了。

米勒和安海斯 - 布希两家公司采取的各种举措在很大程度上损害了地方品牌和施利茨的利益。施利茨的销售模式，包括淡啤的销售模式，与同类的帕布斯特和康胜公司的销售模式有很大的不同。施利茨的销量从 1978 年的 1300 万桶下降到 1984 年的 180 万桶，帕布斯特的销量也在下降（从 1270 万桶下降到 680 万桶），真正增长的只有康胜公司（从 1210 万桶增加到 1260 万桶）。但康胜公司的股票市价总值从 1975 年上市时的 8.09 亿美元下降到 1980 年的 46% 的水平。相比之下，施利茨 1980 年的股票市价总值下降到 1975 年的 17%，而 1975 年又只有 1974 年的一半不到。

施利茨除了败在质量以外，还有其他方面的原因。1977 年首席执行官去世后，公司管理层出现了真空。1978 年，公司又碰到了若干法律问题，4 名顶级销售人员因此离去，更是让施利茨雪上加霜。然而显而易见的是，施利茨品牌资产发生贬值，主要原因仍旧在于顾客对产品的质量失去了信任。

施利茨一位退休的广告经理回想起当年辉煌的岁月时说："施利茨为了追求更多的利润，毁掉了自己的声誉。在啤酒行业，公司损失资金和原料不可怕，只要保住声誉，就总能东山再起，而一旦毁掉声誉，无论投入多少资金、多少原料，都将无济于事。"

故事启示

在这个故事中，有一点是值得关注的，即顾客对产品的感知质量一旦失去，一切都将无可挽回。产品质量出了问题，纵使及时纠正，然后投入巨额资金，聘请实力公司进行广告宣传，也难以提升顾客心中一落千丈的感知质量。任你天花乱坠，有些消费者就是不信。利润额稍微调高一点，就有可能损失 10 亿美元的品牌资产！

另外还须注意，施利茨的品牌衰败不是顷刻之间发生的，品牌衰败是在

10 年之后，一步一步，逐渐显现的。至于原因，主要有三个：第一，公司在挽救产品质量时，往往每年甚至每半年都会拨款打广告，结果，广告主题分散，宣传效果低下，根本打动不了消费者。况且，“口味”系列主题广告打了 15 年，已经深入人心，现在突然换成其他主题，让人无所适从。第二，施利茨的新口号没有几年时间是不可能流传开来的。第三，人们不愿意改变，市场也有很多保守的地方。但归根到底，仍然是品牌的力量弱化了，竞争对手稍有举动，它便不堪一击，最后只能在时间的淘洗中黯然退场。

感知质量的含义

所谓感知质量是指顾客在了解某一产品或服务的具体用途后，心里对该产品或服务相对于其他同类产品或服务的质量或优势的整体感受。[2] 感知质量首先是顾客对产品质量的主观感受，因而不同于以下三个相关概念：

- 真实质量或客观质量——产品或服务的优质程度。
- 产品质量——产品成分、功能或服务的性质和数量。
- 生产质量——是否符合规范，是否达到“零缺陷”的目标。

感知质量一定是无法客观确定的，因为感知质量属于感性认识，而且顾客的看法往往带有自己侧重的一面。《消费者报告》杂志某专家对洗衣机的性能评估也许是正确无误、不带偏见的，但要判断洗衣机功能、洗衣模式、衣物类型等的相对重要性，必然是主观的，不一定完全满足所有顾客的要求。毕竟，顾客的个性、需求和喜好千差万别。

感知质量的界定是相对于预期目的和替代方案而言的。因此，塔吉特百货（Target）、诺德斯特龙百货和布鲁明戴尔百货（Bloomingdale’s）给人的感知质量是不同的。虽然塔吉特不提供同一级别的个性化服务，但这并不意味着塔吉特的感知质量要比诺德斯特龙低一等，塔吉特也有相同的产品质量、相同的购物环境。而且，顾客对塔吉特也会采用不一样的评判标准，例如停车方便、结账时间短、收银人员礼仪规范、要买的产品不缺货等。

感知质量不同于满意度。假如顾客对性能水平预期较低的话，就容易满意。但预期低并不一定意味着感知质量就高。感知质量同样不同于态度。如果产品质量低劣，但价格便宜，人们就容易产生积极的态度。反之，产品质量虽高，但如果价格过于昂贵的话，人们就很容易产生消极的态度。

感知质量是人们对品牌的总体感觉，是看不见也摸不着的无形资产。不过，感知质量通常取决于一组基本要素，这些基本要素包括品牌所赋予的产品特征，如可靠性和性能。为了了解感知质量，我们有必要对感知质量的基本要素进行辨别和衡量，但感知质量本身仍然是一个综合性的整体概念。

感知质量如何创造价值

如图 4-3 所示，感知质量从以下几个方面创造价值。

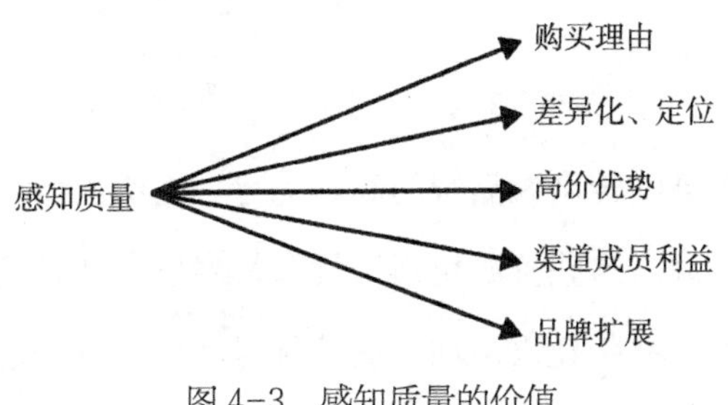

图 4-3 感知质量的价值

购买理由

施利茨的故事生动地证明了感知质量的重要作用。但这并非绝无仅有的例子。在很多情况下，一个品牌的感知质量是非常关键的购买理由，它会影响顾客考虑买哪些品牌、不考虑买哪些品牌，乃至最后对品牌的选择。

一般情况下，顾客不会主动寻找相关信息，对某一产品的质量进行客观判断。也许因为顾客无法获得这样的信息，也许因为顾客没有获取信息并处理信息的能力或资源。不管怎样，感知质量成了顾客的核心判断依据。

由于感知质量与购买决定有联系，因此感知质量可以提升营销计划各项工作的效果。如果感知质量高，那么宣传推广工作的效果往往更好。相比之下，如果感知质量出现了问题，那往往是最难克服的，我们在讨论施利茨的时候已经看到了这点。

差异化、定位

无论是汽车、电脑，还是奶酪，品牌定位的首要特征是对感知质量的定位。是超高端、高端、重要定位，还是经济型定位？在感知质量这一方面，是最好的品牌吗？或者仅仅略胜于其他同类品牌？详细讨论将在第 5 章中展开。

高价优势

感知质量优势可以转化为品牌的高价优势。高价优势可以增加利润，创造品牌再投资的资源。这些资源可用于提高知名度、加强品牌联想、增加研发活动以改进产品等品牌建设活动。高价优势不仅可以创造资源，还能提高感知质量。正所谓一分钱一分货，在碰到无法获取相关资料的产品或服务时，尤其要相信这一点。

除了获得高价优势，企业也可以选择以较低价格向顾客提供更优的价值。这种附加价值应该可以创造更大的顾客群、更高的品牌忠诚度，以及效果更好、效率更高的营销计划。

渠道成员利益

感知质量对于零售商、分销商及其他渠道成员也是有重要意义的，因而提高感知质量有助于企业实现产品分销。我们知道，渠道成员的形象会受到所售产品或服务的影响，因此存储优质产品可以说至关重要。除此之外，零售商或其他渠道成员为了增加交易量，也会以诱人的价格供应感知质量高的产品。总而言之，渠道成员一定会积极支持深受认可的品牌，以满足顾客需求。

品牌扩展

除了上述种种，感知质量还可用来进行品牌扩展，即把品牌名称应用到新的产品门类中。感知质量高的强势品牌往往可以扩展得更远，其成功概率也要高于相对弱势的品牌。有人曾对 6 个品牌名称的 18 种扩展建议进行了研究，其中包括维亚尔（Vuarnet）和佳洁士，结果发现，品牌名称的感知质量是预测扩展产品价值的重要因素。[3] 详细内容将在第 9 章中展开。

PIMS 研究成果

PIMS⊖数据库涵盖了 3000 多家企业的 ROI（投资回报率）、感知质量、市场份额、相对价格等几十个变量的信息，其中部分企业是从 1970 年开始提供信息的。数以百计的研究都曾用过该数据库，其中大都以寻找战略成功的线索为目的。在本书援引的研究中，其最权威的发现是产品质量的重要作

⊖ PIMS 是 Profit Impact of Market Strategy 的缩写，PIMS 分析又称战略与绩效分析，也叫 PIMS 数据库分析方法，是数据库技术在竞争分析中的运用，是竞争对手分析的重要构成部分。——译者注

用。罗伯特·巴泽尔（Robert Buzzell）和布拉德利·盖尔（Bradley Gale）在《战略与绩效：PIMS 原则》（*The PIMS Principles*）一书中得出的结论是："从长远来看，影响企业单位业绩的最重要的单一因素是其产品和服务相对于竞争对手的（相对感知）质量。"[4]

图 4-4 为相对感知质量的总体影响图，其中 ROI、ROS（销售收益率）为质量定位的函数。因此，最低 20 个百分位数的企业，ROI 在 17% 左右，而最高 20 个百分位数的企业，ROI 几乎是前者的两倍。

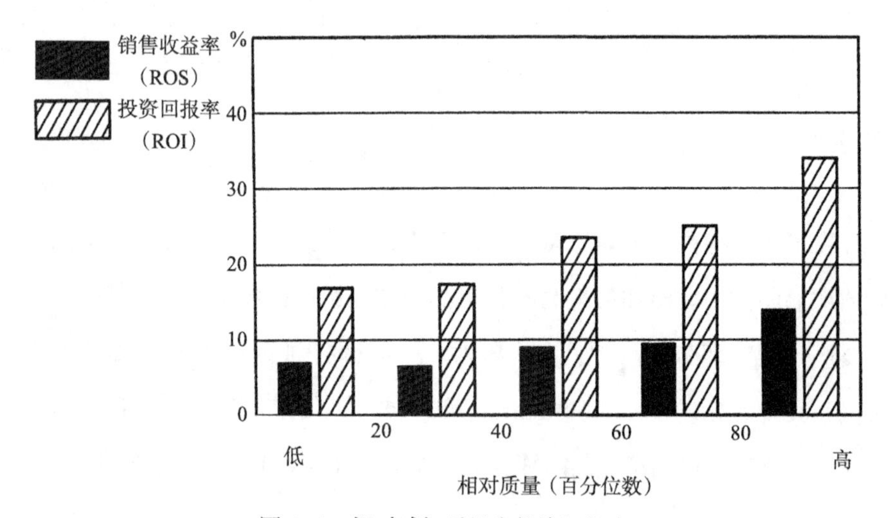

图 4-4 相对感知质量和投资回报率

资料来源：From *The PIMS Principles: Linking Strategy to Performance* by Robert D. Buzzell and Bradley T. Gale, p.107.Copyright © 1987 by The Free Press, a Division of Macmillan, Inc. Reproduced by permission of the publisher.

雅各布森（Jacobson）、阿克（Aaker）详细研究了感知质量与 ROI 等关键战略变量的关系，使我们有机会深入了解感知质量是如何创造利润的：[5]

1. 感知质量影响市场份额。在控制其他因素的情况下，产品质量越高，顾客越喜欢，因而获得的市场份额也越高。

2. 感知质量影响产品价格。感知质量越高，企业就越可以制定较高的价格。高价可以直接提高利润率，也可以让企业进一步改善质量，制造更高的竞争门槛。而且，高价往往可以提高感知质量，因为高价也是优质的象征。

3. 感知质量除了影响市场份额、产品价格以外，还会直接影响利润率。平均来看，提高感知质量，即使是在不影响产品价格和市场份额的情况下，也能增加利润率。一方面，高质量降低了企业维持老顾客的成本；另一方面，质量提高后，竞争压力也会降低。总而言之，质量与投资回报率之间存在着直接的联系。

4. 感知质量对成本没有负面影响。事实上，感知质量对成本毫无影响。很多人认为，提高质量或声誉的策略与高成本之间存在着天然的联系，但在数据中并没有反映出这一点。也许“质量是免费的”就是原因——提高质量可以减少次品率、降低生产成本。

只要人们仍在继续寻找短期财务的替代方法，就有必要量化这些替代方法的价值，让其更加可信。PIMS 数据库是一个非常重要的工具，它向我们显示了相对感知质量这一重要品牌资产的价值。

感知质量与经营业绩

另有一项针对 248 个企业的研究表明了感知质量在竞争性领域中的重要性。在研究中，每个企业的一位核心高管需要指出该企业的持续性竞争优势（SCA）。[6] 在产生的列表中，“高质量声誉”居于首位，共有 105 名经理（超过 40%）回答。排名第二的是“客户服务或产品支持”，共有 78 位经理回答。当把样本划分为 68 家高科技企业、113 家服务型企业、67 家制造型企业三组后，感知质量是各组提及率最高的持续性竞争优势。很明显，感知质量被认为是企业取得长远成功的关键。

补充说明一下，提及率排名第 3 的持续性竞争优势是知名度或高注意度，即品牌资产的另一维度。排名第 10 的是既有顾客群——也是品牌资产的组成维度。

感知质量的影响因素

要想了解感知质量并管理感知质量，就需要考虑感知质量的影响因素是什么。为什么有的顾客认为质量高，有的顾客认为质量低？如何提高感知质量？顾客会运用哪些特征来对质量进行综合判断？

判断感知质量的基本要素一定是取决于具体情况的。以割草机为例，判断因素包括割草质量、可靠性、是否便于维修以及维修成本等。要了解某一情况下的相关因素，我们不妨进行一些探索性研究。例如，我们可以问顾客为何有些品牌的质量高于其他品牌，为何不同品牌的质量不同。然后，我们需要对相关因素的相对重要性进行评估。

从两个方面把感知质量拆解为若干基本要素，可适用于多种不同的产品门类。它向我们阐明了“感知质量”这一概念的复杂性，同时也为我们在某一具体情况下发展企业规模提供了有利的出发点。

感知质量的基本要素：产品方面

关于产品质量，哈佛大学戴维·加文（David A. Garvin）教授提出了七大基本要素，如图 4-5 所示。[7] 第一个要素是性能，即产品的主要操作特点或运行特点。比如说汽车，就要涉及加速度、操控性、巡航速度、舒适度等方面。因此我们可以看出，基本要素仍可继续往下细分为更多的基本要素。另外，不同顾客对待性能特征的态度也往往不尽相同。有的顾客非常重视汽车的加速能力，有的顾客则更加关注汽车的经济性与舒适度。

第二个要素是功能，如录像机的遥控功能、汽车内置的地图灯功能。当两款产品外观相似时，功能便决定了两者的成败。此外，产品功能也说明了企业对用户需求的了解。

第三个要素是符合标准性，即无缺陷。该要素是面向制造业的传统的质量观。降低缺陷比例，特别是顾客方面的缺陷比例，早已成为日本汽车生产商取得成功的原因之一。

第四个要素是可靠性，即各次所购产品性能的连贯性和“正常工作时间”——即产品正常运行的时间比例。天腾电脑公司（Tandem Computers）提出了若干计算机同步运行的概念，一旦其中一台出现故障，造成的影响也只是降低了低优先级任务的处理速度。由于IBM公司负责开发的操作系统很难适应天腾的理念，因此天腾公司享有了独一无二的产品。天腾公司把营销工作的重心放在大型计算机用户上，例如银行终端、证券交易、在线计算机零售业务，因为这些用户特别不希望系统出现停机故障。

汽车质量的重新界定

20世纪七八十年代，质量管理的主要目标一直是无缺陷。例如，杰迪保尔商务咨询公司（J. D. Power）就依据顾客体验进行质量评分，可以说这是一种非常可靠的衡量方法。[8] 按照这个标准衡量，日本汽车远远优于竞争对手。到了80年代末，美国汽车奋起直追，使差距大为减小。不过，美国车商又出现了新的问题——日本车商改变了质量规则。

新的质量概念叫作“审美质量”，字面意思是“事情应该有魅力”。无缺陷的生产制造早已是理所当然的事情。如今，人们把关注点转向了如何生产让人着迷、让人兴奋的汽车，其目标是把高水平的观感设计、声感设计和触感设计融入汽车生产。这些效应叠加在一起后，就会改变汽车的个性。整个概念在实施的过程中始终伴随着“持续改进”的理念，即以研究者的态度来关注顾客需求，同时积极思考汽车个性的理想样式。

为了提升质量而进行产品改良或改进的例子比比皆是。日产公司率先开发出第一款由计算机控制的主动制导悬架系统，在不影响驾驶性能的前提下使英菲尼迪的乘车感受更加平稳；同时日产公司还为千里马车型设置了平衡盖，即使动作再多也能保持平衡。丰田公司通过大量的人性化设计增强了凌志汽车的柔和感和舒适感。米埃塔设计了经典跑车的外观和触感。本田则让所有按钮都有了相同的触感，另外还开发出一套减震系统。当然，这些发明创新对它们而言也许只是普普通通的功劳，不过，一旦与其他改进结合起来，就可以彻底改变产品的整体质感。

第五个要素是耐久性，反映了产品的经济寿命。产品能用多久？沃尔沃早就把自己的汽车定位于耐用型汽车——它甚至公布了一组开了 10 年仍能正常行驶的沃尔沃汽车照片。

第六个要素是服务能力，即企业为产品提供服务的能力。例如，卡特彼勒公司（Caterpillar Tractor）不但设有零部件及服务机构，同时还树立了服务文化，使卡特彼勒公司有了强烈的差异点。该公司的目标是“在全世界任何地方都能享受 24 小时服务”。竞争对手即使在系统技术和组织文化上有过投资，也缺乏经销网络和销售规模（总销量），这就保证了卡特彼勒公司在服务方面的可持续性竞争优势。

第七个要素是质感和外观，即产品质量的外观或感受。对于汽车，其质感和外观是由涂漆作业和车门质感体现的。质感和外观有着非常重要的作用，是顾客进行质量判断的要素之一。通常，人们会认为，一个企业的产品没有好的质感和外观，那么大概也不会有其他重要的质量特征。

感知质量的基本要素：服务方面

在服务行业，感知质量会有很多不同的要素。帕拉休拉曼（Parasuraman）、蔡特哈姆尔（Zeithaml）和贝瑞（Berry）曾就顾客对服务质量的感受进行了一系列的研究，其中包括家电维修、零售银行业务、长途电话、证券经纪、信用卡等行业，结果发现了服务质量的几个基本要素，详见图 4-5。[9]

产品质量

1. 性能：洗衣机洗衣效果如何？
2. 功能：挤牙膏器是否方便易用？
3. 符合标准性：缺陷发生率是多少？
4. 可靠性：割草机每次使用时能否正常工作？
5. 耐用性：割草机的工作寿命有多久？
6. 服务能力：服务体系是否实用，是否完备，是否便捷？
7. 质感和外观：从质感和外观判断产品是否属于优质产品？

服务质量

1. 有形特征：实体设施、设备以及工作人员的衣着外貌是否给人以优质感？
2. 可靠性：财务工作是否可靠，是否准确？
3. 资质能力：修理店工作人员是否具备合格的修理知识和修理技能？他们是否值得信赖，能否令人放心？
4. 响应能力：销售人员是否愿意及时向顾客提供服务和帮助？
5. 同理心：银行有没有按顾客需要提供个性化的服务？

图 4-5 判断质量的基本要素

服务方面的质量要素与产品方面的质量要素有些是大体相同的。服务人员的资质能力基本上对应着产品质量的性能要素，产品性能实际上传达了厂家向顾客提供其所需基本功能的能力。有形特征要素类似于产品质量的质感和外观要素，因为有形特征在很大程度上是资质或能力的象征。

在服务领域中，可靠性要素有了不同的含义。服务要涉及人的因素，服务质量一定会因服务人员、顾客或服务时间而异。服务公司标准化运营是提高可靠性的有效手段，这样一来，可靠性往往更容易传递给顾客。例如，在快餐连锁店和连锁酒店领域，最成功的企业往往依赖于非常标准化的配套设施和经营制度。

其他五个要素与服务公司和顾客之间的人的因素相关。顾客与服务人员本质上需要互相交流，因而必然会出现这些人的因素，其中包括响应能力、同理心、信誉、信用、礼貌等。有没有尊重顾客？企业是否表现出真的在关心顾客？

提供高质量的产品

提高感知质量的第一步是培养提供高质量产品的能力。产品质量一般，却非要顾客相信质量很高，这种做法往往会徒劳无功。只有当顾客的使用经历与企业的质量定位不相冲突时，产品的形象才不会受到损害。

当然，高质量产品的提供还要取决于具体情况。20 世纪 70 年代末期，施乐公司在把工作重点转向产品质量时，是以产品设计为核心的，即设计内在可靠性更强的产品（即使牺牲涡轮机的速度）。另外，有一家银行把工作重心转移到工作人员与顾客的相互交流上，也大大提升了质量。在很多研究中，经常会出现以下实现高质量的方法。

质量承诺 实现高质量并长期保持高质量并不容易。如果企业不把质量提高到最高高度，上述目标就不可能实现。诺德斯特龙百货、联邦快递、本田汽车无不以提供高质量产品为使命，它们不仅是这样说的，更有不折不扣的实际行动。

质量文化 质量承诺需要反映在企业文化中，具体要反映在行为标准、企业标志以及企业价值观中。要是在质量和成本之间二选一的话，我们一定会毫不犹豫地选择质量。无数行为榜样和企业传统都为我们指明了这一点。

喜来登的质量管理

喜来登为了改进服务质量，专门成立了一个 24 人的小组，开发出一款名为“喜来登酒店客人满意度系统”的软件。[10] 该系统包括：

员工目标：态度友好，知道客人的存在，回答客人的问题，能提前预知客人的问题和需要。

人才招聘：观察面试人员对事故视频的反应，从而筛选出真正有同理心的员工。

职业培训：一系列培训项目，包括角色扮演，以帮助员工学会应对各种情况。

绩效考核：根据客人填写的调查问卷来制定季度考核报告，内容包括床的舒适度、房间照明情况等指标以及客人与员工的相互交流情况。

及时开会：评估绩效，纠正问题，实现进步。

表扬奖励：每个季度绩效最高、进步最大的前10%的酒店可以成为喜来登董事长俱乐部的成员，并有资格获得奖励。此外，各个酒店可以制订独立的员工表扬计划。

喜来登在坚守质量管理计划的基础上，继续推进以“小事情、大意义”为主题的广告宣传。只有当喜来登觉得自己的服务质量在性能和可靠性方面已经达到了足够高的水平时，它才会宣布新的喜来登计划。

顾客意见 质量究竟怎样，还是顾客说了算。很多经理往往错误地假定了顾客认为重要的东西。在通用电气，家电部门经理高估了工艺、功能对顾客的重要性，低估了便于清洁和外观的重要性；而信用卡顾客对安全特性、丢失责任的关注程度也远远高于经理的主观想象。

因此，我们有必要获取准确而及时的顾客意见。其中一种办法就是让经理定期接触顾客。IBM公司的高层经理要拜访顾客；无线电音响城公司（Radio Shack）与各商店建立联系，这就要求经理花时间到零售商店去看看；迪士尼乐园则要求经理定期上台表演。

第二种办法是集中一群人进行调查和实验。里昂比恩公司（L. L. Bean）是著名的户外服装和设备邮购承包商，它会定期调查顾客满意度，开展小组访谈，从而跟踪顾客对里昂比恩公司及其竞争对手产品和服务的质量感受。同时，里昂比恩公司还会跟踪各类顾客投诉，他们会让顾客填写有编号的简短问卷，解释退换产品的原因。另外，一家日本的大银行则会派负责人记录每天顾客碰到的问题或投诉的问题。

衡量/目标/标准 空谈高质量与实现高质量的区别在于，后者往往制定了可以衡量的目标，并与奖励制度挂钩。如果质量目标定得过于宽泛，就很难产生实际效果。因此，我们制定的目标和标准应当明确易懂、轻重分明。目标定得过多，主次难分，只会弄巧成拙，这跟没有目标一样糟糕。

发挥员工主动性 员工组成团队工作，是提高质量的有效手段，日本企业已经证明了这一点。员工小组不仅对问题敏感，而且还能把解决方案落到实处。

不过，蔡特哈姆尔等人通过一系列研究提出了另外一种观点。[11] 他们在研究中发现，服务质量出现问题，往往是由于员工对服务质量的传达缺乏控制力造成的。例如，有的员工觉得自己在接待顾客时缺乏灵活性，会把问题归咎于公司制度，而不去寻找自身的原因。从这种角度来看，企业要想规范质量，就应当让员工“以规定为准”，而不是“以顾客为准”。

顾客期望 假如顾客的期望值过高，那么感知质量也是有缺陷的。其实，顾客真正看重的是始终如一的质量，不喜欢不令他们愉快的惊喜。假日酒店在认识到这一点后，策划出了“无惊喜”的广告宣传。但是零缺陷的公司简直是不可能存在的，很多业务经理早就准确地预言了这一点。广告宣传往往会让顾客的预期超出企业的能力所及。

高质量的信号

仅仅实现高质量还不够；真正的高质量还必须转化为高感知质量。在大多数情况下，最为关键的质量要素也往往是最难判断的。一位购车者也许会认为耐久性是核心特征，但又没有判断耐久性的好方法。通过努力，购车者也许会从《消费者报告》或其他用户那里获得相关信息，从而了解前几年人们对该公司产品的使用经历。但对于大多数人而言，时间要求、精力要求本身就是障碍，而且即便了解了往年的车型，也未必派得上用场。解决办法就是寻找质量要素的相关信号或指标。例如，假如某款产品提供了较长时间的保修期，那么顾客就有理由推断该企业一定对自己的产品信心十足，否则就不会站在背后提供保证。

在服务质量的基本要素中，对顾客来说最重要的通常就是服务提供者的资质。外科医生、汽车修理工、信贷主管、律师、地毯工、收银员首先要有资质。因为一旦他们判断失误或操作失误，就有可能带来不便，甚至伤害。不过，顾客大都缺乏判断其人资质的能力。因此，必须依赖于看似微不足道、实则可观可察的特征。候诊室的整洁度和患者人数可以说明医生的资质。同样，服务人员的穿戴可以说明其专业程度。注意图 4-6 中贝金斯公司(Bekins) 的广告，您会选择谁来做搬运工呢?

有一家消费品公司开发出一款“效果更好的窗户清洁剂”。清洁剂原本是无色的。只不过，在使用测试中，这款“改进的产品”表现出来的效果不如老牌清洁剂好——除非把这款新型产品染成蓝色。于是在改变颜色以后，人们对这款产品的评价大幅提高，这家公司也获得了成功。我们可以说无色的产品缺乏可信度，是产品的颜色改变了局面。

研究表明，在很多产品门类中，一个看得见的关键要素可以对其他一些难于判断但又更为重要的要素的感知产生重要影响。例如：

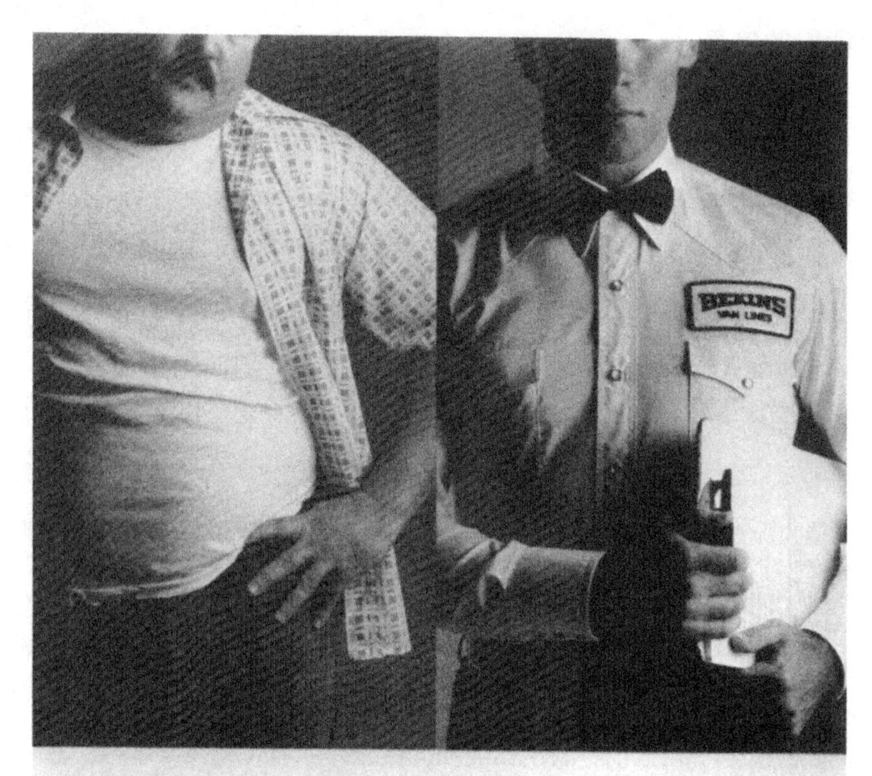

图 4-6 高质量的信号

注：图中标题可译为：您会选择谁来搬运展品呢?

资料来源：Courtesy of Bekins, High Technology Division.

- 立体声扬声器：规格越大表示音质越好。
- 洗衣粉：泡沫越多表示效果越好。
- 番茄汁：浓度越高表示质量越好（但水果味的儿童饮料不是如此）。

- 清洁剂：有柠檬之类的香味表示清洁效果更好。
- 超市：农产品越新鲜表示综合质量越高。
- 汽车：关门声音越响亮表示制造工艺越精良，车身也越安全、坚固。
- 橙汁：新鲜的比冰冻的好，前两者又比瓶装的好。瓶装橙汁经过了冷冻、罐装，最后是干制品等阶段。

可以影响感知质量的除了品牌产品的功能信息（内在线索）以外，还有一系列其他品牌联想，例如广告投放数量、品牌名称或产品价格（外在线索）。

品牌的广告数量是企业支持品牌的信号。这从逻辑上表明，广告数量多的品牌一定是优质产品。有人对运动鞋和冷冻菜进行了实验性研究，结果发现，假如顾客知道企业推出新品牌时投放了大量的广告，就会对新品牌的感知质量产生影响。[12]

另一个优质信号是品牌名称。这里，我们把讨论范围集中在感知质量对品牌名称的影响上。不过，品牌名称也同样对感知质量有影响。研究表明，顾客建立感知质量的依据是品牌名称。品牌扩展研究也明确表明，如果品牌名称扩展到其他产品门类，品牌名称也会影响质量感知。

丽笙酒店（Radisson Hotel）发现，在客房服务中提供比萨饼是并不怎么受欢迎的一项服务。不过，丽笙酒店在垃圾中看到了大量的比萨饼盒子，这表明酒店客人到外面买了比萨饼。后来，酒店在客房中放了一张卡，上面写着可以提供“那不勒斯比萨饼”，卡上提供了不同于客房服务的电话，于是比萨饼销量大增。很明显，酒店客房服务是劣质比萨饼的象征。可是，一个意大利名称，虽然不是著名的比萨饼（但也许就是因为不著名），却与酒店划开了界线，令局面大为改观。

价格是质量判断的线索

价格这一变量可以说是质量判断的重要线索。有人对购买频率高、价格相对较低的消费品进行了36项研究，对这些研究进行分析后发现，价格始终是质量判断的有力线索，作用几乎与品牌名称不相上下。[13] 有一则非常经典的故事，说芝华士威士忌（Chivas Regal）曾是垂死挣扎，直到它把价格提升到远远高于竞争对手的水平，销量才突飞猛进。由于产品本身并没有变化，很明显，价格成了质量判断的线索。

利用价格判断质量的实用性取决于其他现成的质量线索、顾客个人以及相关产品。如果没有其他质量线索可供参考，我们往往会依赖于价格这一线索。以雨衣为例，有些人非常懂行，知道材料与剪裁上的差异。有些人则倾向于寻找其他线索，如价格。当然，每个人的质量观也不尽相同。有的人看重高价品牌的声誉或价格，有的人则不然。

产品门类不同，用价格判断质量也有差异。越难评估的产品门类，用价格判断质量的可能性就越高。研究表明，在香水、葡萄酒和耐用品中，价格往往是质量的信号。另外，对于价格变化细微的产品门类，质量信号也相应较少。顾客不会认为几分钱的价格差异就会产生巨大的质量差异。

在不同的产品门类中，如果感知质量存在较多差异，人们就更有可能用价格来判断质量。莱维特（Leavitt）曾进行过一项经典研究，在研究中，实验对象需要在每类两个品牌、一共四类的低价消费品中进行选择，唯一可以参考的信息是价格。[14] 他们认为烹调用雪利酒、樟脑片这两类产品的质量差异远远低于剃刀刀片和地板蜡。实验对象选择高价品牌的比例与感知质量差异有关。对于成分复杂的产品门类，选择比例分别为57%和30%，对于其他产品门类，选择比例分别为24%和21%。

PIMS研究表明，相对感知质量与相对价格联想的关系是双向的。[15] 一般而言，价格越高，相对感知质量也越高。这种关系与下面的观点是一致的，即，在没有充分信息的情况下，价格是判断质量的信号。不过，也有另外一种解释，定价较高的企业更愿意，也（或）有能力采取措施提高产品的质量——不论成本有多高、风险有多大，也不论起始支出有多高。

让感知质量与实际质量相匹配

仅仅实现高质量是不够的，我们还必须建立或者改变顾客对质量的感知。但是方法呢？如何把改进的质量传递给顾客？其中一种办法是对质量信号进行管理，如价格水平、员工表现或外观设施。这些都是顾客进行质量判断的线索。

另一种方法是直接传递质量消息。这种方法的问题是，顾客听惯了“我们是最好的”，容易表示怀疑。不过在大多数情况下，法律和顾客都认为这样的口号是无伤大雅的广告夸张。例如，在汽车行业中，质量变化被顾客感知并最终反映在购买决定中需要的时间是5年。在这期间，最大的挑战是如何增加质量宣言的可信度，比如向顾客解释质量为何优良的原因，比如向顾客提供保障，比如增加便于顾客判断的外在线索。

让顾客知道质量宣言的理由和依据，可以增加质量宣言的可信度。因此，保险公司可用计算机系统解释自己如何更加快速、更加准确地满足顾客需求。机床公司可用新建厂房解释自己如何生产更高容差的设备，可用工艺测试程序解释自己如何确保产品质量。但给出的理由必须容易理解，必须具有说服力。

提供具有实质意义的保障可以说是质量宣言的有力支持。因此，餐厅可以提出“10分钟上餐，否则不收钱”的保障。伯格杀虫剂公司（“Bugs” Burger Bug Killers）保证，如果顾客在12个月内不满意（或再次不满意），可申请退款。另外，对于酒店客户而言，如果客人看到虫子，伯格公司保证向客人支付现时汇票和远期汇票。一个具有实际意义的保障应该具备以下特征。

- 无条件限制：诺德斯特龙百货店承诺没有使用过的商品可随时退货。
- 容易理解：即必须清晰明白。
- 易于实行：程序必须简洁，实行起来不费力。

- 具有实际意义：丢失重要邮件却只退还小额邮资是于事无补的。

一个具有实际意义的保障不仅可以增加产品的可信度，更有利于形成以顾客为中心的企业文化。同时，它还可以向企业提供反馈，因为总有一小部分顾客是不满意的，需要得到保障。因此有必要采取长期而有实际意义的举措，对投诉数量和投诉原因进行研究。

外界人士对质量宣言的客观肯定可以增加必要的可信度。元欣科技公司（Datapro）曾就顾客对计算机生产商的主观认识进行了独立调查，其中涉及维修效果、响应能力、故障排查、文件管理、教育水平和软件支持这六个方面。惠普公司在调查中连续5年排名第一，因而对此加大宣传。

汽车行业也有一个影响深远的评测体系，那就是杰迪保尔商务咨询公司对购车1年后的购车者进行调查，从而确定返修率。必须承认，这只是质量判断的要素之一，但是由于不同车型之间的统计数据具有可比性，这一判断要素具有一定的影响力，而且得分较高的企业很快就会用广告把这一事实宣传出去（见图4-7）。

思考题

1. 感知质量是否可以衡量？感知质量是如何随时间变化的？原因是什么？感知质量如何形成竞争力？如何提高感知质量？

2. 感知质量是建立在什么基础之上的，即感知质量的基本要素是什么？顾客看重的基本要素又是什么？

3. 顾客判断质量的重要线索是什么？企业有没有把这些质量线索管理好，从而向顾客传达正确的质量信号？能否创造其他质量线索？

4. 已经传达的质量信号是否充分？如果是的话，怎样才能让传达的信号具有可信度？

看一看把顾客放在第一位会产生什么样的效果

杰迪保尔商务咨询公司
1987 年
顾客满意度指数

1. 讴歌
2. 本田
3. 梅赛德斯
4. 丰田
5. 马自达
6. 斯巴鲁
7. 凯迪拉克
8. 日产
9. 捷豹
10. 水星
11. 宝马
12. 林肯

杰迪保尔商务咨询公司
1988 年
顾客满意度指数

1. 讴歌
2. 梅赛德斯
3. 本田
4. 凯迪拉克
5. 丰田
6. 林肯
7. 宝马
8. 沃尔沃
9. 马自达
10. 奥迪
11. 斯巴鲁
12. 日产

杰迪保尔商务咨询公司
1989 年
顾客满意度指数

1. 讴歌
2. 梅赛德斯
3. 本田
4. 丰田
5. 凯迪拉克
6. 日产
7. 斯巴鲁
8. 马自达
9. 宝马
10. 别克
11. 普利茅斯
12. 奥迪
13. 沃尔沃

3 年前我们首次推出讴歌汽车后，就一直在坚守一个简单的经营理念，那就是把顾客放在第一位。很明显，以顾客为本的时代再次来临了。讴歌汽车及其经销商连续 3 年来一直居于美国汽车市场顾客满意度指数榜首，而这正是最有评判资格的车主们做出的选择。这正应了一名老话，顾客永远是对的。

讴歌
精确造就性能

图 4-7　充分利用独立调查结果

MANAGING BRAND EQUITY

第5章

品牌联想：定位决策

苹果公司不仅生产出了Apple Ⅱ这样的优秀电脑产品，还创造了自己的鲜明特色。苹果让电脑使用成为一个“友好”而轻松的过程。从企业徽标到脚踏实地的创始人，苹果的一切都透露着与众不同。

——汤姆·彼得斯

慧俪轻体的故事

1978年，美国亨氏食品公司（H. J. Heinz Company）投资7100万美元收购慧俪轻体国际公司，5000万美元收购福多味公司（Foodways National）；福多味曾为慧俪轻体公司生产并销售冷冻食品。[1] 两年后，亨氏公司又收购了卡玛格食品公司（Camargo Foods），卡玛格曾是慧俪轻体公司许可的非冷冻食品供应商。1989年，亨氏公司慧俪轻体分部总收入达13亿美元，而运营收入也超过了1亿美元，几乎相当于这3家公司收购价格的总和。另外，亨氏公司把慧俪轻体系列产品称为“20世纪90年代的增长引擎”。

亨氏公司收购慧俪轻体，增加了人们对体重控制的联想，从而公司充分利用了人们对健康、保健的高度关注。实践证明，健康、保健已经成为20世纪80年代发展最好的领域之一，因而具有广阔的发展前景。美国每年打算减肥的人口有6000万。而且，随着人口的老龄化，人们对体重控制也越来越重视。

慧俪轻体计划始于1963年。无论是最初，还是现在，都有一组核心人员参加慧俪轻体班级。1988年，在大约24个国家中，平均每个星期有100万人参加慧俪轻体班级。这些人缴纳的学费高达5亿美元。此外，他们还购买了近1/3的慧俪轻体冷冻食品。另外，超过85万人订购了慧俪轻体杂志。很多美国人或多或少都对慧俪轻体方法有一些了解，例如每周都要开会，每个参会者都要称体重，都要聆听烹饪、购物和健身讲座。大多数非会员的美国人都起码认识一些参加慧俪轻体计划的人。

亨氏公司感兴趣的不仅仅是慧俪轻体计划，还有与慧俪轻体这一名称相关的体重控制联想以及由体重控制饮食计划制造的健康联想和营养联想。20世纪80年代，亨氏公司大胆地把慧俪轻体的名称扩展到新的产品，极其充分地利用了这些品牌联想。

亨氏集团成功推出了一系列慧俪轻体新型冷冻食品，而这些均源于1982年推出的“快乐巧克力棒”。随后，慧俪轻体品牌又扩展到沙拉酱、意大利面条酱、火鸡肉制品、酸奶、冷冻甜食、面包、小袋干果零食等。它甚至把触角伸向了比萨饼、冰激凌、墨西哥食品。到了1989年，亨氏集团拥有60款冷冻食品和150多款非冷冻食品。这些扩展品牌不仅充分利用了慧俪轻体的名称，还增强了慧俪轻体的品牌联想和知名度。

在大多数食品门类中，尤其是在冷冻食品中，低热量/健康的食品有两个显著的判断要素：味道和体重控制，慧俪轻体正是从这两个方面展开竞争的。其实，在任何一个方面获得强有力且令人信服的地位都是困难的。慧俪轻体已经锁定体重控制方面的最高定位，其竞争对手有史都华公司（Stouffer’s）的瘦身特餐、金宝汤公司的菜单食品、盔甲食品公司（Armour Food）的经典清淡系列以及宴会食品公司（Banquet Foods）的清雅系列。用亨氏公司首席执行官安东尼·奥莱利（Anthony O’Reilly）（1979年开始任职）的话说：“你可以说清淡，你可以说非常清淡，你可以说超级清淡，你可以说苗条甚至纤细，但是到了最后，只有慧俪轻体是权威的、令人信服的，原因很简单，只要产品味美质优，顾客就会购买。”[2]

然而在20世纪80年代初期，慧俪轻体在味道方面却处于落后的位置。一方面慧俪轻体让人联想到绝对化节食，另一方面其产品味道差劲。另外，由于味道始终是主观的，因而很难让顾客相信慧俪轻体已经有所改进，特别是在竞争对手面前，例如史都华公司的瘦身特餐，名称中不仅有“史都华公司”，更有听起来很高级的“特餐”一词。因此，竞争对手可以用更为客观的口号“热量低于300卡的食物”来攻击慧俪轻体。

慧俪轻体通过若干阶段解决了味道的问题。第一，它在20世纪80年代上半期通过投资研发和产品试验，大大提高了产品味道。结果，整个产品线的范围和吸引力都在逐渐增大。当然，质量也有很大的提高，它与瘦身特餐的差距有了明显的缩小。

第二，原来的广告（见图 5-1）强调的是罪恶和失败，对“欺骗自己”的节食者进行了嘲笑。这种广告既缺乏积极性，也不符合优质食品的形象。而新的广告（见图 5-2）不但振奋人心，而且积极向上。公司制作了美国影星林恩·雷德格雷夫（Lynn Redgrave）通过慧俪轻体成功减肥的特写，最后以“这才是生活”为结束语。

PIZZA WITHOUT GUILT

NOW YOU DON'T HAVE TO RESTRAIN YOURSELF FROM EATING THE FOOD YOU LOVE WHEN YOU'RE ON A DIET.

It's here. The last thing you ever thought you could eat on a diet. The food people call "junk." The one they hate to love. It's *pizza.* The hot bubbly kind you have to tilt your head back to eat. The kind worth burning your mouth for. And since it's made by Weight Watchers, you can eat a whole one *without feeling guilty.*

Like all 28 of our meals, we make our pizza pie so it will fit into *any* sensible weight loss program.

We twirl our dough thin and crispy instead of thick and soggy.

We don't use a drop of olive oil and no one misses it.

We give you herbs and spices that taste delicious. Instead of cornstarch and fillers that don't do a thing for the flavor. Or the figure. And surprise of surprises, Weight Watchers Frozen Pizza is actually *good* for you. Fresh mozzarella and romano cheese are a natural source of calcium, Vitamin D and protein. The tomatoes in our sauce are ripe with Vitamin C.

Now. The next time you're walking down the street and you happen to get a warm whiff of hot cheesy pizza and your tastebuds start to tingle, what do you do? Do you give in? Do you buy a slice? Do you suffer that bizarre paradox of remorse and enjoyment as you eat it?

No.

You keep walking.

And you don't stop till you get to your freezer.

WEIGHT WATCHERS® FROZEN MEALS. THE TEMPTATION YOU DON'T HAVE TO RESIST.

WEIGHT WATCHERS IS THE REGISTERED TRADEMARK OF WEIGHT WATCHERS INTERNATIONAL, INC © WEIGHT WATCHERS INTERNATIONAL, INC 1990

图 5-1 “罪恶感”广告

注：图中标题可译为“比萨无罪”。

资料来源：Courtesy of Weight Watchers International, Inc.

图 5-2 “这才是生活”广告

注：图中标题可译为“39 天，我们会让您的生活多姿多彩”。

资料来源：Courtesy of Weight Watchers International, Inc.

第三，慧俪轻体对产品包装进行多次改进，实现高品质、高档次的包装，但同时仍然保留了很多人们熟知的包装元素，从而保持人们对慧俪轻体的品牌联想。新包装的背景是干净的白色，上面有一面红旗、慧俪轻体

（Weight Watchers）手写体字样以及食物盘的图像。格调更显档次，表现效果更佳。

第四，慧俪轻体于1983年成功推出冷冻甜食，随后又推出“非节制式”食品，缓和了慧俪轻体“绝对化节食”的形象。这表明慧俪轻体并不会反对尽情尽兴地享受甜食。

上述种种举措取得了丰厚的回报。1988年，慧俪轻体超越瘦身特餐，成为最畅销的低热量冷冻食品系列，可以说是了不起的成就！另外，史都华公司决定把“史都华”的名称运用到“瘦身特餐”中，反倒给慧俪轻体带来了不少好处。没有史都华的名字，瘦身特餐这一低热量食品也许更具可信度，因为史都华的名字让人联想到其“红色盒子”系列产品——这类产品往往含有很多奶油酱，其特点是油腻，不是清淡。

有趣的是，早在1986年，慧俪轻体就推出了冷冻食品新系列，其定位是质量最好的低热量冷冻食品。该食品是以“清淡型烛光晚餐”的名字推出的，虽然慧俪轻体的名字也出现了在了包装盒上，但做了明显的模糊处理。这个系列的产品和蓝带餐饮（Cordon Bleu）产品一样，定价高于金宝汤的菜单食品，而菜单食品曾是价位最高的低热量冷冻食品。于是，慧俪轻体的名称、价格、食品选择都透露出了顶级质量的气息，而慧俪轻体的名称在低热量方面仍然具有可信度。

然而，清淡型烛光产品系列并没有取得成功，最终退出了市场。据推测，失败的原因是冷冻食物的价格过高。不过，也有可能是因为慧俪轻体走超高档路线显得过于高不可攀。顾客愿意到慧俪轻体购买品质优良、有价格竞争力的食品，但也许不是这样的高档食品。

慧俪轻体让人联想到体重控制、健康和营养，是一个可以产生强烈联想的品牌。在拥挤的成长型市场中，这些联想是决定企业成败的主导因素。亨氏公司在1978年就认识到，在核心冷冻食品领域以及不计其数的扩展领域，这些联想都是持续性竞争优势的基本要素。其实，亨氏公司打算“把慧俪轻体品牌运用到国内外，从早餐到就寝的一切营养活动中”，到 20 世纪 90 年代上半期，慧俪轻体的业务要实现 3 倍的增长。[3]

联想、形象与定位

品牌联想是指记忆中与品牌相联系的一切事物。因而，麦当劳可与麦当劳叔叔这样的人物相联系，可与儿童这样的消费人群相联系，可与开心、快乐这样的感受相联系，可与服务这样的产品特征相联系，可与金色拱门这样的标志相联系，可与匆忙、仓促这样的生活方式相联系，可与汽车这样的物体相联系，也可与去麦当劳附近的电影院看电影这样的活动相联系。试回忆图 3-5 中麦当劳品牌联想赖以存在的基础。

联想不仅是客观存在的，还会产生一定的影响力。顾客的使用经历或品牌的宣传推广越多，品牌的联想就越强。各种联想如果结成网络，就会产生更大的威力。因此，如果只通过广告来显示儿童在麦当劳的就餐情况，儿童与麦当劳的联想就会很弱；相反，如果联想与麦当劳的生日聚餐、麦当劳叔叔、麦当劳游戏、麦当劳玩偶和玩具等挂钩，结成错综复杂的思维网络，联想就会强烈许多。再次回到图 3-5，想象一下船只与锚之间的链接。

品牌形象是各种品牌联想以某种有意义的方式组织在一起而形成的。因此，麦当劳的形象不仅仅是由 20 个强联想、30 个弱联想简单堆砌而成的；这些联想需要以若干有意义的小组组织起来。这些小组可以是儿童组、服务组、食物类型组。另外，当人们提到麦当劳时，说不定还会产生一幅或多幅视觉形象和心理图像，如金色拱门、麦当劳叔叔，当然还有汉堡和薯条。

联想和形象都是主观感觉，有时可以反映客观现实，有时却不能反映客观现实。虽然人们常常由驿站马车联想到富国银行，但这并不意味着富国银行从理论上或实践上比美国银行具有更多的西部特征。医生的能力形象也许是建立在诊所外观和员工举止之上的，而不是建立在对之前患者病愈情况的客观衡量之上。

定位与联想和形象的概念很接近，只不过定位的概念还要牵涉到参考标准，其中参考点一般就是竞争对手。例如，加州银行（Bank of California）被定位为一家规模比美国银行小、服务态度比美国银行好的银行。因此，定位工作的核心就是从产品特征（如服务态度友好）和竞争对手（如美国银行）这两方面来界定联想或形象。

定位准确的品牌往往具有较强的联想，因而可以获得优于竞争对手的显赫地位。假如某项产品特征（如服务态度友好）符合了人们的心愿，该产品就会获得较高的评价；假如提供送货上门服务的商店只有一家，那么这家商店就占据了优于竞争对手的有利地位。

"品牌定位"确实反映了人们对品牌的主观感受。不过，"定位"或"定位策略"也可用来反映企业希望人们对品牌产生什么样的主观感受。因此，"凯迪拉克被定位为一款可与梅赛德斯媲美的高档汽车"这句话可能的含义是，凯迪拉克正在努力使人们形成这样的主观感受，但并不一定实现了这一目标。

品牌联想如何创造价值

品牌名称的潜在价值往往在于品牌的各种联想，即品牌对人们的意义。品牌联想是顾客做出购物决定和形成品牌忠诚度的基础。一个品牌可能存在很多联想，品牌联想可通过很多方式为企业和顾客创造价值，其中包括：帮助顾客处理或检索信息，让品牌实现差异化，制造购买理由，创造积极的态度或情感，提供品牌扩展的依据（见图5-3）。

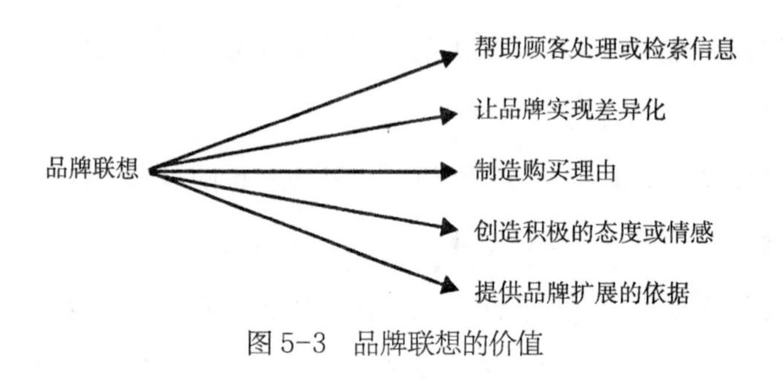

图 5-3 品牌联想的价值

帮助顾客处理或检索信息

第一，品牌联想可以起到总结事实和产品参数的作用。在一般情况下，顾客很难获取并处理这些信息，企业若要向顾客传达这些信息也要付出昂贵的代价，而品牌联想就为顾客提供了密集的信息块，方便了顾客对信息的处理。例如，诺德斯特龙公司在服务方面优于竞争对手的强势地位便是基于对在诺德斯特龙公司发生的数以百计的事实和事件的总结。

第二，品牌联想可以影响人们对事实的看法。施乐复印机在推广时采用了本笃会修士的视觉形象（这是奇迹），这种情景可以确保顾客的看法符合企业的预期。高科技定位（如惠普公司的产品都具有先进的技术）会影响顾客对一系列规格参数的看法。

第三，品牌联想可以影响顾客对信息的回想，特别是在购买产品时。例如，旅行者公司的红伞或富国银行的驿站马车等标志都可以触发人们对该品牌或使用经历的回想。没有品牌标志的刺激，顾客的记忆是不可能被突然唤起的。

让品牌实现差异化

品牌联想是品牌实现差异化的重要前提。在红酒、香水、服装等产品门类中，大多数消费者无法区分各种各样的品牌。然而，品牌联想在区分不同品牌中起到了至关重要的作用。例如，雪儿（Cher）的个性特征使雪儿香水系列有了与众不同的特点。正是因为雪儿的品牌个性是独一无二的，香水才会采用雪儿这个名称。

差异化的联想可以说是一种关键的竞争优势。假如一个品牌在产品的核心特性上（如诺德斯特龙公司的服务）或在产品的具体用途上（如佳得乐（Gatorade）运动型饮料）具有优于竞争对手的定位，那么竞争对手是很难对其进行攻击的。假如竞争对手发动了正面攻击，直接宣称其产品在这一方面具有优势地位，那么它一定会出现信誉问题。例如，一家百货店在竞争中宣称其服务水平已经达到甚至超越诺德斯特龙公司是很难让人相信的。又如佳得乐，从各种实际情况考虑，其竞争对手都应抛开运动型饮料，到其他领域去寻找竞争机遇。由此可见，品牌联想是竞争对手无法跨越的障碍。

制造购买理由

很多品牌联想是关于产品特征或顾客利益的，这就为顾客选择品牌和使用品牌提供了具体的理由。品牌联想是购买决定和品牌忠诚度的基础。例如，佳洁士是一款防蛀牙的牙膏；高露洁让牙齿干净、洁白；皓清（Close-Up）可以保持口气清新，其宣传目的也更加平淡无奇。辛劳一天后应该享受"米勒时光"，这是顾客购买米勒啤酒的理由。布鲁明戴尔百货是趣味的代名词，卖的都是最时尚的产品。梅赛德斯、美国运通金卡则可以提升用户的地位。

有的品牌联想还可以增加品牌的可信度和顾客的信心，进而影响购买决定。如果温布尔登网球比赛冠军使用了某款网球拍，专业美发师使用了某款染发产品，那么消费者就会对这些品牌产生好感。一个意大利的名字加上意大利的联想，就可以增加比萨饼店的信誉度。

创造积极的态度或情感

有些联想是讨人喜欢的，可以促使人们把积极的情感转移到品牌上。像比尔・科斯比（Bill Cosby）这样的名人，像快乐绿巨人（Jolly Green Giant）这样的标志，像“伸出双臂，拥抱对方”这样的口号，如果有适当的场景衬托，都是讨人喜欢的，都可以激发起积极的感情。这些联想及其伴随而至的感情又会与品牌密切相连。查理・布朗（Charlie Brown）是美国著名漫画家查尔斯・舒尔茨（Charles Schulz）创作的卡通人物，深受读者喜爱。现在，大都会人寿保险公司把这些卡通人物请来当代言人，让人们由大都会人寿保险公司联想到读者喜爱的卡通人物，触发温暖和积极的情怀，从而减弱保险公司的空大感、冷漠感和严肃感。

惹人喜爱的标志还可以降低受众的抵触心理，避免受众指摘广告的内在逻辑。在20世纪70年代的石油危机中，雪佛龙公司采用了可爱的卡通恐龙和欢快、有趣的音乐来讲述自己的故事。通过这种手段，雪佛龙最终成功消解了人们对石油公司的怨恨。面对时髦、可爱的公司标志及其寓意，人们很难发得起火来。

有些联想可为顾客使用产品带来积极的感觉，可让顾客的使用经历变得有所不同。比如以广告宣传为例，它可以让喝百事可乐的经历看起来更加有趣，可以让开福特烈马车（Bronco）的经历看起来更加刺激。

提供品牌扩展的依据

品牌联想可以在品牌名称和新产品之间产生有机的联系，从而为品牌扩展提供依据。例如，本田公司首先要有小型电机的生产经验，然后才能顺理成章地扩展到摩托车、舷外发动机、割草机等领域。又如，新奇士给人以户外健身和橙子的联想，这种联想可以让新奇士的名字适用于各种各样的产品，如水果棒、软饮料、维生素 C 片等。同样的例子还有慧俪轻体。在第 9 章中，我们将详细讨论品牌扩展。

品牌联想的类别

对你而言，西尔斯意味着什么？IBM、美国银行、李维斯牛仔又意味着什么？由以上任何一项出发，都会引发人们不计其数的相关联想。有的人会由西尔斯联想到自己开着发动机盖嘎吱作响的旧雪佛兰车带着祖父一起去购物的情景。有的人会由西尔斯联想到自己的第一辆自行车和购车时的自在感。有的人会由西尔斯联想到轮胎、汽车部件以及这里商品的物有所值。

当然，品牌管理者对每个联想的兴趣不会完全相同，他们会把主要兴趣放在那些可以直接影响或间接影响顾客购买行为的联想上。管理人员不但关心品牌联想的同一性，还关心品牌联想的强弱之别，即不同顾客对品牌的联想是大同小异的，还是因人而异的。一个松散的品牌形象与一个人们普遍认同的固定形象相比，其效果往往有着天壤之别。

在慧俪轻体的故事中，食品的味道和体重控制是两个起主导作用的感知要素，两者既是产品特征，也是顾客利益所在。品牌在这两个方面的定位情况是顾客进行品牌选择的关键。如何引发产生上述定位的联想是管理人员面临的一大挑战。产品特征和顾客利益是非常重要的两类联想，但在某些情况下，其他方面的联想也同样重要。有些联想可用于反映生活方式、社会地位和职业角色。有些联想可用于反映产品用途、用户类型、经销商店和销售人员。名称、标志、口号是品牌的象征，但同样也是重要的联想。这部分内容将在第 8 章中讨论。

本章我们会讨论品牌联想的 11 种类型，如图 5-4 所示。它们分别是：（1）产品特征；（2）无形特征；（3）顾客利益；（4）相对价格；（5）用途；

（6）用户 / 顾客；（7）名人 / 人；（8）生活方式 / 个性；（9）产品门类；（10）竞争对手；（11）国家 / 地域。

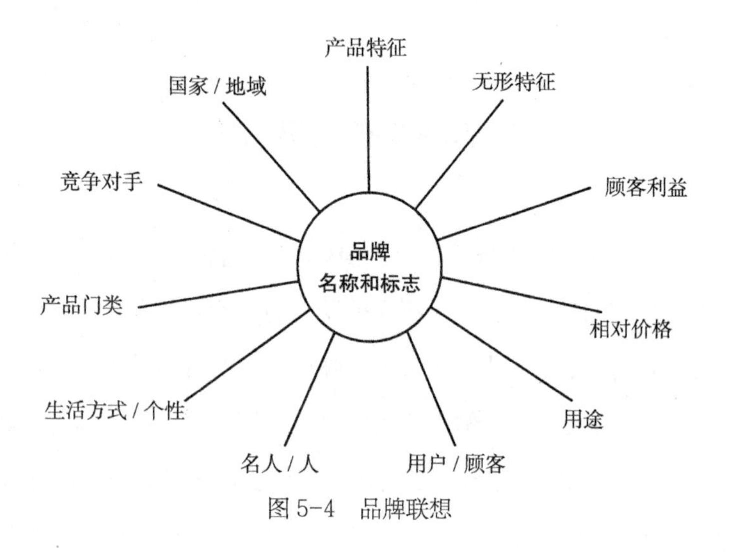

图 5-4 品牌联想

产品特征

赋予某物以产品特征的联想恐怕是最常用的定位策略。建立这样的联想具有实际效果：只要产品特征具有实际意义，那么这样的联想就可以直接转化为顾客是否会购买该品牌产品的理由。佳洁士之所以成为牙膏行业的领导者，是因为它取得了人们对蛀牙控制的强烈联想，而且佳洁士的蛀牙控制得到了美国牙医协会的认可。这种联想直接奠定了佳洁士多年保持的 40% 左右的市场份额。

在很多产品门类中，不同品牌往往与不同特征相联系。例如，沃尔沃强调耐久性能，他们用碰撞试验向顾客证明沃尔沃汽车的经久耐用。（如果有人发现碰撞试验采用了不正当的作假手段，那么耐久性能这一核心品牌联想就会瞬间瓦解，沃尔沃的形象也一定会受到损害。）相比之下，宝马汽车谈论的主要是性能，它的口号是“驾驶性能最高的汽车”。捷豹汽车是“艺术与机械的完美结合”，性能卓越，气度优雅。梅赛德斯汽车是“设计水平最高的汽车”，强调了奢华汽车体现出的卓越设计。现代汽车则是“家常汽车”，有着独特的价格优势。总之，不同的品牌都选择了不同的产品特征或顾客利益，进而形成了自己的独特定位。

所谓定位，通常就是在某一产品门类中寻找竞争对手尚未发现的重要产品特征。在某些情况下，找出没有满足顾客要求的关键点，往往可以发现竞争对手过去忽略了的产品特征。过去，很多纸巾品牌重视的是吸水性，后来，维华纸巾（Viva）成功推出后，把重点放在了耐用性上，于是顾客对沾水即烂的纸巾大为不满。维华通过各种演示证明了其产品的耐用性，同时也支持了维华“持久工作”的宣传口号。

一个品牌若能被赋予多项特征，便可兼顾所有的卖点和所有的细分市场。这样的想法总是很诱人。不过，一个定位策略涉及的产品特征过多，就会造成含糊不清，有时甚至产生自相矛盾、令人混淆的形象。受众的动力和能力都是有限的，很难处理那些含有多项产品特征的信息。

但是，如果多项特征是相辅相成的，那么也可以产生良好的效果。消费者认为盛棠矿泉水（Saratoga Water）具有天然的微小气泡，使得盛棠矿泉水饮用起来更加轻松。盛棠公司把这些独特的矿泉水包装在轻型塑料瓶中，借此凸显“轻饮料”的定位：“小气泡让盛棠轻了。新型塑料瓶让盛棠更轻。”但如果各项特征互相矛盾、无法统一，恐怕就很难产生良好的效果，例如慧俪轻体在食品味道和体重控制两个方面无法做到两全其美。

无形特征

很多公司喜欢拿自己的品牌与其他品牌进行比较。于是，各个品牌间争来吵去，为的是让顾客相信它们的品牌在关键的一两个方面是优于对手的。拜耳的药效更快，德州仪器公司（Texas Instruments）的芯片更快，瘦身特餐的热量更低，沃尔沃汽车的寿命更长，麦麸一号（Bran One）的纤维比其他谷类食品更多。有一款文字处理软件甚至就 30 项特征与竞争对手进行了对比。

这种“攀比风”会产生一系列的问题。第一，基于规格参数的定位容易受到创新的攻击。总有竞争对手会突然把速度提得更快一些，或让纤维更多一些，或让热量更少一些。

第二，凡就产品规格参数争来吵去的企业，到了最后，都将失去信誉。无须多久，阿司匹林起效最快、药效最好的口号就没人相信了。这些口号泛滥成灾，彼此矛盾，最后使可信度大为降低。

第三，规格参数固然很重要，但人们不会一直只根据规格参数来购买产品。人们会认为某些特征的细微差异并不会造成多大的影响。人们不会主动去了解详细情况，再说他们也缺乏相关的能力。

硅谷企业顾问师里吉斯·麦肯纳（Regis McKenna）指出，在创建联想方面，无形特征的效果要好过具体特征。无形特征是笼统的特征，例如感知质量（见第 4 章）、技术先进性、感知价值、健康食品，这些特征可以说是一系列客观特征的主观总结。[4] 我们不妨特别探讨一下技术先进性。蔡司公司（Zeiss）以光学技术领导者而著称，因而其太阳镜的销售价格往往相对较高。这种声誉是以蔡司公司管理、生产和研发三方面的活动和理念为基础建立的。顾客把蔡司看成技术上的领导者，可是他们根本不知道具体产品的型号规格，更不了解蔡司公司究竟在哪些方面具有优势，他们只是感觉如此而已。

有人曾对照相机进行了实验性研究，证明了无形特征的影响力量。[5] 在研究中，顾客会看到两种照相机品牌。其中一种品牌的产品被定位为技术更加先进，另一种品牌的产品被定位为使用更加容易。另外，每个品牌的详细规格也给了出来。从规格参数很明显可以看出，使用起来更容易的品牌具有更先进的技术。实验对象看到这两种品牌后，94% 的人认为易于使用的品牌具有更先进的技术。不过，如果先向实验对象展示另外那种品牌，两天后再展示易于使用的品牌，那么只有 36% 的人认为易于使用的品牌拥有最好的技术。两天后，由于对真实规格记忆的模糊淡化，大多数实验对象就会以高科技定位作为判断依据。

通用汽车回归原本

在大约 70 年前，阿尔弗雷德·斯隆（Alfred Sloan）对通用汽车提出了市场细分的构想：五个品牌各自凭借独特的产品专注于各自的细分市场。[6] 在最近几十年中，这一构想变得模糊起来。每款车型都想通吃所有的细分市场。雪佛兰推出高档车，凯迪拉克推出低价的小型车西马仑（Cimmaron）。实际上，在 19 世纪 80 年代，五大品牌就因为近乎雷同而饱受指责。有人认为，缺乏差异化是通用汽车丧失市场份额的原因。

1988 年，通用汽车请来杨雪兰（Shirley Young）担任广告经理，让她来带领通用回归斯隆的基本理念。杨女士的解决办法是发掘历史遗产，寻找过去的品牌联想，然后让制造的产品、策划的广告既有历史的传承，又有当代的风貌。杨女士认为，品牌是朋友，我们不能胡乱改变人们对品牌的理解；我们不能丢掉已有的品牌联想，我们只需更新它。

通用的每个品牌都有历史可寻，现在就是要在其原有意义的基础上重新发掘新意，找出各个品牌的独特之处。简而言之，雪佛兰要制造低价优质的汽车；庞蒂克（Pontiac）要专注于性能和青年市场；奥兹莫比尔要在创新技术上发挥专长；别克要把工作重点放在高速驾驶的舒适度上；凯迪拉克要树立全球奢华汽车的标准。

工作重心的转移对通用的产品产生了影响——证据表明，品牌的定位策略有了更加明显的个性特点。雪佛兰的“美国心跳”广告宣传与雪佛兰的传统是一致的。别克专注于老顾客，重点生产“独特、坚固、动力强大和车型成熟的”汽车，广告口号为“美国高级汽车”。庞蒂克采用四轮驱动系统，特点是刺激。奥兹莫比尔采用新开发的工程技术，即把仪表盘的数字直接投射到挡风玻璃的下部。凯迪拉克始终坚持走高端路线，以资深司机为主要目标。

与具体特征不同，技术、健康、营养等“无形特征”是很难衡量的。假如生活牌谷类食品在营养方面具有良好的定位，那么即使竞争对手可以提供每日 10% 的维生素所需（其他竞争对手完全有可能把这一数字刷新到 20%），也很难对生活牌谷类食品构成威胁。另外，有了无形特征，消费者便不再有学习和处理热量、纤维、维生素等信息的负担。生活牌谷类食品是“健康的”，顾客想知道的只有这点，除非发生特殊情况，否则顾客不会仔细思考这件事。

通用、索尼、惠普、IBM、福特等公司的名称覆盖了大量的产品领域，顾客很难由这些名称联想到具体的产品。不过，顾客仍然会联想到创新、感知质量等无形特征，这些无形特征对公司名称下的具体产品，乃至品牌而言都是有用的。但是建立这些抽象层面的联想也有负面作用，比如说失去对产品层面联想的控制。

顾客利益

由于大多数产品特征都可以给顾客带来利益，因此产品特征与顾客利益之间通常存在着一一对应的关系。因此，蛀牙控制既是佳洁士的产品特征，也是顾客的利益所在。同样，宝马汽车驾驶方便是产品特征，满足顾客的驾驶要求则是顾客利益所在。不过，顾客的主要联想究竟是产品特征还是自己的利益所在，弄清这点有时是非常重要的。当佳洁士出现在脑海中后，顾客想到的是氟化物等成分及其工作原理，还是牙医给孩子检查后没有发现蛀牙的快乐情景？在提到宝马汽车后，顾客想到的是宝马汽车的视觉形象，还是司机心满意足的视觉形象？这些差异对联想的建立有着举足轻重的作用。

这里，我们有必要区分一下理性利益和感性利益的差别。理性利益与产品特征密切相关，是“理性”抉择的组成部分。而感性利益往往会对态度的形成产生极其重要的影响，它与购买品牌、使用品牌时产生的感觉有关。

例如，士力架（Snickers）不仅让人联想到带有焦糖、坚果和巧克力的块状糖果，更让人联想到人们可在一天结束时奖励一下自己，这种奖励就是感性利益。同样，米勒啤酒让人联想到“米勒时光”，联想到人们在建筑工地或其他场合劳累一天后，应该好好放松一下。因此，热量、糖果、酒精的联想被辛勤工作后获得奖励的联想取代，这又让人联想到积极的生活和积极的人生。

表 5-1 列举了若干实例，借以说明感性利益是由理性利益产生的，但又不同于理性利益。有人用表格中的实例对感性联想的力量进行了研究。[7] 在研究中，实验对象已知新产品的两项理性利益，或两项感性利益，或一项理性利益加一项感性利益。该研究在计算机、银行业、洗发露上进行了反复实验。例如，具有两项利益的洗发露的研究成果如下：

以洗发露而论，男士的需求不同于女士。这就是为什么会有亚凡蒂（Avanti）首款男士专用洗发露的原因。亚凡蒂洗发露由男士头发最需要的三种蛋白质配制而成。亚凡蒂配方独特，内含护发素。因此，用了亚凡蒂：

- 你的头发就会浓密（理性利益）。
- 你就会看起来很帅（感性利益）。

在所有三次实验中，品牌的评估依据都是比较那些说出前三名品牌的用户比例。在所有实验中，纯理性诉求好过纯感性诉求。不过，同样在各种实验中，理性利益与感性利益结合起来具有更重要的意义（平均得分分别为81%、64%和55%）。

表 5-1 感性利益

产品	特征	理性利益	感性利益
电脑	磁泡存储器	不丢失文件	工作安全
电脑	触屏输入	使用方便	专业感
银行业务	高收益、即时到账	收益高	财务安全 / 独立
银行业务	个人银行业务	个性化服务	自信、提高自我形象
洗发露	内含护发素	头发浓密	对外观更自信
洗发露	天然蛋白质	每天都可安全使用	激情、性感

资料来源：Stuart Agres, *Emotion in Advertising: An Angency's View*, The Marschalk Company, 1986.

在后来的一项研究中，研究人员取得了168则电视广告，然后对这些广告进行标准商业实验室实验，获得了有说服力和有效的结果。结果发现，在所有168则广告中，均含有用理性利益进行判断的成分，其中同时涉及感性利益的只有47则。这47则广告对两种利益兼而有之，因而相对于依赖单一理性诉求的广告而言具有较高的效果指数（136 ∶ 86）。

上述这些研究表明，感性利益是一种强有力的联想，即使像电脑这样的产品也是如此。另外，感性利益如有理性利益相助，效果就会更好。

相对价格

相对价格是一种非常有价值且普遍存在的产品特征，我们有必要对此进行单独讨论。在某些产品门类中，已经形成了5级制定完善的价格水平。要对这些产品门类的品牌价值进行评估，我们首先要确定品牌所处的位置，同时要考虑一两个价格水平。

例如，在啤酒市场上，主流的优质啤酒有百威、康胜、米勒。超高品质的啤酒有米狮龙（Michelob）、卢云堡（Lowenbrau）、康胜金牌，这些品牌让人觉得质量更高，因而值更高的价格。顶级啤酒有亨利·温哈德（Henry Weinhard)、赫尔曼·约瑟夫（Herman Joseph)、铁锚蒸汽啤酒（Anchor Steam)、塞缪尔·亚当斯（Samuel Adams）等享誉美国的品牌以及一些进口品牌，这些品牌具有更高的预期价格和质量水平。经济型啤酒或“普通价位”啤酒有安海斯－布希公司的布希·巴伐利亚（Busch Bavarian)，斯特罗公司的老密尔沃基，米勒公司的密尔沃基佳酿，这些品牌的价格明显较低，同时也不像其他品牌有广告上的支持。最低端的则是超市品牌，如德比浓啤（Derby)。

在百货店中，高档次的有萨克斯第五大道百货（Saks Fifth Avenue)、内曼·马库斯百货（Neiman Marcus)、布鲁明戴尔百货，接下来就是梅西百货（Macy's)、鲁宾逊百货（Robinson's)、布洛克百货（Bullocks)、里奇百货（Rich's)、法林百货（Filene's)、代顿百货（Dayton's)、哈德逊百货（Hudson's）等。西尔斯、蒙哥马利·沃德（Montgomery Ward)、彭尼（J. C. Penney）的定位低于百货商场但高于凯马特（K-Mart）之类的廉价店。表5-2为酒店业市场概况。

表5-2　按价格或质量来划分酒店等级

质量划分	竞争对手	沐浴设施标准配置
廉价型	莫泰6旅馆（Motel 6）	两块小香皂、若干塑料杯或纸杯、两条毛巾
	艾康诺旅馆（Econo Lodge）	
	米克司丽普旅馆（McSleep）	
经济型	天天客栈（Days Inn）	中等大小的香皂，塑料杯，洗发露
	汉普顿酒店（Hampton）	
	舒心酒店（Comfort）	
标准型	万怡酒店（Courtyard）	长毛绒毛巾，单独洗手间
	华美达酒店（Ramada）	
	假日酒店（Holiday Inn）	
豪华型	万豪酒店（Marriott）	沐浴露、护肤露、润肤霜、漱口水、拖鞋、缝纫设备、浴帽、特大号毛巾、电吹风
	万丽酒店（Renaissance）	
	克莱瑞恩酒店（Clarion hotel）	

（续）

质量划分	竞争对手	沐浴设施标准配置
超豪华型	四季酒店（Four Seasons）	鲜花、百花香、名牌香皂、大玻璃杯、有灯光的化妆镜、毛巾布晨衣、伸缩式晾衣绳、电话、电视、大理石灯具、加热灯
	凯悦酒店（Hyatt Regency）	
	威斯汀酒店（Westin Hotels）	
豪华套房	克拉利昂套房酒店（Clarion Suites）	卧房内另有水槽和梳妆用品；套房膳食
	大使套房酒店（Embassy Suites）	
	宾至如归酒店（Guest Quarters）	

资料来源：In part drawn from Faye Rice, "Hotels Fight for Business Guests," *Fortune*, April 23, 1990, pp. 265–274.

用相对价格进行定位有时是非常复杂的。显然，品牌通常只能处在一个价格类别中。那么接下来的任务是在相同的价格点上进行不同于其他品牌的定位。其中一种办法是把自己提供的产品与较高的价格水平相联系。例如，丝华芙（Suave）虽然只属于"经济型"洗发露系列，但海伦·柯蒂斯（Helene Curtis）却以大大低于竞争对手的价格在高端位置成功地推出了该品牌。丝华芙努力把质量定位于高级洗发露，在广告中模特说："丝华芙已让我的秀发如此美丽，我又何必花更多的钱买其他产品呢。""预算美食"（Budget Gourmet）在金盘子里展示了一道美味的食品，它的口号是："如果价格不是问题，为什么不少花一些钱呢？"五十铃汽车（Isuzu）模仿保时捷 944 系列在试车场展示了自己的某款经济型汽车，并宣称该款汽车的性能可以达到赛车的水平。由此可见，有时定位其实是在推翻另一个价格点。

提高品牌定位从而与价格相对较高的品牌竞争，这样做也有可能产生负面作用。例如，西尔斯商店会定期提供很多振奋人心的名牌时尚服装，但是在广告中宣传高级时尚品必然会对西尔斯的核心价值形象产生负面影响，因为顾客会怀疑西尔斯是否失去了原有的价值定位。想方设法提供可与百货店竞争的商品是有风险的，这会让顾客怀疑西尔斯是不是变成了一家百货店。更糟糕的是，人们不会认为西尔斯商店会一如既往地创造高价值，他们有可能反而会得出西尔斯是一家档次不高的百货店的结论。

在很多市场中，高档产品是非常诱人的领域。高档产品可以实现高增长、高利润，可以免受境外公司在成本和价格上给予的双重压力。一个品牌要想进入高档产品领域，就必须拿出令人信服的理由：它或者质量上乘，或者具有定高价的资格。一款汽车要想实现高端定位，其品牌名称就必须具有“高档”的含意。因此，老牌帆船（Old Spice）男士香水厂家为了打入高档香水市场，愿意申请皮尔·卡丹（Pierre Cardin）名称的使用授权。

但要想提升现有的品牌名称是很难的。例如，嘉露酒庄的典藏地窖（Reserve Cellars）、康胜公司的金牌啤酒、麦克斯韦尔公司的高级调和酒、慧俪轻体公司的清淡型烛光晚餐，这些品牌本身就意味着相对较低的价格，因此要解释自己还有高级品质或高级档次的产品是相当困难的。不过，向低端调整品牌也有风险，它会破坏已有的质量联想。

用途

把品牌和用途联系起来是品牌定位的又一种办法。多年来，金宝汤一直把自己定位为午餐产品，曾在午间广播期间进行了大量的广告宣传。最近，金宝汤把自己重新定位为不分早中晚的膳食产品。贝尔电话公司（Bell Telephone Company）在“伸出双臂，拥抱对方”的广告宣传中把长途电话与同爱人交流联系起来。康胜啤酒把自己的产品与户外、登山、远足联系起来，而卢云堡啤酒则把啤酒与温馨社交场合中的好朋友联系起来。

有人曾对咖啡市场进行了研究，结果发现了咖啡的9大使用场合：[8]

1. 一天开始之际
2. 三餐之间
3. 同他人就餐时
4. 午餐时
5. 晚餐时

6. 同客人就餐时
7. 傍晚
8. 夜间提神
9. 周末

这项研究还发现，在不同的使用场合中，品牌的形象相差悬殊（希尔斯兄弟咖啡公司占据 7% 的早餐份额，但在其他时间的份额只有 1.5%）。上午喝咖啡和下午喝咖啡的人群不同。

当然，一个品牌可以有多个定位策略，只不过，定位策略越多，困难和风险也会明显加大。按用途定位的策略往往是品牌的第二定位或第三定位，这样的定位旨在扩展品牌的市场。例如，佳得乐是一款面向运动员的饮料，因为运动员在夏天特别需要及时补充体液，但佳得乐也在扩展定位策略，力图占领冬天的饮料市场。它的构想是，当流感袭来、医生说“要多喝水”时，就喝佳得乐吧。同样，桂格麦片（Quaker Oats）除了向人们提供屡见不鲜的早餐食品外，也在努力把自己热销的谷类食品定位为适合各种场合的天然全麦。

用户 / 顾客

另外一种定位方法是把品牌同某类产品用户或产品顾客联系起来。用户定位策略起作用后，就可以产生实际效果，因为它完美地结合了定位策略与市场细分策略。用目标市场来辨别品牌往往是赢得该市场的好方法。

我们可以用 20 世纪 80 年代的化妆品行业来说明用户定位的作用。[9] 诺赛公司（Noxell）是化妆品行业的重要厂商，其封面女孩（Cover Girl）化妆品系列不仅占据 20% 以上的市场份额，更是建立了邻家女孩使用的化妆品这一清晰的形象。封面女孩系列被确立为健康女性（特别是金发女郎）的专用产品。露华浓（Revlon）通过“让女性看起来更加成熟”的联想而获得了大约 15% 的市场份额。相比之下，先灵葆雅公司（Schering-Plough）的美宝莲（Maybelline）虽然占有了近 20% 的市场，但由于缺乏鲜明的形象，份额一直在下滑。之前，美宝莲依赖于大众营销来维持自己的市场地位，其中包括药房、折扣连锁店、降低价格、商业推广、新产品创新等方式。为了巩固品牌，美宝莲将自己重新定位为“引领时尚”的化妆品，进而打造出追求时尚、向时尚女性提供化妆品的公司形象。美宝莲以“可爱、美丽，美宝莲”为主题进行广告宣传，并在广告中展示了时尚女性，借此表明其化妆品的真实定位——这与老广告形成了鲜明的对比，老广告重点强调的是眼影的明亮色彩和化学组分。

第二个例子是吉百利食品公司。除了舒味思系列（Schweppes）以外，吉百利还拥有加拿大干饮品牌，其中包括姜汁饮料、汽水、赛尔脱兹矿泉水等产品。[10] 即使如此，吉百利仍在努力寻找被忽略的顾客。吉百利避开可口可乐和百事可乐的青少年市场，把目标锁定在成年人软饮料市场上。加拿大干饮牌姜汁饮料采用了显得更加干净的金绿色新包装，广告口号为“适合品位提高后的你”。他们认为，人在成熟以后，会想喝一些不太甜的饮料，比如说姜汁饮料。另外，他们还开发了覆盆子口味姜汁饮料，为果味赛尔脱兹矿泉水爱好者提供了另一选择。舒味思奎宁水则主要针对那些想喝不含酒精的鸡尾酒的人。

这里举一个成功的经典案例。米勒公司曾决定把米勒淡啤定位于“酒量大”的啤酒饮者群体，这些人爱喝啤酒，但不喜欢发胀的感觉。事实上，之前其他公司推出的与之类似的产品低热量啤酒都失败了，也许是因为它们只强调了低热量的一面。有的极力声称这些啤酒的热量还没有脱脂牛奶高，有的公司则把这种现象抬高成低浓度淡啤的主要特点。

然而，联想强烈，尤其是当用户联想强烈时，也会出现问题，它会限制品牌进行市场扩展的能力。例如，地中海俱乐部（Club Med）主要面向夫妇群体——其实，顾客的平均年龄为 37 岁。[11] 另外，六个地中海度假村主要面向儿童，这里甚至还设置了婴儿俱乐部。只不过，地中海俱乐部给人的印象仍然是身体健壮的单身男士邂逅年轻貌美的单身女士的度假胜地。有的人非常不喜欢这样的度假地点。要想拓展顾客群，就需要让这些人相信地中海俱乐部是带着小孩一起度假的好地方。所以，强烈的形象既是优势，也是劣势。

名人 / 人

名人往往给人以强烈的联想。在名人和品牌之间建立联系，可以把这些强烈的联想转移给品牌。一个品牌必须具备的重要特征是技术能力，即产品的设计能力和制造能力。例如网球拍品牌，其营销策略的核心要素就是要获得网球锦标赛一流选手的支持。特别是在推出新网球拍的时候，著名选手的支持会起到至关重要的作用。王子球拍（Prince）于 1975 年以一款超乎寻常的特大号球拍起家，如今已成为全球重要的球拍公司。然而，在著名的职业巡回赛选手帕姆 · 施莱弗（Pam Shriver）开始使用王子球拍之前，王子球拍并没有真正成为主流球拍公司。

无论是王子球拍，还是耐克篮球鞋，最难做的就是让别人相信其产品设计和产品制造比竞争对手优秀。这里不仅要给出令人信服的理由，还要让顾客倾听这些理由，相信这些理由，即使竞争对手喊出了类似的口号。当然，让人相信帕姆 · 施莱弗使用了王子球拍要相对容易一些。事实上，自从施莱弗参加公开比赛以来，只要她不使用王子球拍，她的话就会露出马脚。而且，施莱弗多次夺标，如果她不认为王子球拍优于其他产品，也就不会使用王子球拍。当然，帕姆 · 施莱弗越成功，王子球拍的可信度就越高。

在 20 世纪 80 年代中期，锐步（Reebok）借着有氧运动热潮，拔得了运动鞋市场的头筹，耐克因此面临着极大的威胁。[12] 但很快，耐克凭着乔丹气垫鞋（Air Jordans）卷土重来。这款篮球鞋采用了气垫技术，鞋底设有专利压缩气囊（给鞋子打气）。气垫鞋推出后大获成功，第一年销量超过1亿美元。耐克成功的关键原因是获得了迈克尔·乔丹这位篮球明星的支持，以及乔丹在广告中摆脱地球引力的精彩表演。

品牌代言不一定非要名人不可。戴着眼罩并穿着哈撒韦（Hathaway）衬衫的男子、贝蒂·克罗克、哥伦比亚的胡安·巴尔德斯（Juan Valdez）咖啡、保罗太太（Mrs. Paul）、惠普尔先生（Mr. Whipple）、美泰克公司的修理工好扳手先生（Mr.Goodwrench）、万宝路牛仔等，这些人都具有强烈的个性或特征，是非常重要的品牌联想。人也不一定是真人。像干净先生（Mr.Clean）、面团宝宝（Pillsbury Doughboy）、矮人精灵、米其林轮胎巨人这样的卡通形象也可以。

虚构人物的联想比真人更好控制，因为真人会随时间而变化、老去。时间一长，人们对万宝路牛仔的联想比比尔·科斯比、汉默、简·方达要容易得多。当然，像莎莉、肯德基爷爷、劳拉·斯卡德（Laura Scudder）、名牌阿莫斯（Famous Amos）之类的标志已经脱离了原来的真人形象。

生活方式 / 个性

假如你的汽车突然变成了人，你会希望他是什么样的人？你会欢迎它的加入，还是难以接受它？当然，每个人都有着丰富、复杂、生动、独特的个性与生活方式。但一个品牌，甚至一台像汽车一样的机器，如果有了顾客的感染，也可以拥有非常相像的个性和生活方式特征。

有人对贝蒂妙厨进行了研究，我们以此进行说明。[13] 调查对象包括3000多位女性，调查重点不仅有贝蒂妙厨的形象，还有妇女对甜食的总体感觉。结果发现，被调查的妇女中有90%对贝蒂妙厨的名称感到熟悉。总的说来，调查对象对贝蒂妙厨的看法是：

诚信、可靠

友好、关心顾客

烘焙食品专家

但同时也：

跟不上潮流

显得古老而传统

生产的产品“比较陈旧、边缘化”

没有时代感或创新性

结论是，贝蒂妙厨需要提高自己的形象，使自己更具现代感、创新性，少一些陈旧感、平庸感。

百事可乐总裁罗杰·恩里科（Rodger Enrico）记述了百事公司进行的一项调查研究。[14] 调查对象为17组百事可乐或可口可乐的忠实顾客。通过调查，我们对两个品牌的个性有了更深入的了解。一般而言，可口可乐展现的是诺曼·洛克威尔（Norman Rockwell）式的家庭和旗帜的形象，以及纯朴的乡村式的美国形象。相比之下，百事可乐被认为是振奋人心、具有创新精神并发展快速的企业，尽管有些仓促草率、操之过急之意。在这项研究的基础上，百事可乐决定开发并巩固自己的形象。因此，百事可乐从品尝味道挑战百事的形象转向树立百事新一代的形象，并且由迈克尔·杰克逊代言广告。

产品门类

有些品牌需要进行产品门类联想方面的重要定位的决策。例如，麦馨（Maxim）冻干咖啡需要在普通咖啡与速溶咖啡方面进行自我定位。有些人造黄油把自己定位为黄油类产品。干乳制品生产商推出一款即食早餐，定位为早餐替代食品，但同时又推出另一款几乎完全相同的即食产品——定位为营养餐的替代食品。利华兄弟公司推出的嘉莉丝（Caress）洗手液不再定位为香皂产品，而是沐浴油产品。

瓦萨（Wasa）薄脆饼干被定位为高纤维、低热量、可替代年糕、黑麦脆饼或类似的食品。为了扩大业务领域，瓦萨又重新定位于面包替代品。在广告宣传中，瓦萨产品被用作单片三明治，其中还有诱人的配料。

虽然七喜软饮料系列不断强调自己"新鲜、纯正的味道"和"解渴"的特征，但很长时间以来，七喜软饮料系列一直被认为是调和饮料。七喜竭力把品牌重新定位为软饮料，不但完全可以取代"可乐系列"，而且味道更佳。因此，七喜在广告中大力宣传其非可乐（Uncola）特征，并取得了成功。

竞争对手

在大多数定位策略中，都会以一个或多个或明或暗的竞争对手为参考标准。在某些情况下，选择参考对象是定位策略的重要内容。这有两方面的好处：其一，竞争对手经过多年经营，一般都具有一个稳定、良好的形象，这样的形象好比纽带，有助于我们传达出另外一种形象。如果有人想知道某一地址，我们只需说它在美国银行大厦附近，用不着说出到达那里的各条街道。其二，有的时候，你有多好对于消费者来说并不重要；重要的是他们相信你和竞争对手一样好，甚至比竞争对手还好。

说到这第二类定位策略，最著名的例子莫过于安飞士汽车租赁公司（Avis），其广告口号是"我们排名第二，我们会更加努力"。这句话的潜台词是，赫兹汽车租赁公司（Hertz）已经非常强大，员工已经无须努力工作。在该策略中，安飞士把自己和赫兹都定位为主要的汽车租赁公司，同时与国家汽车租赁公司划开了界限，其实国家汽车租赁公司当时仅次于安飞士，排名第三。

在产品特征，特别是性价比方面进行定位的最佳方法是参考竞争对手。因此，对于价值难以评估的产品，如烈性酒产品，往往可以利用老牌竞争对手进行定位。例如，赛宝（Sabroso）咖啡利口酒利用竞争对手甘露（Kahlua）品牌在利口酒质量和种类上进行自我定位。赛宝在报刊杂志广告中并排展示了两瓶利口酒，标题为“两款进口的咖啡利口酒都不错，其中一款还有不错的价格”。

要想借助竞争对手进行定位，我们可以在广告中明确指出竞争对手的名称，并对一项或多项产品特征进行比较。庞蒂克就曾利用这种方法把自己生产的一些汽车定位为在油耗、价格方面可与一流进口车媲美的汽车。当然，庞蒂克完全可以不提及竞争对手，只把自己定位为更省油的汽车，但这样做会增加营销的难度。庞蒂克借助大众兔牌汽车这一清晰的经济车形象进行对比，加上环保局油耗值等信息，都让庞蒂克的宣传推广变得更加容易。

国家 / 地域

国家是一个强有力的标志。国家与产品、材料和能力密切相关。例如，德国与啤酒、高档汽车相联系，意大利与皮革制品相联系，法国与时尚、香水相联系。把品牌与国家联系起来，就能充分利用国家这一联想。

在烈性酒市场中，增长最快的产品是进口的伏特加酒，其主要原因就是国家联想。苏红伏特加（Stolichnaya）这一主流品牌让人联想到俄罗斯。其他竞争对手则让人联想到芬兰（芬兰伏特加）、瑞典（绝对伏特加（Absolut））和冰岛（冰牌伏特加）。这三个联想让人产生新鲜、脆弱、冰冷的印象。特别是冰牌伏特加，如果说起自己的某些原料来自欧洲中西部地区的玉米地，就会显得特别尴尬。

不同国家给人们的感受往往会有悬殊的差异。有人曾对 20 世纪 80 年代中期美国中部某城市的电视机、汽车商品进行了调查，结果说明了这一点。[15] 在调查中，实验对象需要从四个国家中判断电视机或汽车的生产国。无论是电视机还是汽车，日本在经济性、制造工艺、技术方面得分最高，美国在服务方面得分最高，德国在声誉方面得分最高。但这两类产品也有区别。在电视机方面，美国产品的技术要高于德国，但在汽车方面，德国产品的技术要高于美国。美国的服务优于德国，但在电视机方面的服务优势又要高于在汽车方面的服务优势。

另外有一项研究对13种产品、21个感知要素、5个国家进行了调查，结果表明国家的影响差异巨大，相差幅度取决于具体环境。[16] 例如，法国人对原产国的敏感程度要远远高于加拿大人。法国人认为，法国、日本、美国的产品一般要好于加拿大和瑞典的产品。美国产品在加拿大、法国人眼中的地位要高于在英国人眼中的地位。但对于到过这些国家、具有直接经验的人来说，原产国的影响减弱了。如果国家要制定全球战略，那么国家联想方面的问题就会变得错综复杂，但也至关重要。

思考题

1. 你的品牌的主要竞争对手分别是谁？顾客对每个竞争对手的真实感受是怎样的？找出两个最重要的竞争因素——如冷冻食品的味道和体重控制。用二维图来表示每个竞争品牌。每个品牌的目标定位是什么？注意图中定位策略与实际定位的差别。

2. 品牌是否存在某些可供开发的联想？这些联想能否巩固品牌在当前产品门类中的定位，能否扩展到新的产品门类？慧俪轻体以体重控制起家，后来增添了健康和营养方面的联想。你的品牌是否应该增添一些联想？不妨先想一想本章讨论的12种联想类型。

3. 有些联想（如富国银行的驿站马车）可以链接到其他更有用的联想（如可靠性和独立性），你的品牌是否已经具有或者需要获得这样的链接式联想？

MANAGING BRAND EQUITY

第6章 品牌联想的衡量

正确问题的答案往往是模糊而近似的，却远远比错误问题严谨而准确的答案有价值。

——约翰·图基（统计学家）

福特打造金牛座汽车的故事

1985年12月，福特公司推出金牛座汽车（Taurus）。[1] 如图6-1所示，金牛座汽车具有圆润而流畅的观感和触感。这样的设计彻底偏离了当时的标准，因而对于福特公司来说，是个很大的风险。

不过，金牛座汽车在中高档车市场中取得了极大的成功。这些中高档车包括雪佛兰的名人（Celebrity）、奥兹莫比尔的塞拉（Ciera）、庞蒂克6000、克莱斯勒的男爵（LeBaron）、奥迪4000、日产的千里马、丰田的克雷西达（Cressida）以及被金牛座取代的福特LTD。金牛座汽车在推出后的第二年，销量达到每季度10万辆左右。相比之下，金牛座的主要竞争对手雪佛兰名人的销量从原来的每季度10万辆下降到每季度6万～7万辆。很明显，风险获得了回报。

在推出金牛座的早期，福特公司曾对该车型的联想进行了大量的周期性研究。下面的介绍不仅有助于我们了解金牛座汽车是如何取得成功的，还向我们展示了品牌联想的研究工作是如何进行的。

该研究由艾莉森－费舍尔（Allison-Fisher）市场研究公司主持。该公司在美国拥有一个由20万个代表性家庭组成的样本组，这些居住者定期有偿填写调查问卷。艾莉森－费舍尔公司从其样本组中选取一个子样本，即半年内有购车计划且对该类汽车比较熟悉的人，然后从每个样本成员那里获得对某类汽车的主观看法。对于每类汽车中的每款汽车，调查对象需要判断哪些是最能描述汽车的特征。

图6-2为1985年6月福特LTD、1985年12月金牛座（刚刚推出）以

及 1987 年 12 月金牛座的调查结果。很明显，金牛座的形象从一开始就与 LTD 截然不同。调查对象认为金牛座汽车技术先进、轻便、油耗低，在设计时考虑了年轻人的因素，与 LTD 对比鲜明。不过，金牛座也有几个明显的大问题。调查对象认为金牛座汽车在家用性能、质量、车内空间、持久耐用、操控等方面优势欠佳。显然，金牛座汽车需要把这些不利因素解决掉。

图 6-1 福特金牛座汽车的广告

注：图中标题可译为“福特金牛座汽车不断创新，直接跨入新一代”。

资料来源：Courtesy of Ford Motor Co.

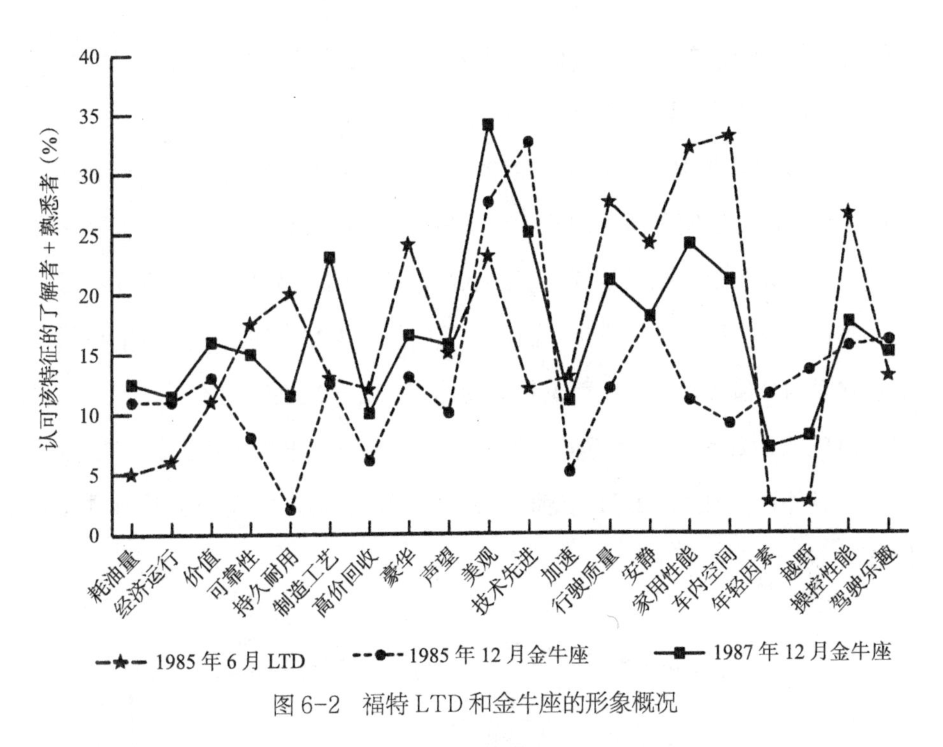

图6-2 福特LTD和金牛座的形象概况

在金牛座推出的头两年，其广告宣传侧重于质量和制造工艺方面。它提出了一系列事实证明金牛座汽车确实具有充分的车内空间，确实适合家用。注意这两年金牛座和老LTD的定位差别是如何变化的。金牛座汽车在“家用性能”“车内空间”“制造工艺”“行驶质量”“持久耐用”，特别是“美观”方面的形象有了大幅提升。从另一方面来看，金牛座汽车的技术没有一开始那么先进了——这一征兆对福特来说也许是好事。

图6-2中的数据目前处理起来已经有些难度，如果把其他七款车型的数据补充进来，处理的难度恐怕会更大。有一种解决办法叫作多维衡量法，即在二维空间或三维空间（称为感知图）中放置汽车和特征。这种表示形式具有以下两个特征：（1）特征相似的汽车距离较近，特征不相似的汽车距离较远；（2）某一特征得分高的汽车距离该特征较近，某一特征得分低的汽车距离该特征较远。

很明显，这种方法的表现效果不如图6-2完整、准确。不过，如果若干属性特征是密切相关的（高耗油量、运行经济性、物有所值），那么二维衡量法或三维衡量法就可以发挥作用。

图 6-3 为金牛座汽车推出之前的三维市场图像。每款汽车用一个三角形来表示其所在空间平面上的位置，三角形上系有一根竖线，连接到飘浮的铭牌或“气球”上，以显示其高度。从汽车及其属性特征的位置可以看出维度标签：声望 / 经济性、进口 / 国产、可靠性 / 未知。注意，进口车在制造工艺方面的分值都很高，因而聚集在制造工艺这一属性特征附近。不过，它们在声望方面却有着截然不同的排序：奥迪第一，千里马第二，克雷西达第三。另外还要注意，LTD 在家用性、宽敞性、国产方面处于较为重要的位置。

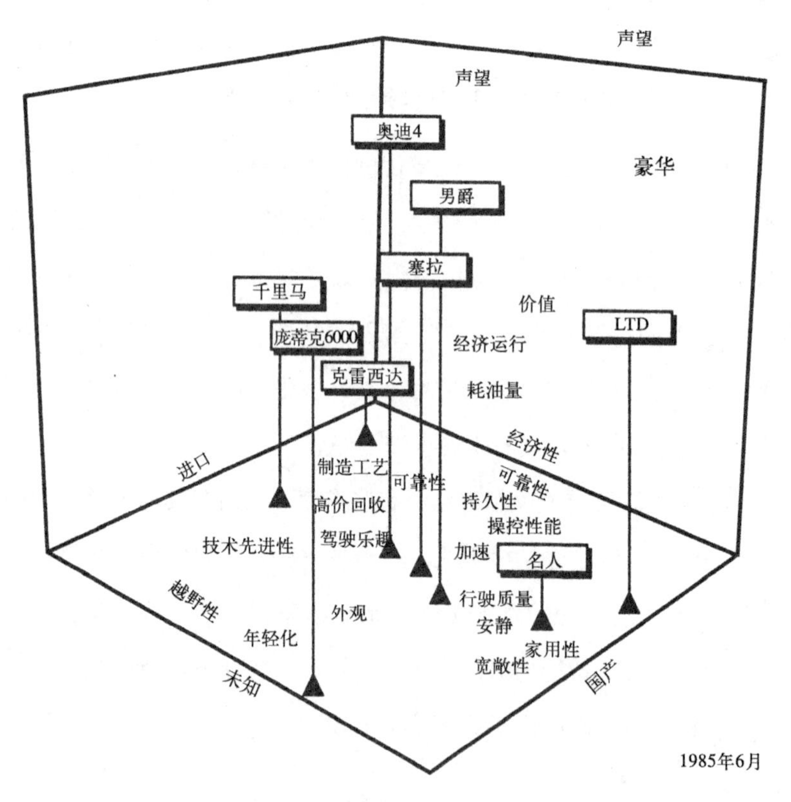

图 6-3　金牛座推出前中高档车市场概况

图 6-4 为金牛座 1985 年和 1987 年的位置图解。正如前文所述，金牛座在上市之时就已经占据了独特的位置。在上市两年后，金牛座具有了更多的家用特征，外观更好看，但同时也被认为是越野型、技术先进型汽车。

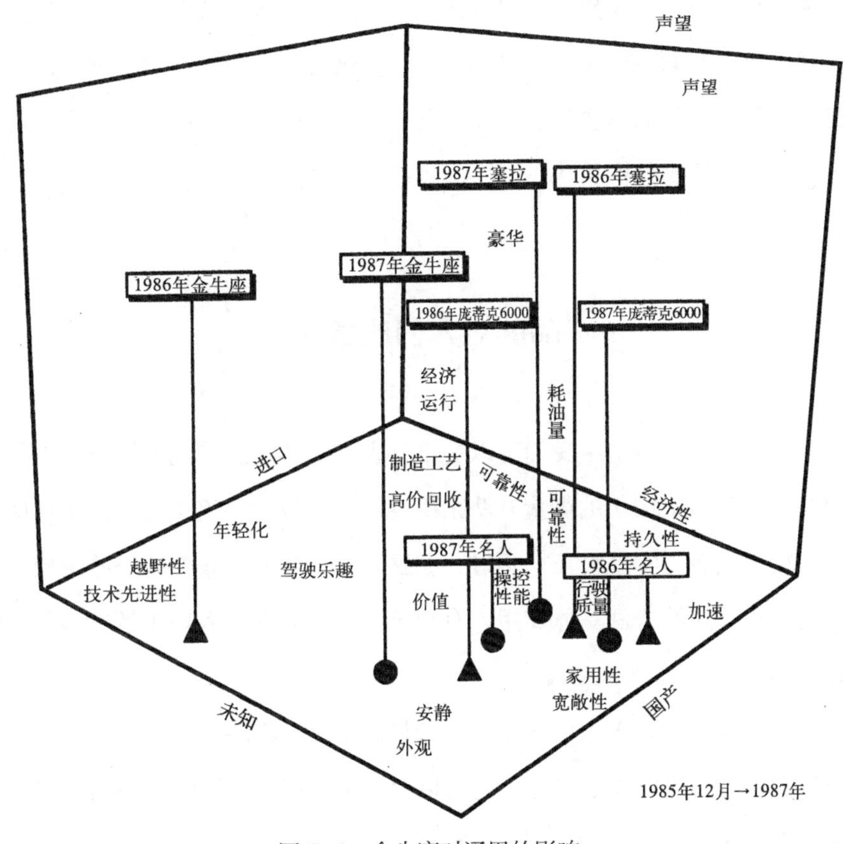

图 6-4　金牛座对通用的影响

这里，金牛座与竞争对手的关系非常有趣。事实上，进口车在很大程度上没有受到金牛座的影响，进口车保留了制造工艺和年轻化方面的形象。不过，新款福特车对通用汽车的形象造成了很大的影响。在金牛座出现之前，通用的名人、西拉、庞蒂克 6000 非常惬意地分布在空间的平面上。这些产品相互之间没有正面竞争，合在一起便占据了广阔的市场。然而，金牛座的出现拉近了这几款汽车的距离，使它们朝家用性、宽敞性方面定位，特别是庞蒂克6000受到的损害最大。

从福特金牛座汽车这个例子可以看出，联想研究在制定和落实定位策略方面起到了重要作用，如图6-2至图6-4所示。当然，福特公司拥有庞大的市场，有能力在联想研究上投入比其他公司多得多的资金。不过，福特公司在联想衡量方面也出现了很多基本问题，这对其他公司而言具有一定的启示意义。例如，我们需要识别产品特征，需要获取公司对品牌及其竞争对手的主观认识，需要分析品牌在属性特征、竞争对手方面的定位。

品牌对人们的意义

从福特公司的例子中我们可以看出，人们对某一品牌及其竞争品牌的主观感受可以采用结构化的衡量方法来确定。下面我们将简要讨论结构化衡量方法的相关问题与实施技巧。不过，在这之前，我们先来看看一些结构化程度低的方法，这些方法具体实用，有利于我们充分而深入地了解顾客是如何认识品牌的。

要想弄清品牌对于人们的意义，最显而易见的办法就是直接提问法。我们可以邀请顾客进行单独讨论，也可以组成10人以内的小组进行集体讨论，当然，对品牌的讨论程度越深，对我们就越有帮助。必问的问题有：选用的品牌有哪些？为什么会选用这些品牌？会产生哪些品牌联想？在使用品牌时会产生什么样的感觉？使用品牌的都是哪些人？

间接方法

虽然主观感受可以采用直接方法进行了解，但间接方法也往往有其自身价值，有些间接方法甚至还有一些新颖之处。另外，间接方法之所以有人采用，往往是由于调查对象在面对直接提问时不愿意或者不能够表达出自己的感受、想法和态度。

调查对象如果觉得所提问题涉及了隐私，令人尴尬，就会不愿意回答问题。假如调查对象认为自己挑选名牌牛仔裤的理由只是为了增加社交场合的认可度，让自己看起来更加时髦，那么调查对象就会表示沉默，或者给出其他看似合理的借口，而后者是更为常见的情况。他们会把解释重点放在工艺质量、合适度、价格和款式上，把这些实际上并不重要的考虑因素说成购买理由。

另外，调查对象如果不知道真正的原因，就不能回答为何要购买某些物品。例如，调查对象没有明确地意识到获得社交场合的认可感是主要的理由和动因。由于自我防卫心理，加之以前也没有必要去彻底思考这个问题，真实的感受便会受到压制，甚至永远无法浮出水面。

下面给出的方法称为情景投射法（projective methods）。这些方法绕过直接提问法的制约和局限，让调查对象直接置身于某一具体情景中，因而解决了上面提到的两个问题。在情景投射法中，目的通常是隐而不现的。因此，讨论的重点不再是品牌，而是使用经历、决策过程、品牌用户，或者把品牌比作人或动物之类的奇思怪想。情景投射法的另一特征是使用了模糊的问题。如此一来，调查对象可以随意表达自己的经历、态度和感受。采用的问题和程序大都比较开放，没有限制。

任何品牌负责人都应认真考虑采用间接方法来了解品牌对人们的意义。在很多情况下（不同时间、不同市场）都应采用间接方法，在进行结构化衡量之前，也应采用间接方法。我们完全可以充分了解顾客对品牌的认识，否则就是不应被原谅的。了解品牌联想有很多种间接方法。图 6-5 为九种间接方法，下面我们将逐一讨论。

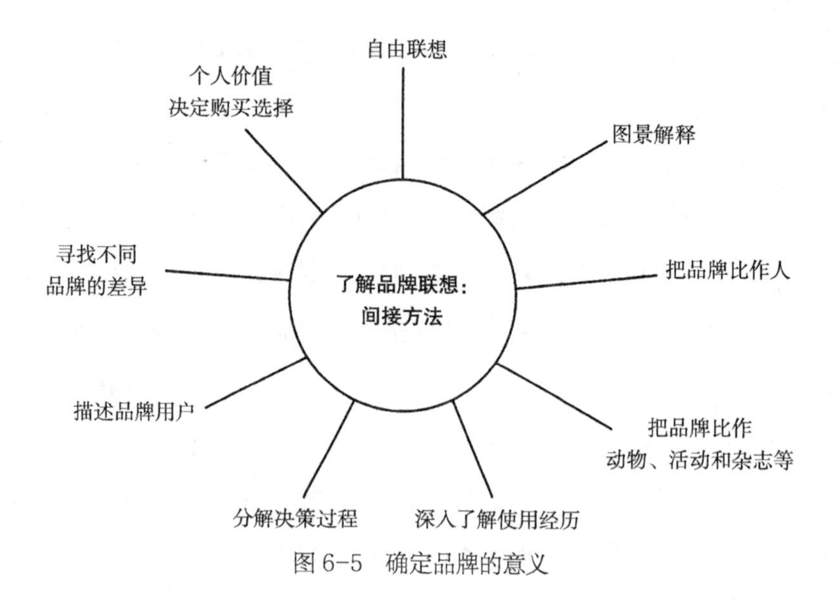

图 6-5 确定品牌的意义

自由联想

词语联想可以解除调查对象的思维限制。在进行词语联想时，首先要列出一组品牌名称，以便调查对象联想。调查对象需要给出首先联想到的一组词语。不要思考，不要判断，一旦联想到了词语，就必须立即说出。虽然调查对象可用手写的方法来记录这些词语，但口头回答在捕捉无意识想法方面往往具有更好的效果。在词语联想之后，调查人员还要与调查对象讨论为何会出现这样的联想。

通过自由联想法，我们可以很好地捕捉到人们对备选品牌名称和备选口号的反应。例如，贝尔电话公司通过该方法发现，“贝尔电话就是解决方案”这一口号给某些人造成了“老大哥在监视你”的反应。

在词语联想时，人们往往会产生数以百计的词语。要想从定量的角度来评估这些词语的相对重要性，我们不妨要求调查对象对一组具有代表性的目标词语进行评分，从而反映词语与品牌的匹配度，评分可以采用五度量表法，最高值为“非常匹配”，最低值为“完全不匹配”。

另外，对竞争品牌进行同样的联想调查，有助于我们扩大视野。例如，对麦当劳进行词语联想时，我们发现，最强烈的联想词语是巨无霸、金色拱门、麦当劳叔叔、麦乐鸡、麦满分、无处不在、熟悉、多脂、干净、食品、便宜、儿童、众所周知、炸薯条、快、汉堡和肥胖。在同样的调查中，另一快餐品牌玩偶盒（Jack-in-the-Box）在无处不在、熟悉、多脂、干净等方面的联想较弱，但在玉米卷、品种丰富、乐趣、营养等方面的联想却要强许多。

词语联想可以演变为句子填空题。例如，调查对象可对下列不完整的句子进行填空：

- “人们喜欢马自达米埃塔，是因为……”
- “汉堡王（Burger King）的标志是……”
- “你有一个朋友，刚刚买了第一辆车。他问你该怎样给汽车上保险。你回答：‘你应该……’”[2]

同样的道理，我们要鼓励调查对象用头脑中首先出现的想法来作答。

图景解释

第二种间接方法是让调查对象对所示产品或品牌的使用场景进行解释。例如，在某项调查中，调查人员给出了高速公路的图景，调查对象需要身临其境，跟在某款汽车的后面，从司机的角度进行观察。其他调查对象同样如此，只不过换成了其他品牌的汽车。在这两种情况下，我们均能从各个图景中发掘出与驾驶相关的感受，例如果敢、力量或社会地位的表现。在另外一项调查中，调查对象需要观察一幅简图，图中一男子在看产品资料，妻子站在旁边发表意见。调查对象需要说出妻子在发表什么样的看法。

还有一项调查，在这项调查中，调查人员为调查对象设置了两种场景。[3]

第一种为白天爬山一天后稍加休息的场景，第二种为夜晚与亲朋好友吃烧烤的场景。在这两种情况下，供应的啤酒为康胜啤酒或卢云堡啤酒。调查对象需要设身处地，用五度量表来回答“温暖”“友好”“健康”“卫生”等指标的程度范围。该研究的目的是检查康胜或卢云堡的广告宣传有没有达到让顾客联想到具体使用情境的效果，例如康胜在远足、健康、卫生方面的联想，卢云堡在烧烤场景、朋友、健康方面的联想。调查结果表明，康胜啤酒在爬山场景方面的评价较高，卢云堡在烧烤场景方面的评价较高，这一点正如预期，不过其他（词语）联想与场景没有关联。例如，在爬山场景中，康胜在“温暖”“友好”方面的联想高于卢云堡，在“健康”“卫生”方面的联想与卢云堡比肩。

图景法可以让调查对象借助场景中人物的态度和感觉来表达自己的真实感受。要直接承认开宝马时的权力感或虚荣心满足也许会令人感到尴尬，但要把这些感觉和态度归结于模棱两可、无名无姓的角色就不会存在任何问题。而且，态度和感觉会在调查对象没有明显意识到的情况下出现。

把品牌比作人

扬罗必凯广告公司前研究中心主任约瑟夫·普卢默（Joseph Plummer）指出，品牌形象是由三个要素组成的，分别为产品特征（如 TANG 莱珍橘子粉含维生素 C，罐装）、消费者利益（“柠檬清新型”碧丽珠清洁剂（Pledge）可擦亮家具，击退灰尘）和品牌个性。[4] 一个品牌的个性既可以现代，也可以古旧；既可以活泼，也可以沉闷；既可以传统，也可以新奇。普卢默认为，在很多产品门类中，品牌个性是了解品牌选择的关键要素。

在扬罗必凯公司进行的一项调查中，调查对象需要从 50 个与个性有关的词语和短语中选出可用来形容各个品牌的词语和短语。调查表明，不同品牌给人的感受大不相同。总共有 39% 的调查对象认为假日酒店是“快乐的”，而认为鸟瞰食品（Birds Eye）是快乐的仅有 6% 的比例。有 42% 的调查对象认为雅达利电脑游戏（Atari）是“年轻的”，而认为假日酒店是年轻的仅有 3% 的比例。39% 的调查对象认为玉兰油是“温和的”，而认为米勒高品质生活酒（Miller High Life）是温和的一个人也没有。从总体来看，调查对象对假日酒店的描述是快乐、友好、普通、实用、现代、可靠、诚信，对玉兰油的描述是温和、高雅、成熟、新奇、神秘、实在。

在调查研究的基础上，扬罗必凯公司为瑞典某保险公司策划了一项广告方案。由于保险产品具有事故和伤害这方面的联想，因而宣传方案采用了一系列幽默广告，避开了不利因素。这些幽默广告使我们认识到，大多数事故在任何人身上都有可能发生，如果从“正确”的角度来看，事故大都是幽默的，即便不如此，也不是那么悲剧性的。这些幽默广告塑造了公司平易近人、温暖和人性化的个性形象，当然，人性化也是最为重要的个性之一。无独有偶，20 世纪 70 年代，胡椒博士饮料（Dr. Pepper）通过塑造独创性的、有趣的、反传统的失败者形象而使销量大增。

定性研究之父欧内斯特·迪希特（Ernest Dichter）经常采用心理剧的方法。在该方法中，他会要求人们去演产品：“你是象牙皂。你多大了？是男是女？有什么样的性格？看哪些杂志？”[5] 得到的结果就是一张内容丰富的品牌联想图。

麦肯集团（McCann-Erickson）则让调查对象画出品牌使用者的标准形象。[6] 有一回，麦肯集团要求 50 名调查对象画出品食乐、杜肯汉斯两大蛋糕粉品牌用户的代表形象。品食乐用户往往被画成穿着围裙的老祖母的样子。相比之下，杜肯汉斯购物者的形象则为苗条的现代妇女的样子。在另一项研究中，麦肯集团要求消费者为两家互相竞争的食品公司撰写文章。其中一家公司被看成女性，因而得到了热烈的反响：“她会得到后人的缅怀，她永远无法被替代。”另一家公司则被刻画成外表冷漠、拒人千里的男性形象：“如果我们能够多多了解他就好了。”

把品牌比作动物、活动和杂志等

在讨论品牌时，人们有时会很难表达自己的感受。人们倾向于使用显而易见、平淡无奇的词语来描述，这也是他们惯用的表达方式。例如，人们对福特金牛座汽车就有可能采用显而易见的特征来描述——具有流线型设计，适合有小孩的家庭驾驶。但问题是要增加回答的丰富性。

这里有一种实用的方法，即要求顾客将品牌与其他物体联系起来，如动物、汽车、杂志、树木、电影或书籍；当然，也可以采取提问的方式，例如：

- 假如高乐氏漂白剂或汰渍洗衣粉是动物，那它们应该是什么样的动物？你会由动物的哪些特征想到品牌？
- 假如花旗银行（Citibank）和美国银行是汽车，那它们应该是什么样的车型？
- 假如联合航空（United Airlines）、美国航空（American Airlines）、达美航空（Delta）是杂志，那它们应该是什么样的杂志？

扬罗必凯广告公司通过这一间接方法取得了显著的效果。[7] 在一项研究中，扬罗必凯公司为调查对象列出了 29 种动物，并问道："假如每个品牌都是一种动物，那么它应该是什么样的动物？"不仅如此，扬罗必凯公司还就 25 种不同的活动、17 种纺织品、35 种职业、20 种民族、21 种杂志问了同样的问题。其目的是获取那些由顾客创造的品牌标志。

实验中经常出现的标志往往具有一定的启示意义。玉兰油与貂皮、法国、秘书、丝绸、游泳和《时尚》杂志相联系。相比之下，肯德基与波多黎各、斑马（回想一下肯德基全家桶上面的条纹吧）、穿着牛仔裤的家庭主妇、露营、看《电视导报》（*TV Guide*）相联系。这样的结果使品牌描述丰富了，有助于我们开发好的联想，杜绝不好的联想。

深入了解使用经历

除了询问调查对象用过哪些品牌、为何使用这些品牌外，我们还可以把讨论重点放在使用经历上。引导调查对象讨论过去的使用经历，可让调查对象打开记忆之门，说出自己当时的感受和情景，而这些都是使用经历的组成部分。因此，这样形成的品牌图是未经过滤、未经概括的，保留了其本来的面目。

欧内斯特·迪希特谈到了几十年前策划象牙皂广告方案时做的第一项任务。[8] 迪希特没有直接问顾客为何使用某一品牌的香皂，相反，他邀请了100名顾客进行深度访谈，这些顾客完全以自由联想的方式畅谈自己的洗澡习惯。迪希特发现，年轻女士在出门约会前通常会洗个彻底的澡。通过观察，迪希特认为，约会前洗澡具有了一种仪式性质的意义；从人类学角度讲，约会前洗澡也意味着洗清了过去的态度和感觉。有了这样深入的了解，迪希特把广告主题确定为："做个聪明的人，象牙皂给你带来新的开始。"

另外，有人研究了人们对赛纶食品保鲜膜（Saran Wrap）的态度。该研究同样把重点放在了使用情景上，使我们有了更深入的了解，可以说是这方面的经典案例。赛纶保鲜膜在20世纪50年代中期推出时，厚度非常薄，而且粘贴紧密，具有极好的密封效果，只不过用起来颇费周折，令人不满。赛纶保鲜膜还经常粘连在一起，使用十分麻烦，气急败坏之下，有些人对该产品产生了强烈的厌恶感。

一系列以品牌、品牌使用为中心的深度访谈表明，家庭主妇群体非常厌恶持家、做饭之类的角色定位。当时，妇女运动尚未兴起，直接将这些厌恶形诸语言是不妥的。其实，妇女自己都不敢承认内心的厌恶。由于缺乏自我表达的出口，主妇们便将这些感受迁移到赛纶保鲜膜上。她们对产品的不满逐渐演变成她们对主妇角色和生活方式的不满。在这项研究之后，赛纶保鲜膜增加了厚度，降低了黏性。

分解决策过程

第六种间接方法是跟踪顾客的决策过程。将决策过程分解后，我们往往可以看到品牌联想在决策过程中的影响，只不过，这些品牌联想未必是品牌总体印象的组成部分。这些联想可能是微弱的，例如祖父的使用经历，也可能是间接的，例如品牌推荐人的性格。

这里，我们来考虑一下 IBM 个人电脑用户准备购买一部二手家用个人电脑的情景。首先，他要寻找哪款类似的电脑最便宜。考虑到服务与售后后，他会把目标锁定在可提供在线服务的邮购品牌（如戴尔）上。看到手提电脑的便捷性后，又会促使他考虑东芝（Toshiba）和中天（Zenith）电脑。他有朋友用东芝，而美国政府也主要使用中天。考虑到产品更新换代，他又会想买一台新的 IBM 或康柏（Compaq），将现有的电脑作为备用。不过，如果主要使用的电脑将来需要升级，那么他应该考虑苹果，因为苹果的图形处理能力强，使用方便，满足了实际应用的需要。分解决策过程有助于我们加深对戴尔、东芝、中天、IBM、康柏和苹果的认识。

描述品牌用户

著名市场研究员乔尔·阿克塞尔罗德（Joel Axelrod）曾参与过几百项品牌研究，他说，他的经历和实验表明，要想了解顾客偏好，只需问两个问题。[9] 第一个问题侧重于品牌用户，即一个品牌或产品的用户与另一个品牌或产品的用户有什么区别？具体而言，两个品牌的用户的需求和动机有什么不同？一旦品牌用户（而非品牌）成为关注焦点，调查对象往往愿意提供超越品牌选择的逻辑动机，给出更多的隐秘信息。（第二个问题将在下文中简要讨论。）

一个基本问题可用很多方式表达，甚至可以同时采用开放式指标和标准化指标。我们可为调查对象提供一份购物清单（包括感兴趣的品牌），或者为调查对象介绍某个人的活动（包括品牌的使用），然后要求调查对象以更详细的方式来描述这个人。其中一组对象的购物清单只涉及一个品牌或产品，另一组对象的购物清单相同，但品牌不同。两组调查对象表现出来的差异具有非常独特的启示意义。

有一项经典研究涉及一份含有七个项目的购物清单，当时，速溶咖啡多多少少属于新鲜事物，并不为全体社会所接受。[10] 第一组的购物清单出现了麦斯威尔（Maxwell House）精研咖啡，对照组的购物清单则出现了雀巢（Nescafé）速溶咖啡。两个女人的形象也大不相同。购买速溶咖啡的女人被认为是懒惰、邋遢的坏主妇，购买精研咖啡的女人则被认为是勤劳、整洁的好主妇。

在某些情况下，通过研究产品类型的使用，而非品牌的使用，可以让我们获得更为丰富的信息。在一项这样的研究中，调查人员向调查对象展示了两名妇女各自推着购物车在超市购物的原始图片（见图 6-6）。[11] 已知其中一位妇女要购买干汤料，调查对象需要讲述一个关于这位妇女的故事，并描述她同另一位妇女说了什么（第二位妇女从未试过干汤）。此外，调查对象还需要讲述一下第二位妇女是什么样子的。调查对象投射到故事中的用户形象主要有以下四类。

1. *创新型妇女*　“买干汤的妇女是个好厨师，可以说是个创新型厨师，她用这些袋装汤料创造了奇迹。在汉堡里加一点汤料，你就能制作出美味的肉松面包。另一个妇女完全不知道在烹饪时加一些干汤料会产生不可思议的效果。”

2. *实用型、现代型妇女*　“这个妇女是个年轻妈妈，她喜欢用方便的干汤做些简单的饭菜。干汤储存起来要比瓶瓶罐罐容易，她可以多买一些。干汤可以让味道更丰富……她很年轻，更愿意尝试新产品。”

3. *懒惰型或冷漠型妇女*　“这个妇女在看干汤，因为干汤取放方便，也很容易带回家。她觉得干汤做起来很方便。她很懒惰，对家务感到很厌烦，于是在做饭的时候投机取巧。她宁愿出去买东西，也不愿在家带孩子。她有五六个小孩在烦扰着她。她要拿几个袋子，多装一些干汤。”

4. **弱势型妇女** “她家里有很多人，必须买干汤，而且买干汤也更划算——干汤价格更低，每顿饭只需三四美分。购买干汤的妇女说干汤的味道和营养价值与鲜汤一样高。”

图 6-6 两个妇女在购物

资料来源：From " Dreams, Fairy Tales, Animals and Cars," by Sidney J. Levy, in *Psychology and Marketing* 2, Summer 1985, pp.67–81, copyright © 1985 by John Wiley & Sons, Inc.

寻找不同品牌的差异

乔尔·阿克塞尔罗德曾谈到，要想了解顾客偏好，只需问两个问题。第一个问题是不同品牌的用户有什么不同，[12] 第二个问题是了解不同品牌或产品的区别在哪里。也许有人会认为，包装颜色就是不同品牌的差异，但很少有人会说包装在购买决定中起了重要作用。不过，包装确实是影响购买的因素之一。让调查对象把注意力集中在品牌差异上，有助于调查对象讨论一些看似无关的影响因素。

其中，第一种方法是给出若干组两两成对的品牌，让调查对象回答不同品牌的区别。第二种方法是从一组熟悉的品牌中选择三个品牌名称展示给调查对象，调查对象需要指出最熟悉的两个品牌，然后描述这两个品牌与第三个品牌的异同。这种方法非常有利于生成以顾客为基础的词汇。另外，也可以找三个品牌组成第二组，再找三个品牌组成第三组进行实验。当然，更直接的办法是问调查对象喜欢第二组或第三组的哪个品牌以及为什么喜欢。

从产品特征到顾客利益再到个人价值

手段－目标链理论⊖表明，让调查对象超越产品特征进而关注顾客利益和个人价值是具有实际意义的。[13] 很简单，个人价值代表的是期望目标，理应加以考虑。个人价值可以具体化（如“觉得重要”“觉得可以”），也可与人生观相联系（如“自尊”“快乐”“安全”“整洁”）。“耗油量”“味道浓烈”等产品特征和“省钱”“不必频繁洗头”等顾客利益则代表了实现期望目标的手段。

下面，我们以航空公司为例来详细阐释手段－目标链的应用方法。首先，消费者需要做一道测验，说明自己喜欢一家航空公司的原因。然后，消费者需要解释为何喜欢“宽体客机”之类的属性特征。例如，调查对象可以

⊖ 手段－目标链理论最早由心理学家米尔顿·罗克奇（Milton Rokeach）提出，到了20世纪70年代后期，由汤姆·雷诺兹（Tom Reynolds）和丘克·吉恩格勒（Chuck Gengler）把它运用到营销学上来研究消费者的行为。手段－目标链理论阐述了个人价值影响个人行为的方法。手段－目标链理论认为，顾客在购买产品和服务时，其出发点是实现一定的价值，为了实现这一价值需要取得一定的利益，为了实现这一利益需要购买一定的产品和服务的属性。——译者注

回答“身体舒适”。接着，消费者需要回答为何喜欢“身体舒适”这一属性特征。答案可以是“做更多的事”。另外，“为何自我感觉更好”也是一个值得发问的问题。答案可能是，“地勤”这一特征可以“节省时间”“减缓压力”“掌控一切”“给人以安全感”。

因此，广告宣传如要强调地面服务特征，就应解决效果方面的问题（如“节省时间”“减缓压力”“掌控一切”）和价值方面的问题（如“给人以安全感”）。例如，广告中可以呈现一位带孩子旅行且需要个人服务的母亲。广告主题为“一切尽在掌握”，从容应对各种问题。结果，安全感就会成为核心的品牌联想。

分析定性市场研究

到目前为止，我们讨论的主要是定性研究法，其中包括情景投射法和小规模样本法。定性研究法速度快、成本低，有调查对象的直接参与，因此，经理可以近距离接触顾客，既真实生动，又效果卓著。当然，最重要的是，定性研究法能使我们获得客观认识，进而完善品牌策略。这里的关键是正确分析定性研究结果。

以下几点建议对于我们正确分析定性研究结果有一定的指导作用：

- 时刻牢记根本问题：品牌的精髓是什么？努力寻找迪希特所谓的产品的灵魂：顾客购买产品甚至再次购买产品的真正原因是什么？
- 让调查对象畅所欲言。提问时尽量问一些比较模糊的问题。
- 寻找品牌的象征意义。例如，有些食品是高雅考究的象征，有些食品则是普通随便的象征。
- 寻找标志：品牌的标志是什么？品牌在人们心目中会产生什么样的视觉形象？

- 寻找对照物。例如，有的品牌与老年男性相联系，有的品牌则与年轻女性相联系。
- 思考品牌联想。在定性研究中，我们可由一个想法产生另一个想法，有时，我们还可由这些联想发现顾客偏好的形成规律。
- 在品牌联想或品牌定位确定后，还要看调查对象的反应，从而对其进行检验。

定量衡量品牌感知

衡量品牌联想还有更为直接的方法，即根据品牌的各个维度来对品牌进行定量衡量，例如，福特金牛座汽车就采用了这种方法。与定性方法相比，定量衡量法更加客观，也更加可靠。定量衡量法采用的是具有代表性的顾客样本，不容易受到主观看法的影响，因此，品牌联想的影响范围以及相互关系可以实现量化。[14]

福特公司的例子告诉我们，要对品牌感知进行定量衡量，就需要确定品牌感知的组成维度，寻找目标市场，指明各个竞争对手，展示并阐释品牌的形象，展示并阐释品牌感知的二维或三维空间示意图。此外，我们还从该例中看到，时时监测并认真分析动态过程对品牌感知具有重要的价值。特别是在推出新品牌时，尤其如此。

要想对品牌形象进行定量化描述，我们还需考虑其他几个问题。下面我们来看看其中的几个问题、假设、想法以及注意事项。

超越产品特征和顾客利益

当然，品牌感知的组成维度不必局限于产品特征和顾客利益。我们以美国运通旅行卡为例，调查对象需要回答其是否同意七度量表上的产品特征陈述。例如：

我认为美国运通卡：

在顶级零售店非常普遍

在欧洲非常普遍

是有声望的

另外，定量衡量法还可用于了解品牌用户的形象或品牌的使用情况。

我认为美国运通卡的用户是：

50 岁以上的人

富人

有自立能力的人

聪明的人

美国运通卡非常适合于：

欧洲旅行

与旅行相关的交易

购物

就餐

谁是密切相关的竞争对手

找出密切相关的竞争对手是大多数定量衡量工作的基本前提。[15] 但究竟要寻找多少个竞争对手？有哪些应该排除在明确界定的、密切相关的竞争对手之外？回答了这两个问题，往往也就找出了密切相关的竞争对手。

第一，顾客在决定购买产品前会考虑哪些竞争品牌？例如，我们可以从马自达汽车的中立购买者中选择一组样本，然后问这些购买者会考虑哪些其他品牌的汽车，当然，我们也可以问他们到哪些展厅看过。对于百事轻怡可乐的购买者，我们可以要求他们回想最近一次购买百事轻怡可乐的情况，然后问他们没有没想过其他替代品牌。另外，我们也可以问调查对象，在百事轻怡可乐缺货时他们会购买哪些品牌。经过分析后，我们就能找出主要的竞争品牌和次要的竞争品牌。

第二，哪些竞争品牌与主要使用情境相联系？我们可以要求调查对象回想百事可乐等品牌的使用情境，从而获取大量的竞争产品及其使用情境。其中一种情境是午后零食。调查对象需要回答适合午后饮用的饮料名称。对于每款饮料，调查对象还需要确定相应的使用情境，从而使情境列表更加全面。在调查过程中，可能需要 20 ～ 30 位调查对象参与，否则无法产生足够数量的使用情境和饮料品牌。

同时，我们还需要另外设置一组调查对象，让他们在七度量表中对各款饮料在各个使用情境中的适合度进行判断，然后根据相应使用情境的相似度，将饮料品牌进行分门别类。因此，如果百事可乐适合于吃零食的情境，那么其竞争对手就主要集中在适合于类似情境的其他品牌上。另外，像电脑等工业产品虽然可用于若干截然不同的用途，但仍然可用该方法来找出密切相关的竞争对手。

找出基本维度，去除多余维度

在定性研究的过程中，往往会产生大量的衡量维度。这时，我们可以采用因子分析等方法将意义相近的词语或短语合并，从而将衡量维度范围缩小到几个基本的因子或维度上。假如一个品牌具有多个多余的衡量维度，且在其中一个维度上具有较高的评分，那么它在其他多余的维度上也会有较高的评分。

例如，人们对汽车经销商的感知可能会在维修效率、商店清洁度、服务人员友好度、预约容易度这四个方面有所不同。一个经销商如果在某一方面的评分较高，那么它在其他三个方面的评分同样较高。从这个意义上讲，上述维度是多余的，我们可以将其合并成一个提纲挈领性质的概念，称之为“维修服务质量”。

找出重要的感知维度

在各种定量衡量的研究中，我们必须找出最重要的感知维度。其中，最为直接的方法是问调查对象各项产品特征或顾客利益对于其品牌选择的重要性。不过这里的问题是，很多调查对象会说，所有的维度都重要。

第二种方法是找出区分购买者与非购买者的产品特征。研究发现，虽然母亲们认为营养和便利是零食最重要的产品特征，但“味道”“孩子喜欢”才是预测产品购买的最佳因素。

第三种方法是问一些取舍性问题（这在第 1 章品牌名称价值评估部分有过讨论）：当必须牺牲便宜、可靠性或特殊功能时，你会放弃哪一项？该方法称为取舍分析法（或联合分析法）。通过该方法，我们可以准确衡量各个维度对顾客的重要性。

这里我们需要考虑感知维度能否用来区分不同的品牌。假如某项特征确实可以区分品牌，让某一品牌脱颖而出，那么该项特征就值得保留，即便该项特征从其他衡量方法的角度看来微不足道。有的时候，隐蔽特征的影响力比看起来要大。相反，如果某项特征或利益看起来非常重要（如航空公司的安全性），但不足以区分不同品牌，那么它拥有的就只是边缘价值而已。

自然分组法

国际市场研究集团（Research International）曾采用“自然分组法”进行研究，该方法结合了定量研究和定性研究的优势。首先，它选择一组品牌或产品。调查对象需要将品牌集或产品集连续细分为若干子集。每次细分时，调查对象都需要用自己的话来描述这些子集。

假定调查对象要对五家保险公司进行评估，如图 6-7 所示。首先，调查对象需要将公司集划分为两个子集，并给出划分理由。然后调查对象在子集的基础上继续划分，直到没有理由继续划分下去为止。

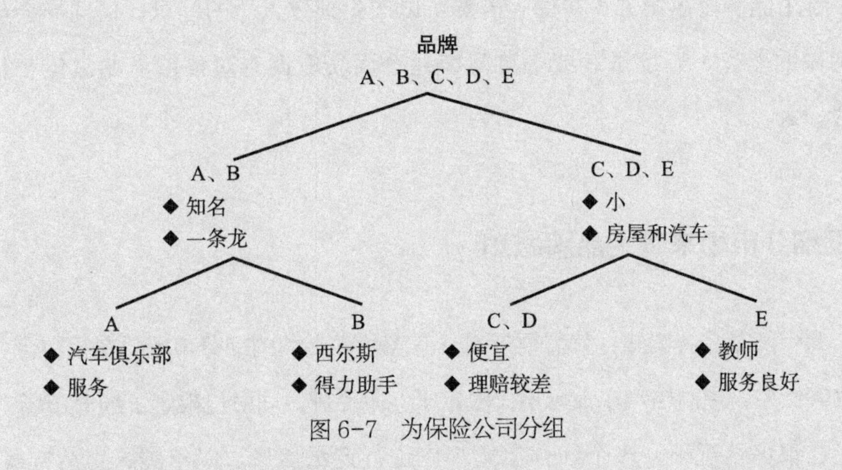

图 6-7 为保险公司分组

我们可以从数据中获得二维或三维感知图：分在一组的品牌往往在感知图空间上的距离较近，未分在一组的品牌在感知图空间上的距离相对较远。该方法称为对应分析法。另外，我们还可以获得各个品牌联想，并用相关品牌确定其空间位置，如图 6-3 所示。

定量衡量工作

定量衡量工作的有效性始终是人们关注的问题。调查对象果真能在“历史悠久”这一维度上对啤酒进行定位吗？这里面有几个问题。首先，如果调查对象对一个或多个品牌不熟悉，我们可以要求调查对象只评估熟悉的品牌（不过，调查对象对某个品牌究竟有多熟悉仍然是个问题）。另外，调查对象从具体层面对“历史悠久”的理解能力也是一个潜在的问题。衡量维度模棱两可，抑或是调查对象无法使用，都会影响研究结果的有效性和可靠性。

当然，所用维度的性质也是人们关注的又一个问题。我们可以要求顾客简单回答某项维度是否与品牌相联系。该方法操作起来相对简单，但会产生大量的感知维度和电话采访程序。排序数据（哪个品牌在该维度上排名第一，哪个品牌排名第二，等等）虽然可以产生细致入微的信息，但同样会放大细微的差异。五度量表或七度量表是全面获取调查对象信息的最佳替代方法。

根据细分市场来确定品牌感知

要想衡量品牌感知，就需要考虑具有竞争性品牌的细分市场。在福特金牛座的案例中，中高档汽车市场不仅限定了竞争品牌，同时也限定了细分市场。

在很多情况下，多个细分市场都应进行定量衡量。以年龄、生活方式、态度或用途来界定的细分市场很可能具有不同于其他细分市场的感知方式。例如，使用者和非使用者在品牌感知方面往往具有很大的差异，而这些差异恰恰就是顾客偏好和购买决定的形成原因。因此，就金牛座汽车而言，福特公司有必要对考虑购买者或已经购买者群体与不会购买者群体之间的差异进行研究。

超越品牌感知

我们不仅要关注品牌联想、品牌在各个感知维度上的定位，还要关注：

1. **品牌联想的强度。**顾客对品牌联想的信心有多强？

2. **品牌形象的清晰度**。顾客是否一致认同品牌的联想（清晰、鲜明的形象往往意味着强势、独特的品牌）？或者，品牌在不同人的心目中是否会产生不同的形象？让松散的品牌形象鲜明起来完全不同于改变明确而紧凑的成功形象所做的工作。当然，有的时候，百事可乐等品牌在某些特征上也需要一定的模糊性。假如百事可乐的饮用者界定过于严格，那么就有可能失去某些细分市场。

思考题

1. 在各大细分市场中，品牌对于人们的意义是什么？它有哪些词语方面的联想？将品牌比作动物的话，它会是什么样的动物？同样，将品牌比作杂志、汽车、树木、人物或书籍，它又分属于哪一类？顾客的使用经历究竟是怎样的？品牌的灵魂是什么，即品牌的内在意义是什么？品牌用户的类型是什么？其年龄、性别、生活方式又是什么？品牌感知如何不同于竞争对手的品牌感知？品牌会产生什么样的价值（如安全感、控制感、自信心等）？

2. 品牌有哪些竞争对手？在最相关的感知维度上，品牌具有怎样的形象？它与竞争对手的品牌形象的区别是什么？选择两个最重要的感知维度，在二维空间中对重要的竞争品牌进行定位。定量研究是否有助于确认所绘空间图与事实相符的程度？

MANAGING BRAND
EQUITY

第 7 章

选择、创建并保持品牌联想

观其友则知其人。

——无名氏

我认为，广告宣传好比火车引擎。火车没了引擎也许会滑行一段时间，但最后一定会慢下来。

——皮埃尔·法拉利（可口可乐食品公司）

多芬的故事

第二次世界大战期间，利华兄弟公司意外地发现了一款类似于香皂的产品，后来将其命名为“多芬美容皂”（Dove）。该产品材料类似于香皂分子，但不含刺激皮肤的碱性元素，是一款中性、温和的洁肤香皂。经常使用多芬，皮肤会有一种截然不同的“感觉”。

多芬于1957年在美国推出，其定位为美容皂（不是普通香皂），内含1/4的洁肤乳，清洁后，仿佛涂了乳液一般。他们在广告中展示了洁肤乳倒入美容皂的情景。其含义是，普通香皂会使皮肤干燥，用多芬美容皂清洗后，就会给皮肤涂上一层乳液。这一乳液联想的最初定位自1957年起沿用至今，几乎未变。1969年投放面部测试，1979年开展为期7天的测试，同年还用“润肤乳”一词替代“洁肤乳”，这些举措都强化了宣传口号，不过，基本定位一直没有变化。

要想衡量多芬这一品牌资产的力量，其中一种方法是看其保持的相对价格。1987年，多芬的市场份额为9%，换算成美元后，份额为13.8%。从中我们可以看出多芬所拥有的高价优势。

人们普遍认为，如果广告宣传恰到好处，就能在人们的心目中建立强烈的联想。多芬的故事表明，自始至终进行长期不变的品牌传播也可以产生巨大的影响力。过去30多年来，润肤乳倒入美容皂的场景始终出现在多芬的广告中，而广告也一直在用承诺证明润肤的功效。很多消费者在过去的30多年中看到了600多次多芬的广告，由于自己和熟人都是产品的使用者，更是加深了对广告的印象。竞争产品要想在润肤乳方面取代多芬，其难度可想而知。即便新产品具有突破性的进展，也很难取而代之。

20 世纪 60 年代，多芬确实进行过品牌扩展，推出了一款洗碗机用洗涤剂，从而与象牙品牌展开竞争。扩展的品牌虽然存活了下来，但自始至终就是一个错误。多芬品牌的乳液联想对洗碗机用洗涤剂没有任何助益。另外，虽然该款洗涤剂在若干年后取得了一定的知名度，但这不可能对美容皂的重要联想产生正面作用。

霍尼韦尔的故事[1]

霍尼韦尔公司（Honeywell）是一家价值 70 亿美元的公司，长期以来在建筑施工、工业生产、飞机制造及其他装置安装的控制与自动化方面一直居于领导地位。在大多数领域中，霍尼韦尔被认为是高档和优质的选择。

霍尼韦尔因为要将自己打造成“另外一家计算机公司”而出现了形象问题。20 世纪 60 年代，霍尼韦尔认为计算机技术是其控制与自动化业务的核心，加上计算机技术的无限魅力，霍尼韦尔决定投身计算机事业。但霍尼韦尔的努力失败了。他们没能在计算机市场获得足够的用户。1986 年，霍尼韦尔开始退出计算机业务。

高度清晰的计算机和信息系统形象主导了霍尼韦尔的形象，但同时也替代了霍尼韦尔在控制与自动化方面的联想。霍尼韦尔失去了在控制与自动化方面的领导地位。在人们眼中，霍尼韦尔是一家专注于计算机以及信息系统和办公自动化等计算机应用领域的公司。另外，霍尼韦尔在计算机操作方面从好的方面看有 IBM 的荫庇，从坏的方面看是一家挣扎求生的企业。霍尼韦尔以前曾是控制与自动化解决方案的高级供应商，如今却被挣扎求生的形象蚕食消解。

1982 年，霍尼韦尔决定降低计算机业务的份额。1982 ～ 1987 年，广告宣传的重点放在了问题解决上："精诚合作，共解难题。"虽然霍尼韦尔不再强调计算机业务，但该方法丝毫没有减弱计算机业务所制造的联想。

1988年，广告宣传重新回到了企业的核心联想，即控制方面的联想。霍尼韦尔在全世界范围内采用了新的宣传口号："帮助您控制您的世界。"对控制方面的联想进行重建的关键方法是采用生动有趣的应用实例使原有形象恢复生机，例如用霍尼韦尔控制系统来：

- 保护历史上著名的"图坦卡蒙㊀的奇珍异宝"系列展览。
- 提供可靠的性能，包括太空领域：在人造卫星的控制系统模块中，霍尼韦尔制造的4个组件6年来运转得非常理想。
- 让飞机驾驶舱更舒适、更安全、更高效。
- 控制从动物园里的企鹅到手术室的各种环境。
- 控制电梯系统。

霍尼韦尔推动控制业务的动力与推动计算机业务的动力有很大的不同。霍尼韦尔希望弱化霍尼韦尔名称与失败的计算机业务的联系。

霍尼韦尔法国公司于1988年开展"回归本源"的定位活动，其中涉及大量的宣传工作。霍尼韦尔接到一份特殊合同，为巴士底歌剧院提供先进的新型控制系统，这是一项引人注目但同时又惹人争议的工程。前法国总统弗朗索瓦·密特朗在1989年7月13日为其举行落成仪式。霍尼韦尔以"霍尼韦尔在歌剧院"为主题进行了技术新闻发布，其内容主要包括施工与管理新闻、普通娱乐新闻以及50位客户和（或）潜在客户参加歌剧院特殊活动的接待情况。

霍尼韦尔的故事表明，计算机方面的联想表面上可以产生积极的作用，

㊀ 图坦卡蒙，古埃及新王国时期第18代法老（公元前1334—前1323），图坦卡蒙并不是在古埃及历史上功绩最为卓著的法老，却是在今天最为闻名的埃及法老王。他是被神秘色彩笼罩的埃及法老，9岁君临天下，19岁暴亡，死因未明。——译者注

但对其拥有的先进技术却造成了负面效果，弱化了顶级控制方面的基本联想。我们前面已经看到，霍尼韦尔的解决方案是回归控制方面的基本联想。借助歌剧院项目进行公共宣传这件事说明了广告宣传并非管理联想的唯一方法。

联想的选择

在第 5 章中我们已经谈到，各类品牌联想是品牌定位的基础。在第 6 章中，我们阐述了确定品牌联想的方法。在本章中，我们主要解决以下几个问题：第一，选择哪些联想？品牌应如何定位？第二，品牌联想如何创建？第三，介绍危机管理方面的内容，然后给出维持品牌联想的指导原则。

联想的选择是营销活动各项工作的前提条件，特别是对于新产品、新服务而言，联想的选择尤其重要。假如我们要开一家可提供上门送取服务的视频商店，那么这项新服务的潜在联想有：送货上门的便利性、速度、电影选择、产品目录选择、工作人员的友好性。哪些是主要联想，哪些是次要联想？在回答该问题时，我们必须设计商店的名称、标志和经营细节。

这样的定位决策不仅可以决定短期的成功，还可以左右长远的发展。选择的联想必须对竞争优势起到支持作用，这样的联想才会具有持续性和说服力。例如，从长远角度看，“友好、时尚”的文化要比送货上门更难复制。

联想的选择要从经济方面进行考虑，其中包括联想的市场反应以及联想所产生的投资与边际成本。从根本上说，要想吸引一个有价值的市场，无论是大市场中的小部分，还是小市场中的大部分，都有必要进行定位。付出的成本将会在一定的时间范围内产生可观的收益。当然，这里的问题是，对与某一具体定位决策相关的销量和成本流预测起来并不容易。

不过，以下几个指导原则也许会有一定的帮助。图 7-1 为定位决策的三个分析方面。

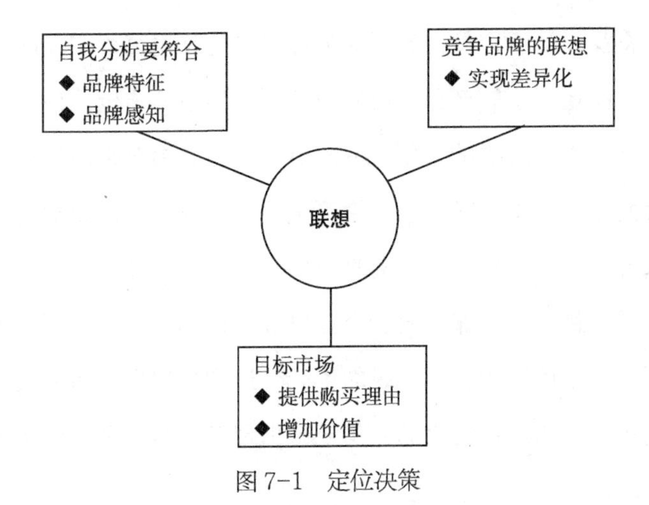

图 7-1　定位决策

自我分析

不要尝试超出能力范围的事情。定位品牌之前，要在家进行盲测，或者在办公室进行测试，从而确保品牌能够兑现承诺，能与初设形象一致。假如品牌定位名不副实，那么这样的定位是完全没有意义的。名不副实的品牌定位还会损害品牌的基本资产，让消费者怀疑今后的品牌主张，这在战略上具有相当大的危害。

实际上，品牌感知比产品本身更为重要，特别是当产品知名度高、广告宣传力度大、品牌感知强烈的时候。因此，我们必须对现有联想的性质和优势做到心中有数。改变现有联想，特别是强烈的联想，通常是非常困难的。一般而言，最好的办法是充分利用现有联想，或者直接创建新的联想，而不是改变现有联想或压制现有联想。

我们以"汉堡帮手"（Hamburger Helper）为例进行说明。汉堡帮手是20 世纪 70 年代推出的肉品佐料，旨在制作美味、经济的煎炒菜。70 年代初期，由于肉价较高，汉堡帮手取得了不错的表现，但到了 70 年代中期，家庭主妇把目光转向了更具外国风味、价格更贵的食品。为了应对销量的下降，制造商将汉堡帮手定位为砂锅菜的佐料，使其更具外国风味。然而在消费者心目中，汉堡帮手的产品本身并没有传达出新的定位。他们仍然认为汉堡帮手是一款经济、可靠的方便食品。另外，做砂锅菜相对简单，不会出什么问题，因而无须帮手。在一项个性测试中，若干主妇需要把汉堡帮手想象成人，结果发现，该产品最受称道的特征是"有帮助的"。

如果需要重新定位，那么要看企业单位是否具有进行重新定位的意愿和能力？重新定位是诱人的，但也是幼稚的，通常会招来致命的失败。重新定位可以利用市场需求或市场机遇，但更会出现品牌名不副实或企业单位难以传达新定位的情况。

竞争品牌的联想

了解竞争品牌的联想是进行定位决策的第二种关键方法。在大多数情况下，大多数品牌都必须开发不同于竞争品牌的独特联想。假如品牌没有与众不同的地方，消费者就没有理由选择该品牌，甚至不会注意到该品牌。研究表明，新产品推出后，预测其能否成功、能否取得知名度的最佳方法就是看该产品有没有独特的差异点。步人后尘、模仿别人只会导致致命的错误。

在涂料行业中，大多数品牌都是非常相似的；它们经常拿企业资历或某些品牌特征来强调产品的质量。[2] 然而，荷兰小子公司（Dutch Boy）却把宣传重点放在了涂后外观上，而且"从外观看到外观"这句宣传口号很容易让人产生自豪感和满意感，这些都让产品实现了差异化。新世纪公司（New Age）的电影配音增加了电视对年轻观众的吸引力——这些年轻观众还没有"习惯"某一特定的品牌。因此，宣传重点要放在顾客感受上，而不是产品本身上。

有时候，开发若干相同的联想，但保留一点不同，也能产生良好的效果。例如，IBM 在宣传中强调，其个人计算机在性能特征的各个方面都与其他机型完全相同，只不过价格更低（或速度更快或体积更小）。我们有必要共用竞争品牌的主要联想，原因有两个。第一，这些联想对用户而言是不可或缺的。没有了这些联想，顾客就不会考虑该品牌。第二，这些联想传播起来非常容易。我们不必宣传操作系统、技术参数、尺寸规格等，我们只需说，该产品与 IBM 完全相同，只不过更……

产品特征是品牌的核心，必须加以强调，即便竞争对手已经预先占有了该特征方面的联想。例如，利华兄弟公司曾推出嘉莉丝香皂，并将其定位为柔肤香皂，这与多芬香皂的润肤定位非常相似。不过，与多芬 1/4 润肤乳和承诺式广告宣传不同的是，嘉莉丝香皂用优雅的模特和“柔和的灯光、柔和的色彩、柔和的香吻”建立了柔肤的联想。因此，嘉莉丝香皂具有了差异点，也因此建立了不同的联想，尽管在这联想的背后却是相似的产品特征，一个是柔肤，一个是润肤。

如果一个品牌占据了主导地位，并控制了销售网点，那么差异化的重要性就会低一些。事实上，竞争品牌即使具有相似的感知特征，也会因为缺乏市场认可和分销渠道而遭遇失败。例如，沙龙牌（Salem）薄荷香烟建立了清新的绿色植物和流动的联想。竞争对手的香烟采用相似的联想后，人们会以为他们的广告是沙龙的广告，这反而强化了沙龙的联想。沙龙完全不必急着改变自己的联想方式，与竞争品牌划开界限。

但应注意，有些品牌避开了强烈的联想，依靠自身的认可度和顾客忠诚度取得了成功。这些品牌为了不把任何顾客群排除在外，刻意地弱化了联想。可口可乐在瓶子图片上采用了“真材实料”的字眼，百威宣称百威是“啤酒之王”，“有些人仍然关心质量”，这些都印证了上面的策略。

目标市场

联想分析的第三个方面是目标市场。分析目标市场的主要目的是建立可以形成品牌优势和品牌特征、可以实现品牌差异化、可以有市场反应的联想。仅仅是实现品牌差异化也许可以提高知名度，但要想为顾客提供购买理由，或者增加产品的价值，就需要一个更加强烈的定位。

可以提供购买理由的联想 联想的作用之一就是为顾客提供购买品牌的理由。因此，产品特征方面的联想往往就是具体的购买理由：

- 芬兰伏特加具有芬兰的清新和冰冷。
- 纽特健康糖味道更好。
- 美泰克电器是可靠的，维修人员都无事可做。
- 夏普（Sharp）传真机销量第一，因为它为顾客创造了超凡的价值。

购买理由需要有足够的影响力，这样才能真正吸引购买者。有些联想，甚至是产品特征方面的联想，并没有产生效果，因为顾客认为这些联想是没有价值的，是适得其反的，甚至是惹人生厌的。

要想确定购买理由这一联想对顾客的价值，我们可以邀请一批顾客进行集中讨论，也可以进行一对一的访谈，可以进行调查研究，也可以进行销售试验。有人对1250名消费者进行了调查，结果表明，七喜公司当初进军不含咖啡因的软饮料市场后确实占领了相当大的市场，七喜后来还在此基础上推出了不含咖啡因的可乐。[3] 28%的调查对象表示自己非常在乎软饮料中是否含有咖啡因。另外，对于不含咖啡因的软饮料，超过40%的调查对象首先想到的是七喜，这一比率是百事的5倍以上。

罗瑟·瑞夫斯（Rosser Reeves）是广告界的创意大师，他提出并实践了独特卖点的概念。独特卖点的核心就是购买理由。独特卖点涉及某一具体而独特的产品利益，可以影响到消费者的购买行为。例如，“玛氏巧克力（M&M's）只溶在口，不溶在手”“高露洁牙膏清洁牙齿，清新口气”“用棕榄香皂（Palmolive），皮肤更好”。瑞夫斯非常青睐以实验为基础的独特卖点，因为这样的卖点更加可信，更不容易受到攻击，更具可持续性。例如，“用棕榄香皂，皮肤更好”是有实验证据支持的：经常使用实验香皂洗脸的人，皮肤更好。

瑞夫斯信奉的另一原则是，良好的独特卖点一旦找到，就应不惜一切代价予以保持。例如，瑞夫斯的客户安纳辛公司（Anacin）曾花费 8200 美元制作了一则商业广告，然后投资 85 亿美元反复播放该广告，时间长达 10 年之久。有个客户问瑞夫斯，在安纳辛反复播放同一则广告的 10 年期间，它的 700 名广告代理人员在干什么。瑞夫斯的回答是，他们在防止安纳辛改变广告方案。

可以增加价值的联想 联想也可以产生间接影响，方法是建立可以增加价值的联想，而不是直接提供明确的购买理由。联想不一定非要制造理性的购买理由；理性的购买理由很容易用语言表达出来。相反，联想可以涉及对品牌及其使用经历的感受。要想制造这样的联想，我们可以开展广告宣传，可以提供各种使用经历，也可以展示其他人使用产品时的感受。无论何种情况，这些难以言传的潜意识感受都可以增加价值。

假如有人送了蒂芙尼手镯，那么对大多数人来说，打开蒂芙尼的包装与打开梅西百货的包装，感觉是不一样的——前者的感觉会更强烈、更特殊。另外，佩戴蒂芙尼手镯会让佩戴者觉得自己更有魅力、更有信心；相比之下，如果同样的手镯买自百货店，感觉就会相差很多。我们据此推测，名望与质量的联想确实可以改变使用体验，确实可以增加品牌的价值。

蒂芙尼在增加价值方面的联想是经过长时间演变的，涉及的内容包括店面位置、商店氛围、店员类型、产品选择和广告宣传，如图 7-2 所示。注意下面这些文字：“153 年来蒂芙尼开门营业的情景始终未变……古典美。这与蒂芙尼创造的一切息息相关……”

有些广告设计也在强调品牌感受和使用感受方面的联想。下列广告就产生了以下的感受：

图 7-2 蒂芙尼——古典美

资料来源：Courtesy of Tiffany & Co.

- **优雅和时尚** 在香水广告中，一位成熟的女性在为舞会做准备。在宝马的广告中，一位时尚、优雅的女性缓缓步入汽车。
- **威望、成功、名人** 在美国运通的广告中，名人一般都持卡多年。
- **刺激** 在摩托车的广告中，骑手在充满危险的道路中侧身掠过障碍物。在照相机探险队广告中，摄影师在危险的场景中进行着紧张的冒险。

- **温馨**　在“伸出你的双臂，拥抱对方”的电话广告中，两个朋友或亲戚在进行温馨的电话交谈，他们因为关心对方才拨通了电话。卢云堡曾投放过“珍品”系列广告。在其中一则广告中，儿子刚刚通过律师考试，自豪的父亲与儿子一起就餐，这样的场景充满了温馨、自豪和爱的感觉。

要想确定可以增加价值的联想，可以先对产品使用的基本情况进行市场研究。[4] 贝蒂妙厨正是在充分研究了人们对甜品感受的基础上，围绕着亲情、爱和美好时光等概念对进行了重新定位。研究表明，甜品被认为是关心他人的表达方法，让人联想家庭的幸福时刻。有一位调查对象说，享受甜品是一项“快乐的社交活动”；另一位调查对象也由甜品回想到了亲密和笑容的体验。于是，贝蒂妙厨将广告主题确定为“贝蒂妙厨让人幸福”。

改变型广告宣传　有些广告宣传制造的品牌联想可以改变顾客的使用体验，恒美广告公司（DDB Needham）⊖的威廉·威尔斯（William Wells）将这类广告宣传称为改变型广告宣传。改变型广告宣传改变了顾客的使用体验，给品牌用户带来更多的优雅感、冒险感或温馨感，从而间接地为顾客增加价值。于是，美国电话电报公司以“伸出你的双臂，拥抱对方”为主题的广告宣传让电话交流的体验变得有所不同——它增加了人与人之间的温馨感。威尔斯还就改变型广告宣传如何取得成功提出了若干指导原则，为建立可以增加价值的联想指明了方向。

改变型广告宣传要想取得成功，就必须制造并维持感觉方面（如温馨感）、品牌方面（如电话电报公司的长途电话）和使用体验方面（给所爱的人

⊖ 原文为BBD Needham，有误，根据前文和后文可知，该公司正确名称为DDB Needham。——译者注

打电话）的联想。这就要求我们投入足够多的广告预算，进行频繁的广告宣传，要求我们具备开展持续性广告宣传的条件和耐心（继续让顾客由相同的使用经历联想到相同的感受），要求我们策划的广告能够让顾客清晰地联想到使用感觉和使用体验。

如果一款产品本身还不错，那么改变型广告宣传就能发挥最佳效果，从而让顾客体验具有更丰富、更温馨、更快乐的感觉。不过，改变型广告宣传也可用来缓和不愉快的顾客体验。例如，有些航空公司策划的改变型广告宣传就有助于顾客克服飞行时的紧张感。另外，家庭金融公司（Household Finance Corporation）以“人们用我们的钱来充分享受生活”为主题的广告宣传也降低了申请贷款时的不愉快感。

改变型广告宣传必须真实可信，或者至少要确有其事，这样人们就不会产生愚蠢甚至荒谬的感觉。假如顾客对产品的真实体验与广告宣传不一致，那么这样的广告宣传就会失去效力。“乘坐友好的地铁”这句广告无论如何也无法改变人们乘坐纽约地铁的体验。

市场细分 定位策略通常意味着要进行市场细分——放弃大多数细分市场，只将注意力集中在某些细分市场上，也就是那些与所选品牌联想相关的市场。这种方法要求我们必须具有足够的决心和毅力，要知道放弃潜在顾客并不是一件容易的事情。不过，一旦确定了具有实际意义的独特定位，精力往往就会集中在目标市场上，至于其他细分市场如何反应，不会对我们产生影响。

创建联想

联想是通过与品牌相关的事物创建的。当然，产品或服务的功能和利益，以及包装和分销渠道是品牌形象的核心。另外，品牌的名称、标志和口号是最为重要的定位工具（详细讨论将在下一章中展开）。当然，广告宣传是品牌联想得以创建的直接原因。不过，要想创建品牌联想，我们还应考虑其他方法。像降价促销、公共宣传等方法可以立竿见影，因而具有非常重要的地位；而另外一些方法则有润物无声之效，实施起来也较为复杂，需要我们充分了解顾客认识产品时所用的判断信号。

识别并管理判断信号

对于商家提供的事实信息，顾客往往会心存疑虑，不敢轻信。更糟糕的是，顾客通常不愿意，也没有能力去处理这些信息。由此可见，商家提供的事实信息，顾客并没有真正地接触到。在这种情况下，顾客就会采用信号或指标进行判断——某项特征或联想往往可以说明其他的特征或联想。

例如，一个注重健康的消费者也许不愿意或没能力去充分了解谷类食品包装盒上的营养信息。相反，这位消费者会去寻找各种标志来认识产品，免去了处理详细信息的负担。例如，燕麦麸含量或满足100%的每日平均营养需求或无糖，就是谷类食品健康与否的标志。因此，对于某些消费者来说，燕麦品牌本身并不重要，重要的是它透露出了生产厂家关注健康产品的信号。

我们必须知道要创建哪些联想，但同时，我们也要解决以下问题：

联想的关键信号是什么？这些关键信号是如何影响顾客感知的？

在第3章中，我们讨论了高质量的信号。对于很多产品的真实质量，顾客是没有能力去评估的。这时，质量信号就会起到重要作用，例如立体声扬声器的大小、汽车关门的声音、番茄汁的浓度、产品的价格等。特别是服务产品，其价值更难评估。同样，消费者会寻找相应的判断信号，例如家具搬运工的外表、诊疗室的整洁度、银行柜员的态度等。

感知质量并不是唯一易受判断信号影响的联想。诺德斯特龙公司的古典钢琴师给人以一系列的联想信号，例如轻松自在的购物环境和独具特色的超值服务。卡特彼勒公司 48 小时内零部件到货的保证透露出了公司重视顾客、拥有全球分销网络的信号。七喜樱桃可乐的粉色包装提高了产品的认可度，是“清新”“樱桃口味”的信号。同样，干净整洁的飞机客舱也会影响人们对飞机安全的认识。汤姆·彼得斯说，假如飞机座位上有污点，人们就会认为这是飞行员和飞机安全记录不佳的表现，是非常严重的失误。

增加高科技方面的可信度 一款新推出的高科技产品，特别是新公司推出的高科技产品需要建立可信的联想：既要让人相信产品是有价值的，又要让人相信企业能够长期存活，为顾客提供持续的产品服务。[5] 如果这类新公司有赞助人的支持，就表明它们具有可信度。例如，风险资本家本·罗森（Ben Rosen）宣布投资康柏电脑和莲花软件（Lotus）时，就给这两家公司带来了可信度。赛科和微软与 IBM 的合作关系则为这两家公司树立了成功企业的形象。另外，争取到一位重要客户也会让局面大不相同。如果西夫韦食品药品零售公司（Safeway）经过分析对比采购了一套计算机系统，那么其他零售店的采购人员就会增加对这套计算机系统的信心。当然，平面媒体，尤其是产品评论更是能产生惊人的效果。一篇发布在《电脑杂志》（*PC Magazine*）上的文章，其效果是普通广告的 20 倍。

为品牌分类 一般而言，消费者不会对品牌进行细致入微的全面评估，他们只会利用判断信号将品牌与某类产品联系起来。研究表明，人们往往喜欢将周围的事物分门别类，从而有效地组织信息。

消费者行为研究专家米塔·苏扬（Mita Sujan）曾用“110 照相机”和“35mm 单镜头反光式照相机”对品牌分类进行了研究，[6] 对每款照相机均从 5 个方面进行了详细介绍。例如，单镜头反光式照相机具有“广泛的用途——快门速度、光圈设置范围大，无论光线强弱，照片均能充分曝光”；110 照相机“装胶卷（和卸胶卷）很容易——只需将胶卷盒插入相机，避免了任何误装的可能”。

调查对象一般会根据照相机的名称进行评估。35mm 单镜头反光式的标签是高质量相机的象征，归入 35mm 相机一类；相比之下，110 的标签则是低质量相机的象征——归入低质量相机一类。即使将两款相机的介绍说明颠倒过来，将 110 照相机的描述用在 35mm 相机上来，上面的分类也仍然存在。由此可见，即使事实信息确凿详尽、显而易见，这些象征着产品类别的标签也可以产生巨大的影响。

了解负面信号

在某些情况下，属性特征虽然对顾客而言有重要效用，被企业强调为产品优势，但结果却产生了负面的含义，顾客再根据这些负面的信号产生了负面的联想。我们非常有必要了解品牌联想的某些微妙含义。因此，第二个问题是：

品牌联想可以产生哪些负面的信号？

例如，宝洁公司于 1968 年推出品客薯片时，就打算在美国不成体系的薯片市场中占据一席之地（市场份额超过 30%）。它推出了自认为突破性的产品，味道相同，形状和质量也一样，从不会炸焦，可堆叠，也可装入小圆筒避免压碎。所有这些元素都可以代表真正的顾客优势。宝洁公司在这些元素的基础上，进行全国性的宣传和销售，从而可创造巨大的规模经济效益。

不过，所有这些元素组合在一起后，就会给人不好的感觉：“不自然”“配料质量低劣”“加工处理过”“味道差”。味道毕竟是最基本的产品特征，但顾客在盲测中认为品客薯片的味道跟竞争品牌的味道并没有什么不同。那么顾客为何对味道如此在乎？因为在市场中，顾客不可能不受干扰地接触产品。品客薯片在推出时，如果强调了其他方面的特征，那么顾客就会认为薯片在味道方面要差一些。品客薯片的品牌效果令人大失所望。最后，宝洁取消了广告宣传，而品客薯片也没有如预期般在市场上占有一席之地。

品客薯片的例子让我们想到了另外一个例子：有家公司最先推出了减肥啤酒，但由于消费者认为味道不怎么样而失败了。后来，米勒淡啤推出了相同的产品，只不过定位于酒量大、有男子气概的啤酒饮者，这些人喜欢喝味道好、不胀肚的啤酒。这就避开了低热量、减肥方面的联想。

降价促销的作用

从短期来看，降价促销可以促使消费者购买产品。在第 1 章中我们已经讨论过，降价促销可以有效地影响销量，但也有增加价格敏感度、降低品牌忠诚度的风险。降价促销通常以直接打折和满额返现为主，因此往往会削弱品牌的价值，对品牌形象造成负面影响。

不过，只要方法得当，降价促销就可以使品牌资产只增不减。这里的关键是为促销活动设立标准，并纳入品牌资产的组成部分，同时限制任何有损品牌资产的促销活动。相比之下，目前的通行做法却是，促销活动自成一派，出发点只是刺激销量，促销方案的选择与评估也是单独进行的。

增强联想和知名度 要想让促销活动增加品牌资产的价值，方法之一便是增强品牌的核心联想和知名度。例如，美国运通公司向持卡人赠送行李箱皮吊牌；拉尔夫·劳伦（Ralph Lauren）向购买 POLO 古龙水的顾客提供毛巾棉长袍；富国银行提供具有西部特征的配件；李维斯零售店提供李维斯促销品（如腰带、手提包）。在上述各例中，促销品既增强了品牌联想，也增加了品牌知名度。

象牙皂有一则促销广告：消费者只要发现购买的象牙皂不能漂浮在水面上，就能获得 10 万美元的奖励。这一想法虽然简单，却强化了象牙皂的漂浮特征，而这本身也是高纯度定位的象征。

象牙皂采取现金促销的潜在效果要远远好于夏威夷旅行等奖励的效果。

象牙皂用户只要使用象牙皂，就有可能获奖，所以大家都会积极参与，除了快乐，里面还有一种幽默成分。整个促销活动给人造成积极向上的感觉，这对品牌来说只会有益无害。另外，象牙皂用户参与促销活动是自动进行的，无须付出额外精力（如填字谜、写申请、发邮件等）。没有用过或使用不当的人也会趁此机会好好尝试一番。最后，象牙皂的促销方式透露出了与众不同的信息，强化了象牙皂的核心特征，这让象牙皂在错综复杂的香皂广告面前仍能很好地吸引消费者的目光。

品牌化促销

把促销活动看成品牌本身是有实际意义的。促销和品牌一样，也需要建立知名度和联想，包括建立与品牌的关系。假如某款产品与夏威夷或旅行毫无关联却采用了夏威夷旅行进行促销，那么只有那些参与夏威夷旅行的人才有可能想得起该产品品牌。相比之下，品食乐的食品烘烤大赛举办了30多年，具有很高的知名度，面团宝宝的联想也很强烈（最近，促销活动又新添了快乐绿巨人）。这样的促销活动具有强化品牌的功效，甚至能影响那些没有参加促销活动的人。而且，这样的促销活动不必年年都从零开始建立知名度和联想。

促销活动必须与品牌、品牌标志或品牌的主要联想密切相关。笼统宽泛的促销活动让人辨别不出自己的品牌，反而为其他品牌做了嫁衣裳。其实，促销活动品牌化可以防止人们认错品牌，是有实际意义的。

然而，购车返现活动层出不穷，却会损害品牌资产。[7] 取代返还现金的方法有：克莱斯勒公司的纽约人汽车（Chrysler New Yorker）可以提供纽约免费周末游，包括免费观看百老汇歌舞剧；斯特林（Sterling）汽车可以在购车时附赠一套银餐具；瓦格尼吉普车（Jeep Wagoneer）可以在购车时提供一套户外用品和两辆山地车。以上促销方法都可以有力地强化某一关键联想。

促销活动可以提高忠诚度 促销活动可以用来奖励老顾客，提高老顾客的忠诚度。下面我们来看一看既可以巩固核心顾客，又能吸引新顾客的促销活动。例如，顾客买够10个冰激凌，就可以免费获赠一个；Visa金卡持卡人可以在下次购物时获得免费购物的机会。

促销活动可以提高感知质量 在某些情况下，提高一级档次的促销活动可以产生与高感知质量相符的强烈联想，从而提升品牌的形象，而且这一方法成本较低。“优质”促销活动如果方法得当，就会给人以优质产品的暗示。当然，一个优质的品牌一定要避开使其“掉价”的促销活动。

促销活动与品牌价值评估之间究竟存在着怎样的关系？这方面的研究不多，但有一项研究表明，促销活动的质量可以产生非常重要的影响。[8] 在研究中，录像机的赠品是录像带，打字机的赠品是计算器。实验对象需要对产品和赠品进行评估。录像机的质量分为高（杰伟世（JVC）：350美元）、中（东芝：250美元）、低（高仕达：200美元）三等。同样，录像带赠品的质量也分为高（万胜：18美元）、中（思高：12美元）、低（凯马特：6美元）三等。值得注意的是，在消费者对促销套装的评价中，赠品质量和品牌质量是同样重要的，虽然赠品的实际价值只占了促销套装很小的一部分。

增加价值 在促销活动中提供一些可以增加产品价值的赠品往往可以避免品牌受到损害，这比单纯的价格折扣要好得多。因此，宝马汽车不必参与价格返利，它只需附赠一部车用电话即可。自行车厂家则可向购车者赠送打气泵或头盔。如果赠品的质量令人满意，那么品牌的形象就会得到提升。

赠品应当如何选择？20世纪70年代初期，智威汤逊广告公司（J. Walter Thompson）的研究人员曾对与产品相关的赠品和与产品不相关的赠品进行了对比研究。[9] 对于香皂产品，相关赠品（如厨房手套）的效果要比不相关赠品（如石楠烟斗）好。香皂购买者以女性为主，基本上不会使用石楠烟斗；况且，石楠烟斗还会给人以污点的暗示。不过，在乳制品和洗发露之类的产品中，相关赠品（如杯子、梳子）的效果没有不相关赠品（如假睫毛、花园种子）好。在这些情况下，不相关赠品相对于杯子、梳子来说是比较奢侈的，因而具有更多的吸引力；相比之下，相关赠品的吸引力就要差一些。因此，单凭赠品与产品相不相关这一条标准，是很难预测效果最佳的赠品的性质的。

当然，为了增加价值而精心设计的促销活动（如购买新车赠送电话）并不见得总能吸引各种各样的顾客，那么解决办法就是提供多个选择，其中包括价格折扣。如果促销活动提供的选择可以强化联想，那么它也一定能够增加价值，并在一定程度上增强联想。

公共宣传的力量

创建联想、建立知名度并不一定要花太多的钱。其实，在某些情况下，付费广告成本极高，而且效果极差，因为付费广告既不十分可信，又无趣。相比之下，精心构思的公共宣传则可在信誉和趣味两个方面做到兼而有之。例如，巴塔哥尼亚公司（Patagonia）经常邀请模特穿上巴塔哥尼亚运动装，并将其刊登在《滑雪》(*Ski*)、《体育画报》(*Sports Illustrated*)等杂志封面上。对于选择了巴塔哥尼亚产品的摄影师，公司还会写信感谢，并附上小额现金，以资鼓励。除此之外，公司还会在付款处摆放杂志资料以及使用其他方法来唤起顾客对封面的注意。

要想让公共宣传达到最佳效果，就必须借助具有新闻价值的事件或活动，从而突出不同寻常的一面。例如，本杰里公司就曾设计出彩色、时髦的“移动奶牛车”进行全国漫游，所到之处免费赠送本杰里冰激凌。这件事极大地吸引了当地媒体的关注，不仅增加了本杰里的知名度，同时也让人们认识到，本杰里冰激凌是由两个真人制作的，他们把自己的名字本和杰里贴在产品上，支持了产品的发展。

让顾客参与

最强烈的联想莫过于那些让顾客参与其中并融入生活的联想。例如，对于很多小型酿酒厂而言，葡萄酒巡回展览是它们建立品牌的核心方法。参加过巡展会或品酒会的顾客不仅直接接触到了产品，获得了厂家的可靠信息，而且还拥有了一次愉快而有趣的体验，这会成为以后各种联想的一部分。

改变联想

由于现有联想的关系，改变联想（重新定位品牌）往往是一件微妙的事情。最简单的情况就是，改变的联想与现有联想不一致。例如，历年追踪调查表明，奇乐牌全水温洗衣粉的主要特征正在渐渐过时，因为改变水温的顾客越来越少。因此，他们提出了新的宣传口号："在冷水中，奇乐洗衣粉的效果最好。"新口号与旧口号不同；新口号的含义变了。

不过，如果现有联想与重新定位是一致的，那么我们就需要关注两个问题。第一，现有联想可能会阻碍重新定位。第二，现有联想对于有价值的细分市场而言是至关重要的，重新定位可能会脱离这些细分市场。例如，彭尼百货曾采取措施摆脱西尔斯或沃德的传统定位，努力使自己的品牌形象得到提升。[10] 它增加了 PVH 等全国性品牌的数量，进军时尚产品界，采用流行的黑白广告，模仿布鲁明戴尔百货的活动日，降低销售天数，改变更衣室的位置，设置时尚顾问，等等。很明显，彭尼需要在各个方面投入大量的财力、物力，从而减弱过去多年来形成的强烈联想。

由于彭尼需要慎重对待传统的老顾客群，改变联想的工作就会因此受到影响。第一，彭尼知道它不仅要继续保持传统的产品，还要保证这些产品靠近过道，方便顾客寻找。第二，彭尼将直邮广告的使用力度增加一倍，从而更妥善地对待传统顾客。第三，彭尼发现，产品目录需要进行柔和处理，避免引起顾客的反感。

保持联想

保持联想往往比创建联想更难，它一方面需要营销计划的支持，另一方面又要受到外部因素的影响。我们的指导原则是：（1）不随时间而变；（2）不随营销计划而变；（3）管理危机，降低损害。

不随时间而变

改变联想当然是可能的，有时也是必要的。不过，我们应当认识到，改变联想往往成本高、难度大，耗财耗力。

有些联想是经过长时间培育形成的，这时要想创建新的联想，就需要逐渐驱散旧的联想，因此改变联想必然要造成不必要的浪费。我们知道多芬在润肤方面的联想的投资和价值，假如多芬认为润肤是不必要的联想，需要创建新的联想（如纤纤玉手），那么润肤联想这笔巨大的资产就会逐渐消失。

在很多情况下，各种联想是品牌所有营销工作的累加效果。特别是，如果广告宣传、促销活动、产品包装与定位策略长期一致，那么品牌联想就会比较强烈。例如，多芬、万宝路、美国运通旅行支票、美泰克、麦当劳等品牌透露出的信息就一直未曾改变。相反，如果定位发生变化，那么变化之前的广告投资将会失去大部分价值。

假如广告宣传具有不错的效果，那么就要一如既往地坚持下去。广告人一般会对已有的定位策略心生厌倦，不愿意按部就班地进行广告宣传，他们总想别出心裁，尝试改变。然而，品牌的个性或形象和人的个性或形象一样，是经过多年演化而成的，因此，保持一致性的价值再怎么高估都不为过。有一些非常成功的大手笔广告常常是播放了10年、20年甚至30年，而效果最差的广告每年都会进行新的策划。

我们经常会犯这样的错误，那就是低估创建新联想的难度。另外，我们还会误以为顾客已经厌倦了当前的广告宣传甚至是定位策略，因此必须进行改变，好让顾客耳目一新。

营销计划的各项要素要保持不变

改变营销计划或产品系列单独看来也许无懈可击，但会对联想造成影响，这也是改变联想的一大危害。折扣商店先驱科维特公司（E. J. Korvette）就是一个很好的例子。[11]

尤金·费法夫（Eugene Ferfauf）于1948年创立科维特。科维特最初是一家卖行李的小店，后来在曼哈顿区第46大街东段一飞冲天。很快，费法夫以10美元的利润开始销售家电产品。顾客排队抢购。到了1951年年底，费法夫把商店搬到街面上，同时开了第二家分店。在接下来的15年中，费法夫把分店开到了芝加哥、圣路易斯，不但支持信用卡付款，供货产品也扩大到了纺织品、时尚品、家具、地毯，甚至食品。

1965年，科维特的规模增长到了7亿美元，而费法夫也被某知名零售学教授誉为美国历史上最伟大的6位商人之一。然而就在这时，故事发生了戏剧性的变化。销量下降，亏损增加，科维特从此开始了长达几十年的努力来寻找零售市场的利润空间，但一直徒劳无功。导致科维特急速下滑的原因有很多，例如缺乏管理分散型公司的能力，增长过快，牵扯到的产品类型过多，等等。不过，主要问题是，公司急剧变化，影响了自身的形象。

在20世纪50年代初期，科维特除了极低的价格外，还通过一系列其他特征创造了清晰的形象。供货产品集中，服务不多，商店简单精致，商店选址透露出平价的气息，顾客当然也是为了便宜货而来的。这确确实实给人一种科维特的“感觉”。但是，随后的改变冲散了这种感觉，而且愈演愈烈。提升商店档次，增加服务种类，这些都改变了原来的老形象。新产品模糊了耐用品、特价货的形象。人们觉得，科维特商店的经营理念变了，变得无法吸引顾客了。

由此可见，我们要坚守初衷。当然，改变无关紧要的方面也是可以接受的，不过，变化不定通常会造成形象不易识别的问题。顾客要想解决这些问题，就必须重新调整自己的认识。

借助企业来保护品牌资产

企业经理通常需要在短期内看到成果，因此常常面临着巨大的压力，有时候，他们为了达到目标，甚至不惜牺牲企业的品牌资产等各种资产。如果经理为了实现短期效果而采取了开展促销活动、扩大分销渠道的策略，那么企业就特别容易受到威胁。要想在短期内取得大幅改进，通常可以开展一些非常抢眼的促销活动，例如造型发膏买二赠一，或购买交响乐门票享受晚餐打折。李维斯曾在促销活动中赞助过摇滚乐队的巡回演出，其中包括舞台表演和乐队 T 恤衫。不过，经过这次赞助后，李维斯决定不再参加类似的促销活动了，因为这类促销活动容易让人产生摇滚乐队方面的联想。

扩大分销渠道、拓宽销售基础是大幅提高销量的另一种方法。通过增加一系列的便利店或药店，一个品牌的销量即可大幅提高。不过，新的分销渠道也有可能产生其他方面的联想，从而弱化品牌资产本身的联想，这对品牌来说会造成极大的破坏作用。

要想保护品牌资产，其中一种方法就是找出那些不允许实施的促销活动。例如，佳得乐可以制定这样的策略：佳得乐属于高档品牌，任何掉价的营销计划，包括降价促销，都违背了高端定位的宗旨，是不被允许实施的。另外，佳得乐还可以对促销活动进行分类，看哪些是允许的，哪些是不被允许的。因此，他们可以认为，佳得乐必须拥有一个有男子气概的形象，因而应当建立足球、曲棍球方面的联想，但不能是高尔夫或棒球方面的联想。而新奇士则可以制定这样的策略：只有那些可以强化太阳、健康方面的联想的促销活动，才是可以接受的促销活动。

另外，上述策略还应设置相应的操作程序作为补充或支持。因此，任何新的促销活动都要进行自我测试，不仅要看促销活动本身产生的联想，有时甚至还要看促销活动的联想对品牌联想的影响。当然，最理想的情况是建立一套标准的操作程序来对品牌联想进行定期衡量。这些操作程序同样适用于促销活动的联想衡量：促销活动只有产生了完全符合预期的联想，我们才会考虑。

当然，促销活动的某些联想转移给品牌后可能会发生变化。摇滚乐队的某些联想与赞助人并无关系，所以对品牌几乎没有好处或坏处。假如促销活动的联想确实有可能转移给品牌，我们就需要对此进行判断。但是，在促销的情况下对品牌进行联想测试并不能反映促销活动的曝光密度，因而不会产生确切的结果。更好的办法是为促销活动虚构两个品牌名称，一个与促销活动有关，一个与促销活动无关，然后观察促销活动转移给关联品牌的联想，并与无关品牌的联想进行对比。

站在企业的角度进行考虑 会计师事务所的大量出现使品牌经理面临着创造短期财务业绩的巨大压力。这些“凡事求快”的经理只要让品牌取得了较高的财务业绩，不出几年就能获得职务升迁。因此，他们的任期通常只有一两年，有时甚至只有几个月。

如何保护品牌不受短期压力的影响？大多数企业的办法是采用高层管理

人员进行监管的制度。通过定期审查品牌计划，那些对品牌的长期健康有害的举措就会遭到修改，甚至废弃不用。不过高层监管也有两个问题。第一，高层管理通常也面临着实现短期财务成果的压力，因此，保护品牌的强硬姿态可能会削弱与品牌经理的积极关系。(退一步说）首先，假如企业需要提高销量、份额和利润，那么高层监管制度就会陷于尴尬境地；其次，促销活动可能会弱化某些联想这一想法会扼杀促销活动。第二，高层监管往往存在一定的随意性，无法保证各项计划和方案的及时处理。

像高露洁棕榄皂、加拿大干饮这些公司采取了并不彻底的解决办法，那就是设置品牌资产经理，集中精力保护品牌资产。该职位的主要职责是对品牌资产进行定期衡量，及早发现品牌资产弱化的迹象，并审批品牌经理提出的各项计划，控制其对品牌联想的潜在影响。

管 理 危 机

品牌所面临的最严重的损害是那些影响品牌形象进而危及品牌资产的灾难。这样的例子比比皆是。下面，我们以奥迪 5000、铃木武士越野车（Suzuki Samurai)、克莱斯勒、泰诺、雀巢、美国电话电报公司为例进行说明。各个例子管理危机的方法对我们具有借鉴意义。

奥迪 5000

奥迪 5000 于 1978 年投产后被指存在“突然加速”的问题，这对奥迪的公共宣传造成了不利影响。1986 年，哥伦比亚广播公司摄制了“一小时访谈”的专题节目，更把奥迪推向了深渊。然而，奥迪却把过错归咎于美国司机，丝毫不采取行动来缓和局面。奥迪的销量从 1985 年的 7.4 万辆骤降至1989年的2.1万辆。奥迪只好对汽车进行重新设计，突然加速的问题也迎刃而解。不过，由于奥迪当初拒不承认原来的设计缺陷，如今即使纠错弥补，也无法挽回自己的信誉了。

1989年，某些证据表明，奥迪的销量下滑趋势在减缓，原因是奥迪为了降低顾客购买问题汽车的风险，提出了两项计划：第一是“三年试驾计划”，租期三年，每月只需支付较低的款额；第二是“转售价值担保计划”，也就是奥迪汽车保证两年后的转售价值，这与宝马、梅赛德斯、沃尔沃同类车型不相上下。这两项计划都需要高额的投资，因而从另一个侧面反映出了“突然加速”问题对品牌造成的巨大损害。

铃木武士越野车

铃木武士这款越野车在推出后大获成功，但由于被指存在翻车危险，《消费者报告》杂志在1986年6月举办的新闻发布会上对其进行了攻击。其实，其他竞争品牌也存在着同样的问题。[12] 几天后，铃木武士采取了四项措施：第一，在10家汽车杂志上刊登承诺广告；第二，为每辆汽车提供2000美元的退款；第三，用《消费者报告》的方法对其他汽车品牌进行测试，并将这些同样存在翻车危险的测试结果公之于众；第四，指控《消费者报告》10年来为了推行汽车翻覆标准而不惜哗众取宠、误导消费者。两个月后，铃木武士的销量从先前的急剧下跌，转到逐步恢复正常的状态。不过，此次危机造成的损害仍然会持续若干年。

铃木公司的各项举措取得成效的原因是，顾客都是或者希望自己是喜欢玩乐的年轻人。而铃木以“‘不愿长大’的开车人”为主题的系列广告展现了一幅忙碌的人逃离现实、开着武士车去钓鱼的图景。广告的背后一直在问：“长大成人后难道就没有足够的时间了吗？”

克莱斯勒

有人发现，克莱斯勒公司的管理人员在驾驶汽车时里程表突然失灵。李·艾科卡（Lee Iacocca）立即在广告中宣布“我们做错了”，同时给予顾客补偿，并保证不再犯同类错误。

泰诺

有人在泰诺胶囊的包装盒中投了毒。强生公司立即召回所有产品，直到重新设计出防拆封包装后才再次推出泰诺胶囊，这也很容易让人相信问题得到了纠正。另外，它还投入大量资金进行广告宣传和促销推广。6 个月后，泰诺胶囊的市场份额恢复到了 95%。

雀巢

1975 年，雀巢因把婴儿食品销往第三世界国家而遭到声讨。随后，德国出版了一本书，将雀巢称为“婴儿杀手”。[13] 雀巢状告出版商，赢得了法律诉讼。同时，它还投入大量资金开展公关活动，让顾客相信雀巢的产品是有益无害的。不过这些都没能阻止人们对雀巢的普遍抵制，直到雀巢在营销计划中做出重大改进为止。

批评人员反对雀巢利用护士宣传来建立产品在健康方面的联想，反对雀巢向医院免费赠送样品，反对雀巢建立产品在医生、医院方面的笼统联想。他们还认为，雀巢在各项促销活动中，包括在婴儿产品手册中没有重视，甚至没有提到母乳喂养，这在某种程度上是在阻碍母乳喂养的推行。但可悲的现实是，有一部分消费者在使用产品时使用了不干净的水和未杀菌的瓶子，这些都有可能危及婴儿的生命。很多受之影响的消费者本应该使用母乳喂养才对。当然，对于很多其他消费者而言，婴儿食品则完全没有问题。

美国电话电报公司

美国电话电报公司提出了质量与可靠性的竞争主题和“正确选择”的竞争口号，然而却出现了计算机软件崩溃的情况，致使顾客当天一半的长途电话都无法接通。电话电报公司承认了问题，并向顾客致歉。解决问题后，它还向顾客提供了一天的电话打折服务。当然，电话电报公司出问题后，竞争对手立即借此进行广告宣传：“如果你的长途电话供应商出了问题……”

应对危机

显然，所有企业都有可能受到意外事故和落井下石者的影响。不过，对这些危机和落井下石者的侵犯我们不能完全避免，但能在一定程度上进行遏制。除了幸运以外，处理危机的最佳办法通常是避免危机。为了做到这一点，我们需要考虑产品被误用、宣传被误解时可能出现的最坏情况。有了最坏情况，我们就能采取行动来降低最坏情况的发生概率。例如，铃木武士的不稳定性是众所周知的。如果早一点改善设计，铃木汽车也就不那么容易受到意外事故的影响了，而只需将注意力放在竞争对手上即可（其实，意外事故与竞争对手的影响程度是相同的）。另外，如果早一点编制手册或制定其他方法，也可以促使司机注意危险，小心驾驶。

第二种办法是及早发现问题，防患于未然。雀巢和奥迪在出问题之前就已经遭到了大量的警告；危机在爆发之前已经酝酿了好几年。如果它早点采取措施，也许就能避免损害。

如果确实出现了对品牌的负面宣传，那么我们的目标是尽可能缩短它的持续时间。这里的关键是，承认问题，然后尽快纠正问题，并让消费者信服。例如泰诺，它在及时行动、控制危机方面给我们树立了良好的榜样。再比如奥迪和雀巢，这两家公司坚持认为自己是正确的，致使弥补工作陷入公众争论的泥潭，即使自己确实是正确的，也难以自拔。不过，如果立即承认错误，就像克莱斯勒那样，批评人员也就无话可说了。

在某些情况下，正确的解决方法是雇用批评人员，让消费者相信问题是假的，铃木武士就是这样做的。但速度要快，证据要有力。铃木武士仅在几天之内就做出了反应，它用生动的证据证明竞争品牌也存在同样的问题，《消费者报告》杂志的结论值得商榷。不过，雇用批评人员这一策略也有极大的风险。有些奇怪的是，如果打动人、影响人的效果足够好，那么很多人只记问题、不听解释的可能性也要偏大一些（如铃木武士）。

当然，雀巢虽然拥有确凿的论据，但最大的错误在于它与美国教师联盟和美国教会联盟发生了对抗。事实上，1981 年上半年，《华盛顿邮报》刊登了 91 篇批评雀巢的文章。4 年内，雀巢进行了缜密的公关宣传和教育，但在营销策略上只采取了一些具有象征意义的改变，因而再度引发上述批评洪流。雀巢的例子表明，在某些情况下，公关活动不仅无法取得宣传效果，还会使局势日趋紧张。

思考题

1. 品牌应当建立哪些主要联想和哪些次要联想？主要联想和次要联想是否一致，这些联想与品牌特征是否一致，与品牌感知是否一致？品牌联想是否代表了差异点？是否为顾客提供了购买理由？品牌联想能否改变使用体验，从而增加价值？各品牌联想是否确实有用？

2. 象征着各种理想联想的重要信号是什么？是否存在不希望有的、不受欢迎的信号？怎样才能建立并强化好的联想？公共宣传、提升形象的促销活动、授权许可或与人物、地点或事件建立联系的作用是什么?

3. 影响联想的营销计划是否前后一致?营销计划的各项工作是否一致?

4. 哪些促销活动可以增加品牌资产的价值?在与品牌相关的活动中,哪些具有新闻价值,哪些对公共宣传具有促进作用?

5. 在企业单位中,谁是开发品牌资产、保护品牌资产的负责人?负责人的目标是否互相冲突?是否具有保护品牌资产不受促销活动或其他活动损害的制度?是否应当设立品牌资产经理?

6. 可以建立的危机情景有哪些?哪些方案可以降低危机的发生概率,使损害降到最低程度?

MANAGING BRAND EQUITY

第 8 章

名称、标志和口号

名称有什么关系呢？玫瑰不叫玫瑰，依然芳香如故。

——威廉·莎士比亚

莎翁此言差矣。玫瑰叫了其他名称，就不会芳香如故了……这就是香水营销中最重要的决策为何是取名的原因。

——艾·里斯和杰克·特劳特

思想，从最高意义上讲，只能通过符号来表达。

——塞缪尔·泰勒·科尔里奇

大众的故事

1968年，大众甲壳虫在美国售出42.3万辆，高于任何其他单一车型的销量。该纪录是德国进口小轿车的高峰，至今无人超越。大众甲壳虫的销量甚至超过了福特T型车。

甲壳虫也许是美国商业史上最成功的标志。它那独特的造型无论是在广告宣传中，还是在企业文化中，抑或是在公路旅途中，20年来从未变过。其他车型换来换去，只有甲壳虫认起来很容易，只有甲壳虫给人以丰富的联想。[1]

甲壳虫的形象

20世纪50年代，甲壳虫就以牢固、可靠、经济而闻名于世。甲壳虫设计独到、做工精良，具有优秀的售后和配件体系。甲壳虫的早期销量是由美国士兵推动的，这些美国士兵在第二次世界大战后的德国预先体验了甲壳虫的早期版本。不可思议的耐久性和（或）性能等“大众神话”经过口耳相传逐渐为世人所知。到了20世纪50年代末期，甲壳虫的年销量超过10万辆。另外，甲壳虫具有独特的漂浮功能，开展了一系列的水上比赛或竞赛，也引发了各种各样的故事。例如，有两位勇敢的司机曾试图开着甲壳虫穿越英吉利海峡。不过，后来证明，这是难度非常高的行为，事实上他们是通过英国和欧洲大陆之间封闭的海底隧道“横渡”英吉利海峡的。

在人们眼中，底特律车商生产的汽车庞大、动力强、昂贵、耗油、豪华、气魄，而甲壳虫小巧、简单、经济、可靠、丑陋（但大众汽车痴迷者不这样认为），两者形成了强烈的反差。

20世纪60年代，甲壳虫成了某类人和生活方式的象征，特别是对于甲壳虫车主来说。甲壳虫车主不喜欢现实主义，不喜欢地位象征。他们宁愿开一辆丑陋、夸张的汽车来彰显自己独立的个性，他们通过这种方式来创造独特效果。他们就是要违反常规，背道而驰，保持年轻（年轻心态），保持幽默感，拥有分析和实践的精神。曾经有一段时间，大众汽车车主互相按喇叭，以示“俱乐部”成员身份。

20世纪60年代，甲壳虫文化主要来源于恒美广告公司（DDB）策划的卓越广告。他们的首批广告出现在1960年，广告是一张典型的大图，图的下方是一行惹人争议的标题，汽车位于标题的上方。在其中一则广告中，蒸汽从并不存在的散热器中散出，标题为“不可能”，因为甲壳虫具有空冷式后置发动机。在另一则广告中，漏气车胎图的标题是“没有人是完美的”。在又一则广告中，标题“丑陋是表面现象”的下面列出了汽车的若干优点。当然，最经典的两则广告是“小即是美”和“柠檬车[⊖]”，图8-1为“小即是美”广告。

甲壳虫的很多广告都采用了直接毁谤产品这种新奇的方法。“柠檬车”广告更是把毁谤发挥到了极致，即使在大众汽车公司看来也有一些极端。广告中，所示汽车（储物箱上的镀铬钢带上）有一个缺点，这是3389名检验员检查工厂时其中一个检验员发现的。广告在结尾处解释说，检验是大众汽车长远发展的原因之一，有了检验，大众汽车所需的维修就会比其他汽车少。

⊖ 柠檬是一种外表金黄、内瓤酸涩的水果，美国人把从外观上难以识别的次品比喻为柠檬，把有缺陷的次品车称为“柠檬车”。——译者注

图 8-1 大众汽车的两则经典广告

注：图中标题分别译为“小即是美——小汽车让您的房子看起来更大”。

资料来源：The advertisements have been copyright by, and are reproduced with the permission of , Volkswagen of America, Inc.

另外，甲壳虫还把这种目中无人、幽默诙谐、妄自菲薄的风格应用到电视广告中。在最初的一则电视广告中，下着暴风雪，黑暗的乡村小路盖满了积雪，一辆汽车行驶而来，摄像机从挡风玻璃外面进行拍摄。观察者问："谁在开车，要开到哪里去？"最后，汽车停了，司机走下来，打开大楼的大门，启动一辆巨型的除雪机。播音员问："你是否想知道除雪机司机是开着什么车过来的？他开的是大众汽车。"

除了广告方面以外，甲壳虫文化在生活方面也有很积极的表现。他们在汽车尾部贴上"保时捷学生司机"的标语，把储蓄债券留给在甲壳虫时代出生的婴儿（大约每年 20 元）。他们开展学生比赛，看一辆甲壳虫能搭载多少人（最高纪录是 103 人）。他们创作了"黄色大众车和管弦乐队协奏曲"（包括关门声和发动机启动声）。他们制造了不计其数的甲壳虫笑话。有位车主在前车盖下面看来看去，最后大声说，发动机不见了。他的朋友说："你真是幸运！他们送了我一个备用发动机，就在后面的行李箱中。"他们让甲壳虫出演《万能金龟车》（*The Love Bug*）的电影主角，获得了 1969 年的票房冠军。

标志

甲壳虫汽车的标志就是它那独一无二的造型。毫无疑问，这一标志是甲壳虫形象的重要组成部分。第一，甲壳虫标志代表了一种在传统观点看来是"丑陋"的汽车设计。因此，它树立了藐视传统的风范，这也是甲壳虫形象的主要特征。甲壳虫司机对时尚的外形不可能感兴趣，至于经济性、可靠性，那也只是车主的理性考虑。第二，甲壳虫标志是独一无二的。20 年来，竞争对手都不愿意模仿甲壳虫这样的造型。第三，汽车造型确实像甲壳虫。任何人都认识甲壳虫，都能由甲壳虫联想到汽车造型。事实上，当时，有些广告还专门把重心放在了汽车造型上。有一则广告是对甲壳虫轮廓的素描，标题为“还要过多久我们才能把这幅素描交给你”；另一则广告则把甲壳虫的尾端描绘成鸡蛋的形状，标题为“有些形状是很难改进的”。

20 世纪 90 年代，甲壳虫标志仍然具有丰富的意义可用于广告中，这也是甲壳虫标志力量强大的一个表现。例如，美国西北航空公司（Northwest Airlines）在 1990 年播放了一则含有甲壳虫形象的广告，其口号为：西北航空“免费旅行计划”让您体验 25 年来最好的油耗表现。另外，大众作家（Volkswriter）是一款以大众名称命名的文字处理软件，它将自己定位为低价、简单、好用的软件。

衰退

20 世纪 70 年代初期，甲壳虫在美国的销量非常稳定。1970 年，销量仍然超过了 40 万辆。1971 ~ 1973 年，销量均在 35 万辆左右。1974 年，销量为 24.4 万辆。不过，最低价格的甲壳虫（售价为 500 美元）销量多于最低价格的丰田（1972 年为成本价销售）。在大众公司推出兔子车后，甲壳虫的销量下跌至 9.2 万辆。1975 年以后，甲壳虫不再是美国市场的主要车型（不过，产地仍然在南美洲）。

甲壳虫销量下降，兔子车销量上升，其中原因有很多。改变设计无疑会增加成本，有些改变甚至是政府强制要求的。美元急剧贬值导致价格从 1970 年的 1839 美元上涨到 1973 年的近 3000 美元，这对经济型汽车造成了严重危害。大产、丰田虽然也面临着同样的货币压力，但在大举进军微型车市场方面取得了成功。另外，甲壳虫汽车遍地皆是，俘获想象力和忠诚度的焦点事件也发生了变化，这些都使离经叛道的汽车标志魅力大减。

不过，即使到了 1975 年，甲壳虫标志仍然具有相当大的影响力。所以你不得不怀疑大众公司放弃甲壳虫是否有些操之过急。大众公司可以继续增加公共宣传和广告活动，可以对产品进行局部改进，从而减缓销量下降的速度。另外，大众公司也可以实行高效的全球化制造策略，从而克服成本劣势，要知道大众根本没有利用巴西和墨西哥的制造公司来解决成本问题。

兔子车

大众公司的计划是将甲壳虫的品牌资产转移给兔子车。兔子车是一款宽敞型小轿车，采用水冷式前置发动机。兔子车在美国环保局的油耗测试中取得了第二名的优异成绩。兔子车的名字和甲壳虫一样奇特，标志是一只奔跑的兔子，非常可爱。兔子车的定位是简单、实用，完全承袭了甲壳虫的特点。另外，恒美广告公司还按照甲壳虫的传统策划了一系列广告，对兔子车进行宣传支持。

不过，资产转移并没有产生预期效果。1976 年，也就是甲壳虫的影响可以忽略不计的第一年，兔子车的销量只有 11.2 万辆，令人大失所望。从 1977 年到 1981 年，销量介于 14.9 万辆和 21.5 万辆（1979 年）之间。1982 年，兔子车的销量下降到 10 万辆以下。这时，大众公司在美国日益繁荣的进口车市场中失去了重要地位。

兔子车出现了一系列机械故障，造成了破坏性的影响，例如喷油器经常发生故障，空调咯咯作响。当然，这些问题很容易被错误地宣传，特别是对于大众汽车而言。多年来，支持甲壳虫的忠诚车主不仅自己购买汽车，而且还向他人推荐，如今却也对兔子车不满了。

此外，兔子车还存在其他方面的问题。四四方方的兔子车既没有反叛的精神，也没有独特的造型，它与日本车没有什么两样。而且，品牌在推广过程中打出了高科技的旗号，这与“甲壳虫”的基本定位不一致。另外，兔子车是在甲壳虫失去强势地位一两年后才推出的，定价没有优势，而且缺乏日本车的很多功能。

假如兔子车没有出现质量问题，那么甲壳虫的品牌资产能否转移给兔子车？大众公司能否通过其他方法来发挥甲壳虫的魅力？或者，能否通过管理成本、继续改进产品来延长甲壳虫的寿命？思考这些问题对我们具有很大的启发意义。

也许，20 世纪 60 年代甲壳虫的魅力是不可能保持的，也是不可能复制的，我们所能做的只有羡慕和模仿而已。无论如何，甲壳虫汽车都是成功的商业典范。

名　称

名称既是品牌的基本指征，也是品牌的核心指征。名称是建立知名度和传播品牌的基础。更重要的是，名称可以产生联想，进而对品牌是什么、做什么进行描述。换句话说，名称确实构成了品牌概念的核心。德国有一家公司曾在顾问克罗伯－瑞尔（Kroeber-Reil）的指导下，采用“黑色钢铁”（Black Steel）这一名称建立了一条厨房设备生产线。该名称具有干净、强大的含义，可以从事繁重的工作而不失风格特色。假如在某个时代，电脑是一种令人敬畏的机器，那么苹果电脑能否使用其他名称或 MC700 等代号来建立方便用户、友好亲近的形象？恐怕未必。

名称一旦建立，就能成为其他企业进入市场的实质壁垒。看一看维可罗（Velcro）、富美家（Formica）、柯达这些名称的影响力吧。实际上，名称比专利更有价值，因为专利保护不仅成本高，而且难度大。相比之下，产品商标或服务商标只要获得临时禁令，就可以快速执行，不需要在任意裁定的时间段内终止。如果新产品与名称密切相关，那么保护了名称也就保护了新产品。

建立新的子名称对于老品牌来说是有好处的。子名称可用来识别具有独特特征的新产品，例如福特的水星黑貂（Mercury Sable）。另外，子名称还可用来识别具有相关特征或相同特征的一系列新产品。例如，宝蓝公司（Borland）推出了Turbo Pascal、Turbo Basic、Turbo C、Turbo Assembly等Turbo系列电脑软件。Turbo这一名称可以联想到产品的重要特征，因而能够创建真正的品牌资产。

名称创建工作太重要了，我们绝对不能随便找几个内部人员围着经理餐桌突发奇想。我们要鼓励优秀经理参与名称创建的关键决策。以前，优秀经理要想在产品或广告决策中随意发表意见是不可想象的。一方面是因为可行的名称需要快速确定，另一方面是因为名称创建工作似乎是企业家的特权。然而，名称的长久性远远超过营销计划的其他元素。改变名称的难度也远远高于改变包装、价格和广告主题的难度。

备选名称的生成和选择应当系统、客观，必要时，还应考虑请专业公司帮忙或代理。无论由谁主导，都应依据相应标准来生成并评估备选名称。

生成备选名称

在生成备选名称之前，我们有必要了解一下哪些词语或短语可以准确描述那些对品牌名称有利的联想。假如一家电影视频租赁公司提供上门送货、上门收取的服务，顾客只需看着产品目录，打电话选择所需产品即可，那么这项服务应当寻找怎样的名称呢？我们也许会产生如下联想：快速、送货、租赁、令人满意、足不出户选产品、快递、送货车、电话订购。通过词语联想研究法，我们还可以产生更多的联想。例如，我们可以邀请若干目标消费者参与调查，并要求他们在听到或看到上述词语后立即说出自己的想法。这些联想经过如下处理后即可作为备选名称：

- 组成短语——视频快递、电影送货车
- 分割词语，然后组合——视频租赁
- 想一想各个词语的标志——爆米花电影

- 使用押韵——新颖电影
- 使用幽默——塞西尔 B. 视频（塞西尔 B. 戴米尔是好莱坞著名导演）
- 添加前缀或后缀——小电影

此外，形容物体的词语也是备选名称的来源，如：

- 动物——美洲狮、灰狗、猞猁、北美大山猫
- 花或树——橡树、红玫瑰
- 人——福特、里吉斯、惠普
- 形容词——快、干净

好的名称或口号来自比喻。所谓比喻是用某些有类似概念的词语或短语来表达其他的概念。通过比喻，复杂的思想可以非常简洁地表达出来。例如，在长寿电池这个比喻中，电池就像长寿的人或树一样，可以持续工作很久而不出问题。又如，桌面出版系统这个比喻竟然创造了整个桌面出版业，并带动了电脑、打印机等产品的销量。不过，这个比喻不是商标，无法得到保护，因而对其创始人来说未免有些遗憾。

命名实验室（NameLab）是一家以词素为单位的起名公司。[2] 它将词语分解成 6000 余个词素，这些词素本身并没有意义，却可以在人们的头脑中产生形象。命名实验室独创的名字有 Acura（取自 accurate）、Sentra（取自 sentry）、Geo（取自 geography——该词具有世界、全球的含义）。另外，Compaq（康柏）也是命名实验室的杰作。Compaq 由 com（意指 computer 和 communication）和 paq（取自 compact）合并而成。命名实验室没有选择 pak、pac 或 pach，而是选择了 paq，因为 paq 好读、好记而且有点独特。当然，Compaq 还能与其他相关产品联系起来，如 wordpaq 或 datapaq。

虽然通过名称可以建立有意义的联想，不过空花瓶或白画布的理论告诉我们，我们也可以采用没有联想的名称。名称的意义可以在产品改进、广告

宣传和包装销售的过程中逐渐形成。当然，名称也可以保持抽象或模糊的状态，从而附加到更多的产品中。例如，柯达、MJB、温迪这些名称在创建之初都无法让人产生有意义的联想。

备选名称应当有上百个，当然超过1000个更好。有了备选名称，接下来就要进入评估阶段。评估时要看名称是否好记，是否具有有用的联想，是否可以避免不利的联想，是否有助于创建徽标或标志，以及是否受法律保护。

名称是否好记

是否好记是品牌名称的一个重要方面。虽然记忆过程错综复杂，但大量的心理研究和消费者行为研究至少告诉我们记忆会受哪些因素的影响。[3] 一般而言，提高名称记忆的方式有以下几种：

使用不同寻常、引人注目甚至激发好奇心的名称　香水的名字叫“傻瓜”（Charlie）就很有新意。“小红车银行”（Red Wagon Bank）要比“第一联邦银行”（First Federal）有特色。“极速邮递”（Zap Mail）要比“快速邮递”（Speedy Mail）好记。

使用有趣的名称——如使用了头韵、尾韵、双关或幽默的手法　“可口可乐”“玩具反斗城”（Toys-R Us，R反着写）和“他的玩具的价格”（The Price of His Toys）都会激起我们兴趣。又比如，“得州电锯修剪公司”（The Texas Chain Saw Manicure Company，一家草坪维护服务公司）和“疯狂的屠夫”（The Mad Butcher）这两家公司的名称还都带有一点黑色幽默的色彩。

使用可以产生心理图像的名称　“苹果”“兔子”“美洲狮”等名称要比“誓言”“勇敢”“节奏”等名称好记。有一种理论认为，由于视觉形象容易在记忆中产生更多、更强的联想，而且视觉形象具有独特的记忆过程，因而视觉形象的记忆痕迹更容易追索。

使用有意义的名称　研究表明，如果名称具有意义（对比长筒袜的名称：L'eggs 和 Leget），如果名称与产品相符（对比信笺纸的名称：Letters 和 Economy），那么就能提高对名称的记忆。[4] 由此可见，使用 MCI（对比 Sprint）等字母组合或 Metrecal（对比 Slender）等没有意义的词语，就会处于不利的境地。奇怪的是，有些证据表明，不常用的词语反而更容易被人认出（但不容易被人回忆）。

使用有情感的名称 心理研究表明，情感影响记忆。虽然利用负面情绪的例子极少，但有些产品已经开始利用正面情绪了。例如，Joy、Caress、Love、My Sin、Obsession。㊀

使用简单的名称 在其他条件相同的情况下，三音节词没有单音节词或双音节词好记，特别是消费者不愿意记名字时。例如，Raid、Bold、Bic、Jif、Dash、Coke 等单音节词。另外，难于拼写或难于发音的词语往往也难于记忆、难于使用。

名称是否体现了产品门类

一般而言，品牌名称的重要作用还表现在它能让人联想到产品门类，从而使品牌在该类产品中具有较高的认识率和回想率。有些名称本身已经体现了产品门类，例如"放飞风筝"（Go Fly a Kite）、"电传订票"（Ticketron）、"次日即达快递服务"（Overnight Delivery Services）、"碧芝减肥糖"（Dietayds）。当然，名称描述越能准确反映产品门类，其品牌就越难扩展到其他产品。例如，"放飞风筝"是一个不同寻常、独特而有趣的名称，暗示了风筝方面的专业与专长，这些都是引人注目的地方。不过，假如商店要扩张到益智玩具或成人游戏，那么这一名称就变成了束缚甚至是累赘。

若干音节组合在一起虽然不具备实际意义，但也能让人联想到产品门类。两位营销学教授对随机抽取的 25 组字母进行了研究，结果发现，

㊀ 字面意思分别是：快乐、爱抚、爱、我的罪、痴迷。——译者注

“whumies”和“quax”会让人联想到早餐谷类食品，而“dehax”和“vig”则会让人联想到洗衣粉。[5]

名称是否支持标志或口号

标志和口号也是重要的品牌资产，我们需要在标志、口号和名称之间建立牢固的联系。如果一个名称可以激发并支持有效的标志和口号，那么在标志、口号和名称之间建立联系就会容易一些。像“摇曳的棕榈树”（The Swaying Palm）、“胖子哈利”（Fat Harry's）、“红丝带”（The Red Ribbon）这些名称都会立即给人以强烈的标志暗示，并让人产生强烈的联想，而其他描述不够准确的名称就无法产生这样的效果。

纽约哈莱姆区储蓄银行（Harlem Savings Bank of New York）这一名称把该银行限制在了哈莱姆区和现有储户里面。[6] 为了改变形象，他们改换了新的名称：苹果银行（Apple Bank）。新名称切断了与哈莱姆区的联系，让人联想到美好、健康而简单的苹果，同时也象征着友好、有趣、有些特别的公司。而且，这一独特的名称能与纽约市的别称“大苹果”相联系。另外，通过该名称，很容易建立标志（苹果）、口号（“我们对你有好处”）和促销宣传（“苹果银行让您的钱越来越多”“我们的分行任您选择”）。在改善营销业绩的若干举措中，创建新名称被认为是有着巨大成效的。

从水果到蔬菜：日本有一家银行（现更名为番茄银行）就采用了番茄作为标志，他们说，“银行树立新概念的时机已经成熟”，他们是“聪明的、快乐的”，就像番茄一样。

名称是否暗含了品牌所需的联想

优派高亮（UltraBrite）、无声地板（Silent Floor）、空中客车

（Airbus）、完美文字（WordPerfect）不仅是品牌名称，而且也反映了品牌特征或其他正面联想。试看以下联想：

- “烂车租赁”（Rent-A-Wreck）——另类的（被虐待的）汽车、相对较低的价格、非主流的、幽默的管理方式。
- “本田思域”（Honda's Civic）——公德心（该汽车最大限度地降低了油耗和污染）、市内驾驶（该汽车停放方便）。
- “米勒大瓶装麦芽酒”（Miller's Magnum Malt Liquor）——力量、男子气概。
- “即擦即净”（Mop'n Glow）——地板清洁、擦亮的地板。
- “海飞丝”（Head and Shoulders）——控制头皮屑。
- “哎呀，你的头发闻起来真香”（Gee, Your Hair Smells Terrific）——让头发闻起来芳香的洗发水。
- “好奇纸尿裤”（Huggies，原名为 Kimbies）——舒适、合体、管用。
- “住友电工”（Sumitomo）——友谊（日语中“tomo”是友谊的意思）。

当然，我们需要再次注意，一个名称在产品特征方面的联想过于强烈往往会产生限制作用。例如，“康柏”被认为是小型电脑的象征。“小型”的联想无疑是产品获得成功的原因之一。当康柏公司进军全尺寸台式电脑时，就需要克服甚至牺牲“小型”这一联想。当然，换作宝洁公司的话，它一定会取一个新的名字。不过，由于“康柏”的知名度及其在高质量、成功创新方面的联想，康柏公司选择沿用老名称。这时，“小型”方面的联想已经不重要了。

另外，名称还会给人以积极的感觉，如幽默（烂车租赁）、机灵（去放风筝）、温馨（泰迪熊玩具店）或可爱（面团宝宝）。实际上，加利福尼亚大学洛杉矶分校（UCLA）有两位心理学者就曾做过相关研究。他们选择了 5 类产品：汽车、阿司匹林、牙膏、糖果、手表，并让调查对象在理想的环境中使用产品，然后对调查对象所体会到的感觉进行衡量。[7] 另外，两位学者还研究了调查对象对产品名称的感觉。研究结果表明，如果品牌名称能够给顾客带来良好的感觉，那么这些品牌往往更受顾客喜爱。

即使词素或字母也会对联想产生重要影响。有一项较早的研究表明，“mal”总是让人联想到大物体，“mil”总是让人联想到小物体。同样，词语的声音虽然与意义无关，但也蕴含着运动、形状、光度、青春或性别的含义。例如，塞音、喉音（如Cougar）常常让人联想到男性，“s”“c”“弱f”音（如Caress、SilkEase）常常让人联想到女性。[8]

名称是否存在不好的联想

如果有关人员从品牌的某些特征来看品牌名称，他们会认为这个名称听起来正确，而且具有良好的联想。不过，要是换作其他初次接触该名称的人，又是如何思考的呢？例如，联合航空扩展到酒店、汽车租赁业务后打算起一个新的名字。他们根据allegiant（忠诚的意思）和aegis（保护的意思）这两个词创造了Allegis。即使那些看到了忠诚意思的人也认为该词具有需要交费的负面含义，这对一家服务型企业来说是非常不合适的。而且，很多人认为新名称具有allergies（过敏）的含义。最后，联合航空放弃了Allegis名称，也放弃了酒店和汽车租赁业务。

要想确定备选名称引发的联想，其中一种方法就是进行词语联想研究：要求若干目标受众在听到或看到某个词语后立即写下自己的想法。当然，这个词语就是备选名称。

另外，我们也经常忽略名称在其他语言和文化中的影响。Nova是通用生产的一款汽车，但在西班牙语中却有“没用”（no va）的意思。有一款电信产品叫“Chat Box”，但在法语中就变成了“cat box”。不妨看一看以下名称的效果：“Green Pile”（日本草坪修剪机）、“Creap”（日本咖啡奶油机）、“Super Piss”（芬兰车锁防冻产品）和“Bum”（西班牙炸薯条）。

吉格乐（Jigglers）与吉露（Jell-O）

吉露是自21世纪初以来非常强大的甜点品牌，但它在20世纪七八十年代却一度处于衰退的局面。吉露的首想知名度在很多年轻家庭中下降了，这反映出新一代的年轻妈妈不再像老一辈的妈妈那样大量使用吉露产品了。

然而吉格乐解决了这个问题。吉格乐是吉露推出的一款片状零食，较硬，开袋即食。吉格乐还配了一份食谱，需要四包吉露。[9]吉格乐进行了促销活动，免费赠送吉格乐模具，好让孩子们制作各种各样的吉格乐果冻，《促销》（*Promote*）杂志将之称为年度促销的成功典范。1990年，分发的模具达50万套。此外，超市在搞特展时所用的吉露和吉格乐模具也超过了10万套。吉格乐是一款天然产品，既健康，又有趣，符合吉露的传统。而且促销活动也产生了效果：1990年，吉露实际销量增长7%，形象指征也开始发生扭转。

吉格乐这一名称是产品在开发新用途方面取得成功的关键。吉格乐具有良好的视觉形象（吉露在手中摇动），让人联想到欢乐、愉快的人和幸福的时光，吉格乐还是儿童的语言。此外，吉格乐还与吉露具有相同的头韵，和吉露一样都能准确地描述产品。

名称是否独特

品牌名称会不会让人联想到竞争对手的产品？我们必须对此做到心中有数。之所以要关注这些联想，除了法律角度的考虑，还有市场方面的原因。例如，一款产品酷似某个著名品牌，让人分不清彼此，这有时就是一种优势。况且，很多具有自有品牌的杂货产品在包装上（有时甚至在名称上）都与定价较高的全国性品牌非常相似。不过，我们一般都希望建立一个自己的品牌，并开展相应的营销计划，从而创造一个不同于竞争品牌的身份，这样其他品牌就无法利用我们所建立的品牌资产了。

名称是否合法

名称是否合法是判断名称好坏的主要标准之一。[10] 每一个新的名称都有被人仿冒的可能。仿冒的名称既可以用来构成宣传资料，也可以用来创造一个行业，后者更为糟糕。不过，仿冒的名称在法律上是站不住脚的，因而必须被废止。联合利华公司曾推出“伊丽莎白·泰勒激情香水”（Elizabeth Taylor’s Passion perfume），但由于竞争对手的起诉，55 家商店不得进货，因为竞争对手早就推出了“激情香水”（Passion fragrance）。一个合法的名称必须不同于竞争对手的名称，同时，名称也绝不能仅仅是对产品或服务的简单描述。

一个用于商业用途的名称是受法律保护的，其他竞争对手即使拥有重叠的顾客群，也无权加以侵犯。因此，任何城市或任何社区，只要有一家商店使用了视频快递之类的名称，电影租赁服务公司就不能再用这类备选名称了。所以，我们有必要提前了解潜在市场区域的整体情况，看备选名称有没有被竞争对手使用。如果备选名称易与竞争对手的名称相混淆，那么即使名称不同，也不能使用。由于这个原因，法院曾判决某个滑冰场不能使用 Lollipops 这个名称，因为有些人会将它与附近的品牌 Jellibeans 混淆。

一个名称仅仅描述了所要保护的产品是不够的。因此，空中航班（Air-shuttle）、消费者电子产品（Consumer Electronics）、风帆冲浪者（Windsurfer）、拨号叫车（Dial-A-Ride）、视觉中心（Vision Center）等名称是不受法律保护的，因为它们描述的产品或服务其他竞争对手也在提供。例如，米勒公司虽然在法律上付出了巨大的努力，但仍然保护不了自己开创的低热量啤酒“Lite”（淡啤）这一名称。法院认为，Lite 属于通用型描述词，在法律上与 light 具有相同的意思。由于这个原因，竞争对手可以自由使用 Lite 一词，米勒公司也失去了在淡啤市场充分发挥先天优势的绝佳机会。再比如 Coca-Cola（可口可乐），公司积极努力才保护了这个名称。不过，它保护不了“cola”（可乐）一词，可乐是对可乐果榨取物饮料的通用型描述。正是因为如此，我们才有了百事可乐、皇冠可乐，甚至非可乐、七喜可乐等各种可乐。

在评估备选名称的初期，我们应当根据已有的资料对备选名称的可用性进行审查。在某些情况下，如果竞争领域比较宽泛（无论是在地域方面，还是相对于竞争对手而言），那么可用的名称就会相对较少。不过，我们并不应因为潜在的法律问题而彻底否决某个名称。即使是一个受保护的名称，只要通过一定的途径，就有使用的可能。而且，商标的保护力度也是相差很大的。

选择过程

名称的选择一般要分阶段进行。首先对备选名称进行粗略审查，去掉明显不合适的名称和明显不合法的名称。经过这一阶段，备选名称可缩减至 20 ～ 40 个。接下来进行细致的主观评估，将备选名称缩减至 10 个左右。对于这 10 个名称都需要进行严格的审查，都需要进行全面的法律分析，确定相关的法律风险。

为了获取名称在核心特征方面的详细信息，一般还要进行顾客调查，其中包括：

- **词语联想**：有没有出现负面的联想？
- **回想测试**：提供一组备选名称，待调查对象的注意力分散后，让调查对象写出所能回想得起的名称。这项测试不仅能确定回想率，还能确定名称是否好记。

- **定量衡量品牌**：这项调查主要针对相应产品的重要特征和品牌的定位。
- **评估品牌偏好**：偏好程度的显著差异往往是由品牌名称引起的。

选择名称的标准

备选名称应当：

1. 好学、好记——独特、有趣、有意义、动人、好读、好写且具有视觉形象的名称可以产生良好的效果。

2. 既要体现产品门类，提高回想率，又要有一定的扩展性，以备将来之用。

3. 支持标志或口号。

4. 给人以正面的联想，既要引人注目，又不惹人生厌。

5. 避免不好的联想——名称应当权威、可信，让人感到舒服，不应让人产生错误的预期。

6. 独特——不应与竞争对手的名称相混淆。

7. 合法、可用。

最后，对于每个名称的优点和缺点，以及各个名称对品牌的价值，我们都要有一个基本的判断。评判的角度包括营销计划初期的关键阶段以及品牌成熟后的长远阶段。

改变名称

如果一个名称的联想产生了破坏作用或限制作用，或者新的联想与旧的名称发生了冲突，这时就需要建立一个新的名称。事实上，每年有近 2000 家公司由于旧名称无法反映公司业务而改变了名称。下面我们会看到，有些名称的改变对我们具有一定的启示意义。

国际收割机公司（International Harvester）在1985年发现自己给人的形象是一家垂死挣扎的农业设备制造商。国际收割机公司虽然将农业设备制造业务出售给天纳克公司（Tenneco），但仍然是美国最大的卡车制造商。[11] 国际收割机公司将名称改为Navistar（航星），并称之为“国际收割机公司的重生”，急剧恶化的公司形象因此得到扭转。Navistar由navi（引领或导航的意思）和star（星星或性能出色的意思）组成。新名称基本上具有了航海设备或航天设备的意味，不再让人联想到卡车销售商，让人感到是一家“以消费者为导向、积极进取、富有冒险精神”的公司。另外，它还投资了1300万美元进行广告宣传，其中包括航星卡车冲向山丘的连续镜头，公司对宣传的效果很满意：超过85%的目标顾客看到了广告，能够回想得起广告的内容。

阿勒格尼航空（Allegheny Airlines）是一个受地域限制的名称，改为美国航空（US Air）后，新的名称具有了全国性服务的正确含义。联合食品（Consolidated Foods）改名为莎莉（Sara Lee）。虽然莎莉并没有反映企业的经营内容，但它是一个众所周知、人人喜欢的名称，且不说其他方面，至少投资者是充分认可的，而投资者正是名称所针对的重要目标。有趣的是，名称改变后，股票价格一般都会上涨，这主要是因为名称的改变往往象征着企业愿景或战略的改变。

标　　志

在现实中，大多数企业或产品都是非常相近的；当然，差异也确实存在，比如服务质量，不过这些差异很难用有效且可信的手段表现出来。如果产品和服务很难区分，那么标志就会成为品牌资产的核心要素，就会成为品牌实现差异化的关键特征。

如图 8-2 所示，标志本身可以创造知名度、联想、好感或其他感受，这些反过来又会影响忠诚度和感知质量。我们知道，视觉形象（标志）要比词语（名称）更容易学习。因此，标志完全可以增加品牌的知名度。当然，像米老鼠、快乐绿巨人、好扳手先生这些标志都会让人产生丰富的联想，作用也更大，是企业的重要资产。

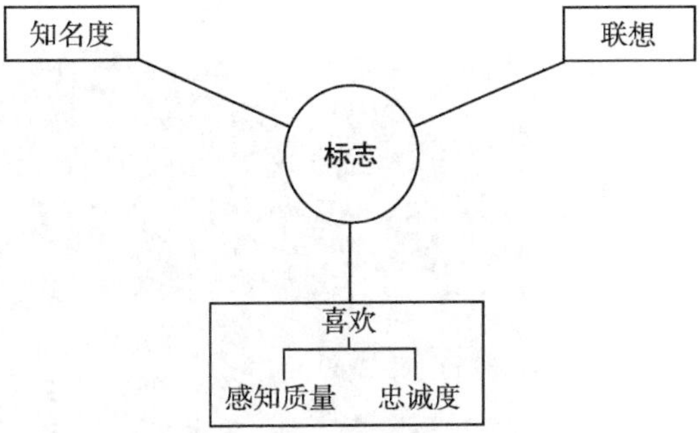

标志几乎可以是任何事物，包括：

知名度
联想
标志
喜欢
感知质量
忠诚度

图 8-2 标志的作用

- **几何形状**——保诚集团（Prudential）的岩石形状。
- **物体**——富国银行的驿站马车。
- **包装**——莫顿盐业的圆柱形蓝盒子。
- **徽标**——苹果公司的被咬了一口的苹果。
- **人物**——美泰克的好扳手先生。
- **场景**——万宝路的乡村场景。
- **卡通人物**——快乐绿巨人。

标志的选择与创建将会影响标志在品牌资产四个维度中的作用。现在，我们先来看看标志在创建联想中的作用。

特征联想

标志可以传达联想，甚至是具体的产品特征。例如，旅行者公司的红伞（见图 8-3）就非常集中地传达出了旅行者公司保护顾客的特征——通过宽广的伞面来保护顾客不受恶劣环境的影响。注意他们的口号："在大伞底下，你会更好。"同样，保诚集团的标志是直布罗陀的岩石，象征着力量、坚定、对抗逆境的堡垒。我们可以想象不依靠标志而直接传达这些特征的难度。即使营销计划成功了，效果也有限。相比之下，伞和岩石可以附加到公司的任何产品或服务中，从而让人联想到这些产品或服务，这就是标志的额外效果。

图 8-3 旅行者公司的伞

注：图中标题可译为"旅行者公司在大伞底下，你会更好"。

资料来源：Courtesy of The Travelers Corporation.

例如，银行属于服务业，但很多银行都倾向于建立相似的联想来支持自己的服务。那些碰巧交好运或独具慧眼的银行建立了标志，就往往有着巨大的优势。例如，第一劝业银行（Dai-Ichi Kangyo）是世界最大的商业银行，它就有一个可爱、快乐的小红心标志。顾客在与银行打交道的过程中处处可以看到这颗小红心。小红心象征着温馨、友好、有趣的氛围，象征着一个热爱顾客的企业。不过，有些特大型银行自认为不同于那些小型的地方银行，它们规模庞大，自然没有人情味。这样不好的印象需要改变。像小红心这样的积极标志往往具有不可限量的价值。

可以代表品牌特征的标志还包括：

- 干净先生：强壮的水手象征着清洁员的力量。
- 好事达保险（Allstate）："漂亮的双手"象征着个人关怀和合格的服务。

多种联想

有人对加利福尼亚的银行进行了研究，结果发现，很多银行在金钱、储蓄、活期存款、取款方面的联想都非常接近，没有自己的特色。但富国银行是个例外，它的驿站马车标志无处不在，让人产生一系列的联想。在雷同成风的银行业，驿站马车成了一笔巨大的资产。驿站马车具有丰富的意义，除了让人联想到老西部、马和淘金热外，还很容易让人联想到面对逆境时的安全感、冒险精神、独立自主，甚至能让人联想到在蛮荒地带建立新的社会。

其他银行，如美国银行、安全太平洋银行，就没有这样的标志可供利用。这些银行要想建立冒险和独立的形象，就要付出巨大的代价，甚至牺牲其他方面的联想。驿站马车这一标志的丰富性确实容易让人不由自主地产生上面提到的各种联想。

积极的感觉：喜欢

在最成功、最有趣的标志中，有一些是卡通人物。卡通人物可以激发人们的幻想，给人以幽默感。例如，面团宝宝（也叫贝氏堡鲜（Poppin's Fresh））、快乐绿巨人、奇宝精灵（Keebler Elves）、查理金枪鱼（Charlie the Tuna）、史努比（Snoopy）、米老鼠。卡通人物好记，惹人喜爱，让人产生强烈的联想。例如，面团宝宝“戳肚皮和咯咯地笑”传达出了面包满满当当的新鲜感，更何况面团宝宝本身也是一个可爱的角色。

20 世纪 80 年代中期，大都会人寿保险公司并没有自己的标志，因而无法用标志来强化品牌认识和品牌定位。这一点跟保诚集团、旅行者公司、好事达公司不一样。[12] 后来，大都会人寿保险公司决定采用美国漫画家查尔斯·舒尔茨创作的查理·布朗系列卡通人物。它的目的是提供一种温暖、阳光、彬彬有礼的保险服务，与竞争对手严肃、冷漠的服务形成直接对比。有证据表明，大都会人寿保险公司在实施计划 5 年后，虽然财务状况并没有明显改善，但知名度得到了提升（认识率达 89%），人们对“大都会人寿保险”也产生了好感。不过也有一些人认为，查理·布朗系列角色实际上限制了公司积极进取、大胆实施营销计划的可能性。

一个讨人喜欢、引人发笑、让人产生好感的卡通人物可以产生重要的影响。人们往往“爱屋及乌”。喜欢一个物体，就会连带地喜欢另一个物体；不喜欢一个物体，也会连带地厌恶另一个物体。如果两者出现不一致，就会感到不舒服。例如，对一个物体只有一般的感觉，对另一个相关的物体却有强烈的好感，在这种情况下，一般的感觉也会转化为好感。

因此，如果对品食乐的面团宝宝有着强烈的好感，那么对与之相关的焙烤食品也会产生好感。当然，如果对品食乐的焙烤食品出现了一次不满意，就会对品食乐产生不满，进而影响甚至改变对面团宝宝的好感。

标志是品牌和产品门类的指征

标志除了产生联想外，还是品牌的指征。当初，富国银行为了建立具有国际竞争力的联想和国际知名度，曾把驿站马车的标志放在了国际背景中。结果，这种方式很好地提高了受众的记忆效果。驿站马车这一西部标志与富国银行密切相关，将这样一种标志放置在东京银座、伦敦皮卡迪利大街等国际背景中，就会显得与众不同，让人浮想联翩，引发关注，加深人们的印象；相反，美国银行的标志即使多次出现在同样的场景中，也不会产生强烈的感觉。

标志与产品门类相联系后有助于人们从品牌名称联想到产品门类。透过消费者行为和心理研究，我们可以发现，人们能否由标志联想到品牌和产品门类是受某些标志特征影响的。

因此，第一个指导原则是，标志应当具有自己的特色。如果其他人根据某个标志设计了类似的标志，那么这个品牌的品牌资产就会为别人所用。驿站马车之所以对于富国银行来说是重要的，其中一个原因就是该标志在金融服务领域是独一无二的。

我们再来看看沙宣（Vidal Sassoon）和海飞丝。这两款洗发露都是用包装来体现标志的。很多自有品牌产品模仿了它们的包装或标志。在一项研究中，人们认为，自有品牌具有的相似性特征多于全国性品牌（如沙宣）。[13] 由此我们可以得出两点启示：第一，要用法律手段来保护标志不受模仿者侵害；第二，设计的标志要有自己的特色。这里提供了一种测试标志的方法。我们可让实验对象快速观看设计的标志和竞争品牌的标志，然后记录实验对象正确认出设计标志所需的时间。结果表明，独特的标志往往可以被较快认出。

第二个指导原则是，如果标志反映了品牌，那么人们就很容易由标志联想到品牌，例如，摇椅剧院（The Rocking-Chair Theater）的标志就可以是摇椅。当然，标志也可以是品牌名称本身，例如 Sony、IBM、GM。

在一项研究中，实验对象需要对 48 个体现了品牌名称的标志进行观看。[14] 其中 24 个标志同时体现了产品门类，属于互联式标志。例如，火箭信使服务公司（Rocket Messenger Service）在广告中展示了一幅快递员背着火箭包送包裹的情景。其他 24 个标志则没有反映出产品门类，不属于互联式标志。例如，黑熊快递服务公司（Bear Delivery Service）的标志是黑熊站在树边的情景。每个实验对象在看完这些标志后，需要说出每类产品中的一个品牌。结果表明，如果品牌采用了互联式标志，那么它被实验对象准确回忆的概率就要高出很多。

凡事有利就有弊。如果标志（和品牌名称）具有极其强烈的联想，那么品牌进行重新定位或扩展的能力就会受到削弱。例如，品牌扩展不仅会改变由名称到产品门类的联想，还会改变由标志到产品门类的联想。如果标志本身在产品门类方面的联想较弱，那么品牌重新定位或扩展就会具有战略上的灵活性。

改进标志

如果我们在标志上投入了大量的资金，那么改变标志就是有风险的行为，因为改变标志后，顾客就必须对标志进行重新认识。从另一方面来说，标志也会过时，也会产生不好的、落伍的、庸俗的隐意。因此，有些企业在保留原有特征和联想的基础上，成功地改进了标志，做到了与时俱进。

黑人厨娘（Aunt Jemima）卸下方巾，换上时髦的灰条纹发型，辅之以耳环和白衣领。这一改变的目的是在保留温暖、得体和可靠的基础上，让黑人厨娘看起来更具现代感。莫顿盐女孩和贝蒂妙厨都用新发型和新衣着体现时尚。几十年来，保诚集团的岩石标志也是紧跟潮流，不断发展。

对于可口可乐而言，其关键标志是瓶子和罐子。不过，20 世纪 80 年代中期，可口可乐公司推出了一系列新产品，包括无咖啡因的饮料（采用金包装）。可口可乐的核心特征，如红色、流畅曲线、竖体字、可乐和可口可乐的双重品牌识别，就开始被弱化。认识到问题后，可口可乐在产品设计中更加注重整体性，不但要让产品做到差异化，还要增加产品在货架上的影响。另外，可口可乐的广告宣传也有细微的变化，从而在保留可口可乐传统性和独特性的基础上，体现可乐的简洁性和时代性。

保护标志

标志及其联想需要得到保护。标志的使用情景不得对联想产生损害作用。例如，富国银行的驿站马车标志就需要得到保护并强化。因此，在评估任何拟定的促销活动或产品时，不仅要评估促销活动或产品本身的优点，还要考虑它们对驿站马车标志的影响。

将标志（如快乐绿巨人）授权给其他公司使用是获得曝光度的一种方式。不过，标志在许可时也需要限制在一定的范围内；任何不利的联想都会对品牌资产造成影响。例如，米老鼠的许可范围就非常广泛，它必须解决以下问题：米老鼠的哪些联想是有利的？各种获经许可的产品和服务是否与这些联想一致？米老鼠是否曝光过度，以致让人厌倦，甚至令人反感？

口　　号

名称与标志结合起来可以说是品牌资产的重要组成部分。不过，名称和标志的作用仍然有限。例如，福特的名称和标志都是固定不变的，这样的品牌一般都不能选择其他名称和标志来强化或改变定位策略。不过，口号可以附加到品牌名称和标志上，可以用于定位策略。口号的法律限制或其他限制也要远远少于名称或标志。

口号可以增加品牌的联想。例如，福特公司如果打算增加质量方面的联想，就可以采用“质量是第一要义”的口号。口号与福特名称建立联系后，人们就会由福特产生质量方面的联想。同样，马自达这一名称本身并不能让人产生多少联想，不过它的口号“感觉真不错”倒是集中反映了马自达汽车在舒适感方面的定位策略。“Rice-a-Roni”通过“旧金山的美味”这一口号获得了不少好处，“旧金山”和“美味”让人产生了很多有益的联想。

口号可以让模糊的名称和标志清晰起来。美宝莲给人的形象是捉摸不定的，但“可爱、美丽，美宝莲”的口号就非常具体。凯迪拉克有时会让人产生不同的联想，有些联想甚至是消极的。它给人的形象是招摇、耗油、庞大。不过在“凯迪拉克风格”的口号下，上述联想就不容易出现了。

口号的另一功能是它能创建自己的资产，以供开发利用。例如，美国电话电报公司的“伸出你的双臂，拥抱对方”口号让人联想到温馨感、亲密感和行动感。这一口号有助于促销计划的定位，例如联络美国计划、联络世界计划，甚至于周六联络计划。

口号可以强化名称或标志。夏普的“夏普产品来自智慧的结晶”⊖这一口号重复体现了品牌名称。第一劝业银行的“我们会把您的利益放在心上”这一口号则是基于品牌的心型标志的。

和名称、标志一样，具体的口号是最有效、最容易记忆的，因为它有趣、重要、特别。当然，标志需要与品牌建立联系。有些品牌虽然投资数千万元，但购物者却很难由口号联想到品牌。看一看图8-4中的口号，你能猜对多少品牌？

口号	品牌
1. 是她，不是她？	美瑞泰克（Amerilech）
2. 出门必备。	米勒淡啤
3. 我们更努力。	微软

图8-4 口号和品牌对号入座

⊖ 夏普的英文是Sharp，而Sharp还具有聪明、机灵的意思，属于一语双关。——译者注

4. 汇集啤酒优秀品质，而且清淡。	美国运通
5. 就算在雨天，盐也能自由倒出。	东芝
6. 先有质量，后有名声。	中天
7. 与明天共进。	马自达
8. 有史以来最智能的汽车	伊卡璐（Clairol）
9. 正确的选择	美国电话电报公司
10. 在大伞底下，你会更好。	旅行者公司
11. 让这一切都有意义	美国无线电公司（RCA）
12. 美国心跳	莫顿盐业
13. 有效的解决方案	安飞士
14. 让想象力成形	洛克希德（Lockheed）
15. 感觉真不错。	雪佛兰
16. 他主人的声音	萨博（Saab）

注：答案见第9章末尾。

图8-4（续）

思考题

1. 看一看竞争品牌的名称、标志和口号，哪些是较强的，具有代表性的竞争优势？哪些是较弱的，不具有代表性的竞争优势？

2. 品牌的标志是什么？你希望品牌在顾客心目中产生什么样的形象？目前的名称、标志、口号能否让顾客产生这样的形象？

3. 开发若干备选标志和备选口号，从而让品牌在顾客心目中产生你所希望产生的形象。

MANAGING BRAND EQUITY

第9章

品牌扩展[⊖]

品牌既是进入市场的壁垒，也是进入市场的途径。

——爱德华·陶博

有三样东西我从不外借——马、妻子和名字。

——罗伯特·史密斯·瑟蒂斯

⊖ 本章内容最早发表在1990年6月的《斯隆管理评论》(*Sloan Management Review*) 上。

李维斯古典定制装的故事

20世纪80年代初期，李维斯在各类服装产品中占有巨大的市场份额，是一家价值20亿美元的企业。李维斯觉得要想保持增长势头，就需要扩大市场。在决定扩张之前，李维斯先对男装市场进行细分研究，发现了男装市场可细分为五个不同的类别。

第一类是实用派，占26%的市场份额。实用派是李维斯的忠诚顾客，对服装的要求是舒适、耐用、工作玩乐两不误。第二类是主流传统派，占18%的市场份额。主流传统派年龄要稍微大一些，喜欢到百货店购买涤纶套装。李维斯早已通过“行动服装”系列产品成功地打入了这一市场。该系列产品的特点是有一定的弹性，可以满足中年男士的要求。另外，李维斯很好地照顾到了“普通价位的购买者”和“时尚休闲派”的购买需要。不过，李维斯并没有进军“古典个性派”市场，因此，只要进军就有机会实现增长。

古典个性派爱打扮，喜欢到专卖店购买毛织品。这类人足足占了21%的男装市场份额，是套装的主要消费人群，其套装衣柜远远大于其他服装的衣柜。与依赖妻子建议的主流传统派不同，古典个性派喜欢独自购物，相信自己对服装的判断。他们既要好看，也讲究牌子。因此，李维斯几乎不会出现在他们的购物单中。

于是，李维斯针对古典个性派，推出了李维斯古典定制装，其中以男士毛料套装为主。这类服装在材料、工艺和时尚方面与竞争对手的产品不相上下。为了充分利用李维斯的百货店销售优势，这类服装的分销渠道主要是百货店，没有考虑专卖店。李维斯还有一个独特的特点，那就是套装可以分开销售，顾客可以单独挑选裤子和外套。这样，顾客就能找到更适合自己的服装，这就降低了顾客对定制的需求。而且，李维斯套装的定价低于名牌套装，但在其他方面与竞争品牌（如海格（Hager））实力相当。

虽然李维斯在产品的专业开发与推广中投入了大量的成本，但产品并没有取得成功，而且宣传方面的投资也在一年内取消了。它在资源和声誉上的巨大投资并没有产生回报。

回想起来，问题主要出在“不匹配”上。首先，目标顾客认为分开销售的概念和百货店的渠道都是质量低劣、样式陈旧的象征。不过，最严重的问题是，李维斯的名称具有牛仔布、耐用、工人、采矿、划算等方面的含义，这一点在小组讨论实验中体现出来了。李维斯通过“行动服装”系列产品将品牌扩展到主流传统派取得了成功，这类顾客可以接受李维斯生产套装的想法。不过，古典个性派觉得（而且很自然地说）李维斯缺乏生产顶级质量和时尚套装的可信度。他们还觉得李维斯并没有反映出他们的自我形象，虽然这种不满意很难用语言表达出来。

相比之下，李维斯在1986年建立的裤子品牌多克斯（Dockers）却取得了巨大的成功。多克斯不会让人对李维斯产生强烈的联想。多克斯棉布裤上宽下窄，为正在走向成熟的婴儿潮一代[⊖]提供宽松的舒适感。多克斯棉布裤比牛仔裤更舒适、更时尚，然而又不同于休闲裤。事实上，多克斯成了著名的品牌名称，它很容易让人联想到独特的裤子设计和新式的休闲装（后者更为普遍）。从多克斯这一名称，我们可以看出，创建新名称具有独特的战略优势和战术优势。

⊖ 指在第二次世界大战后出生，在20世纪五六十年代长大的一代。——译者注

品牌扩展

所谓品牌扩展是指将在某类产品中成功的品牌名称应用到其他类别的产品中。品牌扩展已经成为很多企业实现增长的核心战略，特别是在过去的10年中。只要看一看“数字”，就能明白品牌扩展的强大力量了。有人对主要的消费品公司进行了研究，结果发现，89%的新产品属于产品扩展（如改换口味或包装大小），6%属于品牌扩展，只有5%是新品牌。一般来说，特许品牌是零售贸易销售额的主要推动因素。事实上，服装和饰品成本中有1/3花在了名称许可上。[1]

品牌名称有着巨大的吸引力。如果对比了其他备选方案，这种吸引力更是不可抵挡的。在某些消费者市场中，建立新名称一般需要0.5亿美元到1.5亿美元的投资。而且，这样的投资水平并不一定能保证成功。事实上，即便在巨额资金的支持下，新产品的平均成功率也不是十分乐观。相比之下，使用成功的品牌名称可以极大地降低推出新产品的投资资金，增加成功的概率。在20世纪70年代推出的7000种超市新产品中，年销量超过1500万美元的有93种，在这93种产品中，扩展品牌占了整整2/3。[2]

企业如果希望利用品牌资产来实现增长，那么自然就会采用品牌扩展的策略。事实上，对于很多企业而言，最真实、最有市场前景的资产就是它所建立的品牌名称。因此，实现增长的第一种方法就是将品牌名称应用到新的产品门类中，或者将品牌名称许可给其他公司，供其在该类产品中使用。第二种方法是收购其他公司，然后通过其品牌名称进行品牌扩展，从而实现增长。

不过，品牌扩展并非十全十美。有些品牌名称对扩展后的品牌没有任何帮助，有的品牌名称则会产生微妙甚至强烈的联想，进而对扩展后的品牌造成损害。更糟糕的是，扩展后的品牌存活下来甚至取得了成功，有时会削弱现有的联想或增加新的、不利的联想，从而破坏原来的品牌资产。无论是在原来的环境中，还是在新的环境中，扩展的品牌都有可能对关键资产（品牌名称）造成影响。因此，错误的扩展决策往往会给战略带来严重破坏。

本章的目的是简要概述品牌扩展决策及其可能出现的结果——好的、坏的、糟糕的，如图 9-1 所示，进而指出正确扩展品牌的方法。首先，我们会探讨品牌扩展的好处（品牌名称对扩展品牌的好处，以及扩展品牌对品牌名称的好处）。接着，我们会讨论坏的结果（原品牌可能会损害扩展品牌）和糟糕的结果（扩展品牌可能会损害原品牌或者遏制新品牌名称的建立）。然后，我们会给出一些建议，为品牌扩展指明方向。最后，我们会讨论与品牌扩展决策相关的几个战略问题。

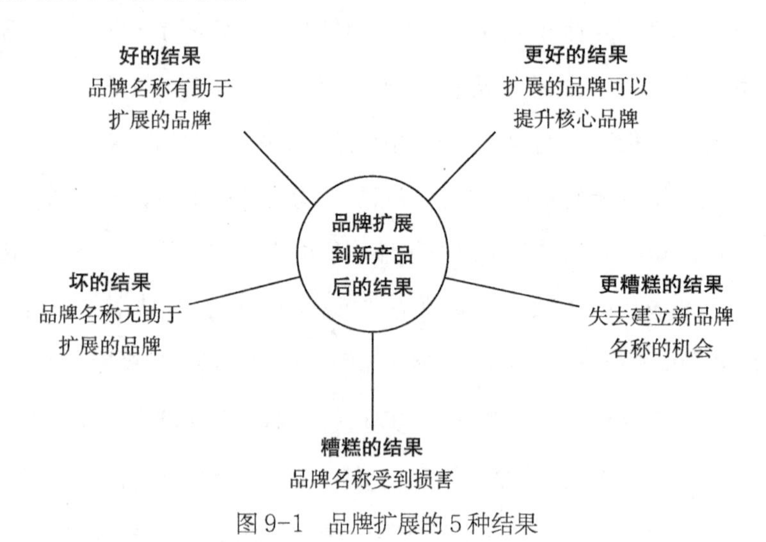

图 9-1　品牌扩展的 5 种结果

好的结果：品牌名称有助于扩展的品牌

品牌联想

顾客的购买决定往往只是基于数量有限的产品特征。因此，要想在某一核心特征上建立可信的、可持续的差异点，是非常困难的，特别是在竞争对手已经建立了这样的差异点时。

举例而言，一家企业如果打算进军低热量食品市场，也许需要和竞争对手展开口舌之争，看谁能提供热量更低的食品。只是，这样做的成本可能非常高昂，有时还会让产品无从定位。相反，如果直接使用慧俪轻体的名称，低热产品就可以获得慧俪轻体计划方面的强烈联想，以及在体重控制方面的可信定位。同样，吉普（Jeep）的鞋系列新产品如果使用了“吉普”这一名称，就会让人立即联想到高档休闲产品和爱冒险的活跃人士；如果没有吉普的名称，要想做到这一点恐怕很难。

强烈的联想有助于品牌传播和品牌定位。试问：一款新酒应当如何才能传达出既浓烈又黏稠的特点？海勒姆·沃克公司（Hiram Walker）的办法很简单，那就是直接使用“哈根达斯”（Häagen-Dazs）这一名称。通过这种方法，它既高效地传达了复杂的信息，又成功地获得了强烈的定位。同样，牛奶等产品使用“好时”名称后，不仅立刻传达出了巧克力的味道，还传达出了“好时”品牌的味道。

原有的联想必须转移到新产品上。注意如图 9-2 所示的力槌牌除臭喷剂广告。顾客看到广告、知道力槌牌小苏打可用于冰箱除臭后，很容易将这一联想转移到力槌的其他产品上，如除臭喷剂上。首先，顾客想到小苏打可用于冰箱除臭后，就会由小苏打联想到喷雾剂。然后，广告明确表示，小苏打的功效全应用在新款除臭喷雾剂上。另外，无论是小苏打，还是除臭喷雾剂，“除臭”等词的使用也强化了联想。

事实上，很多品牌联想都可为扩展品牌提供差异点。爱德华·陶博（Edward M. Tauber）曾对 276 项品牌扩展进行了研究，他的结论是，大多数扩展都适用以下 7 种方法：[3]

1. **同一产品，不同形式** 蔓越莓（Cranberry）果汁鸡尾酒和都乐水果冰糕。

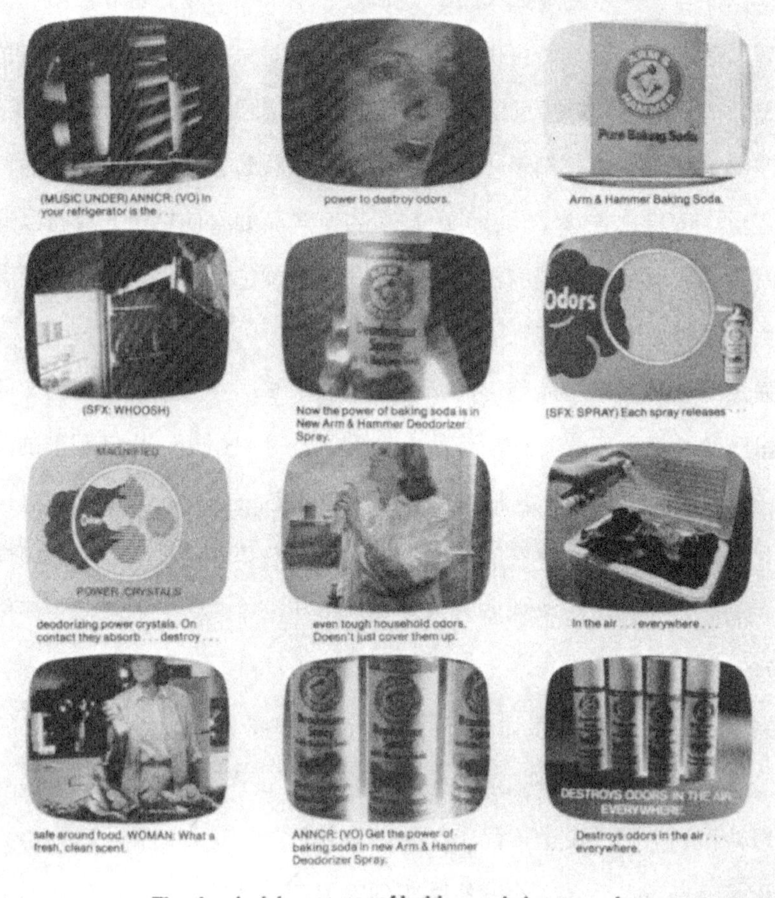

图 9-2　利用力槌在除臭方面的联想

注：图中标题部分可译为“新！力槌小苏打可用作除臭喷剂，回想度高、可刺激销量的商业广告，小苏打在喷雾剂中具有除臭作用”。

资料来源：Courtesy of Arm & Hammer.

2. 独特的味道、配方或成分　费城（Philadelphia）奶酪色拉调料和力槌地毯除臭剂。

3. 伴生产品　科尔曼（Coleman）野营用品、咖啡先生牌（Mr. Coffee）咖啡、高露洁牙刷、金霸王（Duracell）手电筒。

4. **特许经营** Visa旅行支票、西尔斯储蓄银行和嘉宝（Gerber）童装。

5. **发挥专长** 本田公司的小电机生产经验有助于其割草机的推广，比克公司（Bic）的剃刀则得益于一次性廉价塑料制品的生产能力。

6. **利益、特征、功能** 象牙牌“温和型”洗发露、新奇士维生素C片、吉列干型面部系列产品。

7. **设计师或民族形象** 皮尔·卡丹钱包、保时捷太阳镜、日本红花（Benihana）冷冻食品、意大利拉古（Ragú）面条。

质量联想

在很多情况下，对产品特征进行准确定位并不一定有效。相反，它可能会使品牌陷入规格之争：大家都宣称自己是纤维素最多、反应频率最快、药效最好或投诉最少的品牌。不过，这些口号如过眼云烟，维持不了多久。竞争对手只要改变产品，就会赶上甚至有所超越。另外，顾客面对众多口号，一定会心生困惑，无奈之下，他们只好抛开竞争口号，根据无形的感知质量进行判断。要知道，感知质量未必是建立在具体特征之上的（请回忆第5章关于“无形特征”的讨论）。

于是，将竞争内容转向高感知质量往往是很有吸引力的一项选择。在前面的第4章中，248名企业经理根据调查要求指出了各自企业的持续性竞争优势。“高质量声誉”是提及率最高的优势。[4] 因此，企业所面临的挑战往往就是提高感知质量。有时，提高感知质量比提高质量还要困难。

一般而言，使用既有的品牌名称是实现感知质量的一种好方法。因此，惠普的名称让数以千计的产品都有统一的质量声誉。这种质量声誉的意义远远高于惠普单个产品的具体规格。事实上，有些企业名称（如惠普、卡夫、通用、福特）用在了太多的产品上，让人无法产生强烈的具体联想。这些名称的主要作用是给人以优质感，让人感到它们会在未来的某一时刻出现。

“捷豹”的名称被用到了男士香水系列产品上，在某种程度上给人以优质的形象。在购买捷豹香水后，多花15美元就可以获得捷豹汽车模型，这些都表明，捷豹香水象征着驾驶和激情，是一款符合身份的香水。

阿克和凯勒（Keller）对6个品牌名称的18种扩展建议进行了研究，这6个品牌分别是麦当劳、维亚尔内、佳洁士、沙宣、哈根达斯和喜力（Heineken）。[5] 其中一项发现是，只要相关的两类产品之间存在一定的匹配度，品牌名称在原来环境中的感知质量就是预测扩展产品价值的重要因素。因此，某一名称的感知质量一般就是扩展品牌取得成功的关键因素。扩展平庸的品牌名称几乎没有什么意义。

知名度或存在度

新产品要想得到认可，第一步就是要建立品牌知名度，建立由名称到产品的联想。我们在第3章中已经看到，品牌知名度给人以熟悉感，既会影响口香糖、洗衣粉等小件产品的购买决策，也会影响汽车、电脑等大件产品的购买决策。由于这个原因，知名品牌可以直接转化为市场优势。有趣的是，在对248名企业经理的研究中，提及率排名第三的持续性竞争优势是，品牌在该类产品中的高关注度——高度引人注目。

建立品牌知名度并建立由名称到产品的联想需要付出高昂的成本。据报道，从埃索（Esso）到埃克森（Exxon），改名投资超过2亿美元。我们在第3章中也看到，百得公司在1982年收购通用电气的小家电产品线后，曾投资1亿美元来建立自己的名称。当然，费用主要花在15秒时长的插播广告上。百得的知名度虽然提高到了57%，取得了不错的成果，但仍然低于停止了小家电生产和销售的通用电气。

很多品牌的认识度达到了90%左右，其中包括一些没有面向消费者进行大规模广告宣传的品牌，例如温尼巴格实业公司（Winnebago Industries）

和力槌。如果新产品使用了人们熟知的品牌名称，知名度就可以自动建立起来，接下来我们只需建立由名称到新产品的联想就可以了。我们知道，宣传吉露现在开始生产布丁冰糕、果冻冰糕、水果冰糕等事实要比宣传史威森布丁冰糕等新品牌容易一些。有人对11个市场中的98个消费品牌进行了研究，结果发现，在同类产品中，成功的品牌扩展所需的投资要少于建立新品牌所需的投资。[6] 而且，产品门类越成熟，两者之间的投资差额也越大。

如果一个品牌有条件在其他产品门类上投放大量的广告，那么扩展品牌的知名度就会大大提高。例如，特洛伊海伦公司（Helen of Troy）是一家专业的美发工具公司，它通过使用“沙宣”的名称创造了一个1亿美元的零售电吹风和卷发棒行业。这里的关键就是对沙宣洗发露和护发产品进行大规模、不间断的广告宣传。

试购买

品牌名称附加到新产品上之后，降低了潜在购买者的风险。这就是说成功的企业愿意站在后面支持产品，它们不太可能推出有缺陷的产品。因此，IBM或美国电话电报公司推出的电脑产品就具有可信度，而即使一个名为“高级电脑”的品牌拥有不错的产品，也很少有机会脱颖而出，因为成功的品牌名称降低了购买者的风险。

有人对费城地区推出的58款新产品进了研究，结果发现，预测试购水平的最重要因素是看新产品与母品牌的关联程度以及推广的力度。[7] 这两项因素的重要性都超过了分销渠道、产品包装、通过广告宣传来实现的品牌知名度等因素。在几乎所有的新产品概念测试中，增加“品食乐”等既有品牌名称后，可极大地提高顾客的初始反应、兴趣和尝试产品的愿望。

共用词素：Inkjet、McMuffin

共用一个词素不但可以指征单个产品，还可以指征一组产品或一个企业，可谓一举两得。

惠普公司将三款喷墨打印机分别命名为DeskJet、PaintJet、ThinkJet，将激光打印机分别命名为LaserJet IIP、LaserJet III。与此形成鲜明对比的是，奎茂公司（Quame）将其打印机分别命名为Quadlaser、CrystalPrint、LaserTen、ScriptTen、Sprint。要让顾客回想起或联想到五个名称，是极其困难的。惠普公司可通过四次广告宣传建立Jet的知名度。Desk、Paint、Think、Laser这四个名称属于变量型描述词。例如，在回想PaintJet时，可有两条回忆路径，分别是Paint和Jet。Jet后缀给惠普公司带来巨大的优势。

下面我们来看一看可以代表McDonald's（麦当劳）的Mc词素。同样，Mc不仅指征着企业，而且还指征着具体的产品。例如，麦当劳的汉堡"Big Mac"（巨无霸），麦当劳的炸鸡块"McNuggets"（麦乐鸡），麦当劳的儿童服装"McKids"（麦当劳童装）。

在麦当劳的注册名称中，大约有100个带有Mac或Mc字样，其中包括Big Mac、McNuggets、Chicken McSwiss、Egg Muffin、McDonuts、McFortune Cookie、McRib等。此外，麦当劳还发明了McLanguage（麦语言），例如McCleanest、McFavorite、McGreatest。麦当劳对Mc词素的保护力度也很大，它成功地禁止了一家面包店对McBagels的使用和一家餐馆对McSushi的使用。

更好的结果：扩展的品牌可以提升核心品牌

扩展的品牌可以（而且从理论上讲也应该）提升核心品牌。扩展的品牌不应弱化原有的品牌名称，不应浪费原有品牌的内涵；相反，扩展的品牌应当提升原有品牌的形象，应当发挥建设性的作用。因此，慧俪轻体的扩展品牌都被坚定地定位为体重控制产品。这些扩展的品牌提高了原有品牌的知名度，增加了体重控制方面的联想。同样，新奇士推出新奇士果汁糖、新奇士维生素 C 片后，强化了新奇士在橘子、健康和生命力方面的联想。

扩展的品牌可以提高原有品牌的知名度，可以增加对新产品门类的联想。例如，温尼巴格实业公司是一家露营车销售商，主要将价格昂贵的露营车出售给有经济实力的中年人士。1982 年，温尼巴格将自己的名称许可给一家露营设备商使用，为的是在年轻人中建立知名度，使年轻人增加对温尼巴格的了解。那些购买睡袋和帐篷的人至少有一部分会成为露营车的潜在购买者。当然，温尼巴格这样做也有风险，那就是人们或早或晚地会认为温尼巴格会像生产不经用的露营炉那样生产露营车。不过，如果露营车在质量方面坚守阵地，在促销或分销时与露营设备系列产品划开界限，那么上述可能性就会大大降低。

坏的结果：品牌名称无助于扩展的品牌

名称不增加价值

如果品牌名称只能为扩展的品牌带来知名度、可信度和质量方面的联想，那么即使扩展的品牌一开始取得了成功，也很容易受到竞争对手的攻击，因此这样的品牌扩展往往有着巨大的风险。

例如，品食乐推出微波爆米花后，品食乐这一名称因而获得了不少利益，但后来其他品牌相继推出类似的或更好的产品，品食乐因此受到了冲击。比如说，瑞登巴克（Orville Redenbacher）虽然进入微波爆米花领域比较晚，但仍然凭着自己的特色赢得了竞争（它擅长生产高质量的爆米花）。通用磨坊公司直接建立新的名称“秘制爆米花”（Pop Secret）则是另外一种具有代表性的策略。秘制爆米花既体现了爆米花的特征，也体现了产品利益——采用秘密配方。1989年，微波爆米花的市场总值达4.2亿美元，其中瑞登巴克占了36%的份额，秘制爆米花占了21.7%的份额，而品食乐只占了4.5%的份额，与绅士（Planters）、激乐（Jolly Time）、基菲（Jiffy Pop）、纽曼私传（Newman's Own）等爆米花品牌一起名列末尾。[8] 不仅如此，品食乐在微波冷冻比萨方面也遭遇了同样的失败。在其他品牌推出冷冻比萨后，品食乐最初的效益便不复存在。

如果产品门类已经确立，那么扩展的品牌就尤其需要为产品提供利益。假如扩展的品牌不能增加产品的价值，那么即使鼎鼎大名也不能保证成功。比尔·布拉斯（Bill Blass）这一名称附加到巧克力产品后，虽然可以提供设计和声望方面的联想，但顾客并不认为它有多高的价值，至少得到的价值与支付的高价不成正比。

使用“你早就听说过我们啦”的广告词来建立碧翠斯（Beatrice）的名称并不能为维森（Wesson）、瑞登巴克等相关品牌增加任何价值。而且，甚至不能让顾客知道这些品牌就是碧翠斯的产品。顾客确实没有办法将两者联系起来。结果，以知名度为主题的广告宣传被白白浪费掉了，当然，这还是最好的结果。

只有提供了产品利益，顾客才会由品牌特征联想到品牌名称。立特是一个重要的烫发品牌，还推出了烫发专用的洗发露或护发素。在烫发领域，立特的名称似乎是一种非常重要的资产。不过，它却把中心目标放在了干性发质而非烫过的发质上面。结果，烫发专用洗发露成了一款毫无必要的产品。任何干性头发用的洗发露都可以取而代之。

要想知道名称是否真的增加了价值，我们可以通过概念测试进行确定。我们只把品牌名称告诉给潜在顾客，然后让他们回答是否喜欢产品以及喜欢产品的原因。如果潜在顾客可以说明他们为什么喜欢品牌化的新产品，那么该品牌就可以增加价值。相反，如果他们不能给出具体理由，那么这一品牌名称就不太可能增加多少价值。

产品特征的负面联想

品牌扩展策略还有另外一个风险，那就是产品特征有可能产生负面的联想。李维斯古典定制装套装系列产品失败了，主要原因是李维斯产生了休闲、材料粗糙、户外产品等负面联想。品牌名称对扩展的品牌造成了不利影响，而不是为扩展的品牌带来了资产，这样的例子随处可见：

- 玉米片（Corn Flakes）的名称降低了蜜果玉米片（Honey Nut Corn Flakes）中蜜果概念的可信度。这款产品失败了，但是后来在使用果蜜（Nuts and Honey）后去掉玉米片的联想才取得了成功。
- 消费者很难相信葡萄柚果珍（Grapefruit Tang）是一款高级的葡萄柚饮料，因为果珍（Tang）饮料让人在味道和鲜含量方面产生强烈的联想。
- 乡村时光柠檬水（Country Time Lemonade）在味道方面具有强烈的联想，如果把名称扩展到苹果酒，就会产生不利的影响。
- 金宝汤发现金宝（Campbell）的名称会给人留下橙色和水的印象，后来，金宝汤将意大利面条酱系列产品命名为普利哥（Prego）。
- 比克的名称让人联想到一次性的钢笔、打火机和剃须刀，如果用在香水上面，就会失去效果，因为廉价或一次性是香水产品的不利因素。

小木屋（Log Cabin）是烘焙用糖浆业务的市场领导者，但它在进入煎饼配料市场时却受到了挫折。黏稠、甜味的糖浆几乎不可能让人产生轻薄、蓬松的煎饼产品形象。相比之下，黑人厨娘从煎饼配料进军糖浆却取得了成功。当然，黑人厨娘的煎饼配料让人联想到黑人厨娘的形象——友好、温柔，喜欢做煎饼早餐。这些联想要比小木屋的那些联想更丰富、更强烈。那么，黑人厨娘的糖浆业务反过来为什么没有对它的核心煎饼业务产生损害呢？这可能是因为，黑人厨娘牌煎饼配料的用户具有广泛的产品使用经验，再加上黑人厨娘的强烈联想，都使糖浆这一扩展品牌对黑人厨娘产生不了任何负面影响。

有时，品牌扩展可能会产生一些意外的细微差别。阿克和凯勒在对品牌扩展概念进行实验时发现，佳洁士的味道变成佳洁士口香糖就会出问题，但用在佳洁士漱口水上不会出问题，虽然两者在牙齿健康和口腔卫生方面都具有正面的联想。好味道在漱口水中并不重要；事实上，李施德林牌漱口水（Listerine）虽然有一种不好的味道，但这反而让人联想到有效的清新效果。

在某些情况下，为品牌增加一个具有正确内涵的第二名称，或者细化原有品牌名称的概念，都可以减少甚至克服负面的联想。因此，金宝汤可以将其意大利面条酱取名为意大利都灵特制面条酱（Special Torino Spaghetti Sauce）。在这里，金宝汤的名称和家乐氏在谷类产品中的名称很相似，都只是为了给另一品牌增加一点可信度。第二名称中的“都灵特制”会让人产生产品特征方面的联想。除此之外，概念细化也是非常重要的一种方法。例如，金宝汤也在生产丰富、浓稠、黑色的意大利面条酱。通过概念细化，人们就减少了对金宝汤的联想。

阿克和凯勒通过研究发现，产品概念细化可以降低负面联想的发生概率。在实验中，共有四个评分较低的品牌扩展概念，如麦当劳的照片处理（让人产生油腻、不够优质的联想），他们通过两种概念细化的方法来探究哪种方法可以克服扩展品牌的负面联想。第一种方法是细化正面特征（如“快速、低价、便捷服务的供应商”），但评分并没有提高；第二种方法是细化概念进而抵消负面联想（如“完全独立于食品服务，由一家老牌的相机零售商来处理相片”），在这种情况下，评分大幅提高。不过，七度量表中的评分虽然在 3.5 ～ 4.0 分，但仍然远远低于成功的扩展概念。当然，成功与否取决于负面联想的破坏程度，以及克服负面联想的可行性和成本。

如果扩展的品牌与原产品相距甚远（如可口可乐或麦当劳就与服装没有多大关系），那么味道等特征就无法转移给扩展的品牌，这就是一种很大的优势。因此，可口可乐推出橙汁产品不会产生效果，但要推出运动衫就有可能被认可。当然，在这种情况下，为了保证服装的质量，消费者的判断依据就会是扩展品牌的制造商，如梅真尼（Murjani，可口可乐服装），或者零售商，如西尔斯（麦当劳童装），而不是许可的品牌。

名称混淆

一个名称所要传达的含义与实际传达的含义可能有很大的差异。贝蒂妙厨在看到金枪鱼帮手（Tuna Helper）和汉堡帮手取得成功后，打算进入鸡肉类的产品市场。不过，鸡肉产品不同于之前进入的领域，由于要准备鸡肉材料，需要更多的时间。另外，贝蒂妙厨食谱鸡肉（Betty Crocker Cookbook Chicken）的名称不但没有体现出高品质家常菜的意思，还让人有点不知所云。很多人认为该产品是一本烹饪书或食谱。而如果把名称改为鸡肉帮手，不但贝蒂妙厨的联想弱化了，而且产品也更容易被人们接纳。

不相匹配

扩展的品牌需要与原品牌相匹配。当品牌名称扩展到其他产品上之后，消费者要感到合适才行。如果两者不相匹配，好的联想就无法转移，让人感到困惑，甚至闹出笑话。

如果劳斯莱斯这样的高级名称用在了自行车或游戏等普通产品中，顾客就会觉得这是在浪费，除了对抬高价格有意义外，没有任何好处。力槌公司具有除臭方面的联想，因而能成功地将品牌扩展到洗涤剂和炉灶清洁剂，但要扩展到腋下除臭剂时却遭到了失败。把炉灶清洁剂中的成分用在人体的敏感部位会让人产生不舒服的感觉。同样的道理，都乐虽然让人联想到夏威夷，但要推出夏威夷度假旅游服务恐怕就有些不妥，因为从食品到旅游的跨度太大。

如图 9-3 所示，看扩展品牌是否相配有很多依据，其中一个依据就是看两类产品的关系。阿克和凯勒发现，对扩展品牌的认可度产生影响的关系有两类：

1. **技能和资产的可转移性** 人们认为，“品牌”要想进行扩展，就应当具有必要的技能和资产。佳洁士扩展到漱口水成功了，因为人们认为牙膏公司理应具备生产漱口水的能力。

2. **互补性** 扩展品牌的产品门类应与原品牌的产品门类相关。因此，维亚尔内扩展到滑雪板成功了。虽然滑雪板的生产技术与太阳镜相距较远，但维亚尔内早就建立了与滑雪板的密切关系。

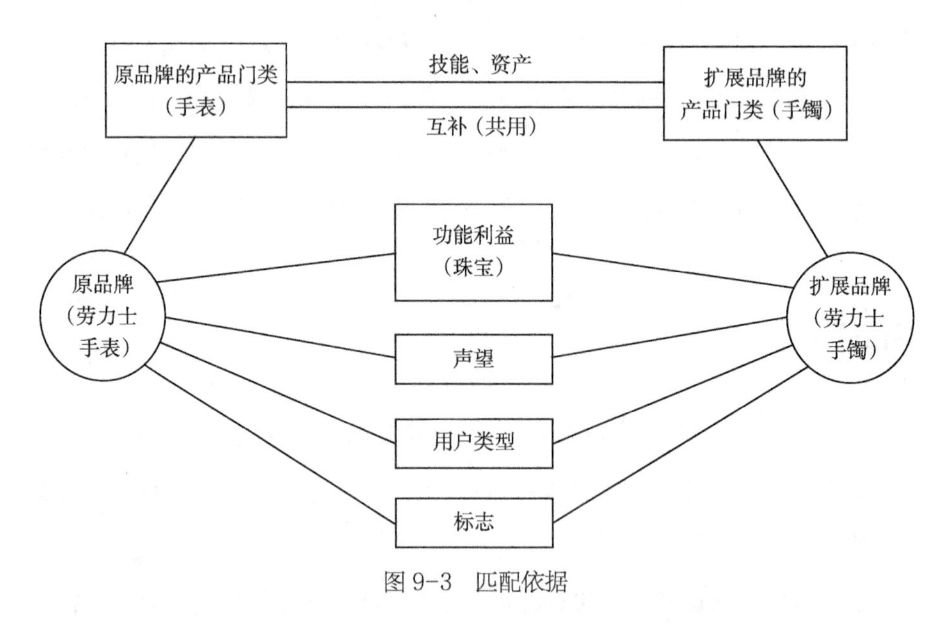

图 9-3 匹配依据

另外，与品牌性能相关的功能特征，或者声望、地位等无形特征也可以作为原品牌与扩展品牌是否相匹配的依据。派克（Park）、米尔伯格（Milberg）和劳森（Lawson）三人对天美时（Timex）的扩展品牌和劳力士的扩展品牌进行了对比，天美时在手表功能上具有强烈的联想，而劳力士则在手表中具有显赫的声望。[9]扩展的品牌主要针对声望型产品（如手镯、领带、袖扣）或功能型产品（如手电筒、计算器或电池）。对于声望型产品而言，劳力士的名称在扩展中的作用要高于天美时。反过来，对于功能型产品而言，天美时的名称就要好于劳力士。

派克、米尔伯格和劳森在一项相关的研究中要求实验对象在四个可能的扩展品牌中判断哪些是劳力士的扩展品牌，哪些是天美时的扩展品牌，并说明依据。劳力士的出现次数明显多于天美时，这让三位作者认为，以声望为匹配依据的品牌要比以功能特征为匹配依据的品牌扩展得远。

当然，很多因素都可以让人产生相同的联想，其中包括用户类型（宝宝专用）、资源（比弗利山庄（Beverly Hills））、配料（含燕麦）和标志（驿站马车）。例如，富国银行可以产生驿站马车、老西部、保险箱、拓荒者以及银行业务方面的联想。因此，驿站马车和西部也许会让人联想到西部服装或西部主题公园。保险箱也许会让人联想到防盗报警系统或现金转移服务。麦当劳让人联想到麦当劳叔叔及其好友，让人联想到和孩子在一起的快乐时光，而这又让人们很容易接受麦当劳主题公园的概念。

劣质的印象

可口可乐在进军健康饮料时推出了特伯（Tab）系列产品，从而在这个领域中与其他品牌展开竞争，因此，特伯推出了姜汁汽水、乐啤露等味道还不错的产品。但是这一概念失败了，很多人认为特伯的味道不好闻；市场上大多数消费者都基本上认为特伯的质量比较低劣。

即使一个品牌受到了普遍的好评，但总有一些人对其有过不好的体验，或出于其他原因产生了劣质的印象。因此，扩展品牌的使用就会局限在那些对品牌不持否定态度的人群当中。

扩展品牌缺乏资金支持

人们总是希望借助品牌名称的力量，通过低价的方式进军新的产品领域。健怡樱桃可乐在没有任何广告资助的情况下取得了巨大的成功，这在某种程度上是因为品牌名称发挥了巨大的作用。不过，美康雅（Cuisinart）香料捣碎机等扩展品牌由于严重依赖于品牌名称而减少了广告宣传和促销活动的资金支持，所以进展情况就没有那么顺利了。它的失败甚至还会被错误地归咎于产品概念，而不是缺乏足够的资金支持。

糟糕的结果：品牌名称受到损害

品牌名称往往是企业的核心资产。从重置投资的角度来看，品牌名称比实体资产甚至员工都要重要。我们很容易根据事情本身按照商业决策的步骤来对扩展品牌进行评估。不过，在评估过程中，我们应当着重考虑扩展品牌对品牌特许造成的潜在损害。扩展品牌失败了固然不好，不过，扩展品牌成功了或存活了下来，也可能会让情况更加糟糕，它们可能会制造不利的特征联想，损害品牌的感知质量，或者改变现有的品牌联想，从而对品牌名称造成损害。

产品特征产生了不利的联想

扩展的品牌通常会产生新的品牌联想，其中有些联想会对原来环境中的品牌造成潜在的损害。20 世纪 80 年代，米勒高品质生活酒的销量呈大幅下降的趋势。很多人认为，米勒淡啤让人产生了清淡型啤酒的联想，这在某种程度上导致了高品质生活酒销量的下降。对某些人来说，清淡型啤酒意味着较多的水分和较低的热量。米勒的名称经常让人联想到“瓶装啤酒中的香槟酒”，因此部分喝高品质生活酒的人会由米勒的名称联想到“低热量的味道”。米勒淡啤在美国啤酒市场中的份额从 1978 年的 9.5% 提高到 1986 年的 19%，而在同一时间内，米勒高品质生活酒的市场份额却从 21% 下降到了 12%。

当然，新奇士的水果卷可能会损害新奇士的健康形象，百得的小家电可能会损害它在重型机床方面的形象，西尔斯的金融网络可能会损害西尔斯的低价形象；反过来说，西尔斯的联想可能会损害添惠（Dean Witter）的形象，康乃馨的宠物食品（Carnation Pet Food）可能会损害该品牌其他的食品产品，立顿的汤品曾一度损害了其好茶供应商的形象。有研究表明，如果一个品牌的产品在“温和性”方面具有较高的得分，那么在这一方面得分较低的扩展品牌就会对原来的品牌定位产生不利影响。[10]

上述意料之中的负面联想并不总会发生。例如，通用磨坊公司就非常不愿意破坏切里奥斯麦圈在无糖谷类食品方面的品牌联想。为此，它对蜜果切里奥斯麦圈这一扩展品牌进行了长期测试，甚至对成人谷类食品的定位进行了测试，从而避免对切里奥斯麦圈的核心市场造成侵犯。不过，蜜果切里奥斯麦圈丝毫没有对切里奥斯麦圈的销量造成破坏，虽然两者的顾客是相同的。相反，它还打入了健康型加糖谷类食品的领域。另外，苹果肉桂切里奥斯麦圈于 1989 年推出后，在免煮谷类食品中获得了 1.5% 的市场份额，对切里奥斯麦圈（4.8%）和蜜果切里奥斯麦圈（3.1%）都没有造成影响。[11] 同样的例子还有健怡可乐。

在什么样的情况下，扩展品牌的负面联想会转移给原有环境中的品牌？如果（1）原有品牌的联想非常强烈，（2）原有品牌与扩展品牌之间存在明显差异，但（3）原有品牌和扩展品牌之间的差异有限，扩展品牌并没有不协调的地方，那么扩展品牌的负面联想就不太可能转移给原有品牌。切里奥斯麦圈在燕麦、圆圈形状和“无糖”方面具有强烈的联想，而蜜果切里奥斯麦圈属于加糖谷类食品，两者差异显著，这就需要购买者进行单独记忆。这两类产品虽然存在差异，但并没有格格不入。不过，如果换成切里奥斯糖果的话，就肯定会对切里奥斯麦圈造成影响了。

现有的品牌联想受到弱化

扩展品牌创造的品牌联想有时会让原有品牌的清晰形象这一核心资产变得模糊起来。如果品牌的核心联想恰恰是某类产品，那么这种危险尤其严重。例如，舒洁纸巾、巴黎水、丹碧丝卫生巾（Tampax）都是某类产品的代名词。吉百利进军土豆泥、脱脂奶粉、汤品和饮料后，当然会弱化它在精品巧克力和糖果方面的联想。

特劳特（Trout）和里斯（Ries）指出，Scott扩展到ScotTowels、ScotTissue、Scotties、Scottkins、Baby Scot后，Scott的含义就会变得模糊不清。[12] 这些名称往往会让购物单混乱不堪，与此形成鲜明对比的是，邦蒂、北方（Northern）、帮宝适、舒洁很容易让人联想到某类产品。有趣的是，Scott在20世纪80年代中期大幅削减消费者广告支出，逐渐取消了建立强势品牌的举措。相反，它的战略目标变成了一家廉价、大批量产品的制造商。

这里，我们需要弄清增加联想和淡化联想的区别。吉露利用其在布丁、奶油味、健康和家庭场面方面的联想，推出了吉露布丁冰糕。吉露的名称既有助于传达新的产品概念，也有助于提高知名度和可信度。接着，它又将吉露布丁冰糕扩展到吉露果冻冰糕和吉露水果冰糕。

问题是，冷冻新品方面的联想是否会淡化原有的布丁联想，抑或只是增加了新的联想，而没有改变原有的联想。吉露的名称是否仍然具有布丁的含义，同时让人联想到冷冻新品，还是说布丁的联想受到了弱化？问题的答案主要取决于原有联想的强弱程度。有些名称和标志（如面团宝宝和惠普）非常强势，原有的联想很难受到破坏或改变。新的联想尽管往上面添加即可。例如，惠普不但生产电脑，还生产试验设备。

品牌在扩展后虽然可能会弱化该类产品的联想，但也有可能形成其他类别产品的有用联想。不过，盔甲牌（肉制品）、品食乐（面食或烘焙食品）、快乐绿巨人（蔬菜）、培珀莉农场（Pepperidge Farm，高级烘焙食品）等品牌都保留了同类产品的有用联想。因此，我们在进行扩展决策时，应当考虑扩展的系列产品能否形成统一的整体，从而让人产生与某类产品相关的有用联想。不过，其他品牌（如通用电气、卡夫食品）以及很多日韩企业（如高士达（Goldstar）、三星）却让人联想到很多不同的产品门类。因此，这些品牌的主要价值就在于提供知名度和感知质量。

如果品牌联想与产品门类无关，那么品牌的扩展范围就会更广。因此，如果黑人厨娘的主要联想是她的性格，尖端印象（Sharper Image）的主要联想是顾客的生活方式，惠普的主要联想是卓越的技术，维亚尔内的主要联想是时尚或潮流，那么这些品牌就可以扩展到更远的领域而不影响现有的联想。

质量形象受到影响

树立高感知质量的良好声誉是很多企业获得持续性竞争优势的基本条件。应当注意到的是，扩展品牌如果质量低劣，那么即使进行大规模宣传，也会破坏以往积累的良好声誉。

20 世纪 70 年代，鳄鱼品牌（Lacoste）实际上已经成为身份地位的象征。通用磨坊公司为了充分利用这一品牌优势，不仅将鳄鱼品牌扩展到一系列的服装产品上，而且还扩展到了其他的目标市场。结果，鳄鱼品牌的销量从1982年开始出现急剧下滑。观察人员认为销量下降的主要原因是鳄鱼品牌在运动员方面的高端联想被弱化了。[13] 突然之间，鳄鱼品牌不再是身份地位的象征。同样，IBM初级电脑产品的失败无疑对IBM的质量声誉，特别是IBM在低端“家用”电脑市场中的质量声誉造成了损害。古驰（Gucci）品牌曾一度出现过1.4万种古驰产品，古驰名称的随意使用是古驰衰落的主要原因之一。[14]

即使扩展的品牌成功了，也总有一些人不喜欢它的某些方面或者它的定位，或者在使用过程中对它不满意。忠诚度的降低必然会对原有品牌造成影响。从长远角度来看，品牌因扩展而产生的曝光程度越高，在使用过程中不满意的人或在某些情况下对产品持负面态度的人也就越多。

如果一个品牌与较低档次联系起来，那么品牌本身的质量形象就会受到影响。假如希尔顿酒店以类似希尔顿的名称推出一系列低价旅馆，那么希尔顿连锁酒店的核心形象就会受到影响。劳斯莱斯曾将汽车发动机以劳斯莱斯价格的1/3供应给豪华轿车，并允许豪华轿车在减价促销活动中使用劳斯莱斯的名称，结果，这在某种程度上损害了劳斯莱斯的形象。

20世纪80年代初，凯迪拉克以通用的庞蒂克2000和雪佛兰骑士（Chevrolet Cavalier）为原型推出了西马仑车型，只不过多了一些金边和皮革等饰材。西马仑针对的目标客户不是传统的凯迪拉克购买者，而是不太富裕的人，这些人喜欢凯迪拉克的品牌，但又惧怕凯迪拉克的标价，并可能会因此而转向宝马品牌。分析师说得对，凯迪拉克与西马仑几乎不存在什么品牌替换。不过，西马仑与目标购买者的关系肯定会损害凯迪拉克的品牌名称。朗涛品牌咨询公司在1988年对品牌名称进行研究时发现，凯迪拉克在知名度方面排名第16名，但在“尊敬度”方面却排到了第84名。很明显，错误地推出了西马仑是主要原因。

有证据表明，一个弱势的扩展品牌很难对非常强势的原有品牌造成损害。例如，虽然快乐绿巨人用6年的时间来打造冷冻餐系列食品，但这并没有对快乐绿巨人产生明显的损害。在另外一项实验室研究中，凯勒和阿克发现了奇怪的现象，那就是感知质量得分高的品牌不会被失败的扩展品牌所影响（不过失败的扩展品牌会影响企业进一步扩展的能力）。[15]

发生危机

几乎任何品牌都有可能发生企业控制不了的危机，例如人们发现象牙品牌的模特是一位色情明星，泰诺胶囊的包装盒子被动过手脚，或者瑞灵（Rely）的产品有着严重的健康隐患。如果品牌名称用到了很多其他的产品上，那么损害程度会更大。

在第 7 章中我们谈到，奥迪 5000 被指具有突然加速的问题后，奥迪的反应是抱怨汽车司机，结果奥迪销量大跌。有人就该事件对其他大众汽车降价率的影响进行了研究，其结果对我们具有启示意义。[16] 奥迪 4000 虽然没有出现突然加速的问题，但它受到的影响与奥迪 5000 相差不多，两者分别为 7.3% 和 9.6%。相比之下，奥迪卡特罗（Quattro）受到的影响要小一些，为 4.6%。由于卡特罗和奥迪不存在密切的关系，而且卡特罗的广告宣传几乎不会提到奥迪，因此人们对卡特罗名称和奥迪汽车的认识是独立的。另外，保时捷、大众等其他大众的名称并没有受到牵连。

费雪（Fisher-Price）品牌名称发生危机后，严重地阻碍了它对儿童照料服务行业的进军。费雪在高质量儿童玩具方面具有良好的联想，而且这些联想也非常适于转移到儿童照料服务上面，不过，仅仅一起儿童猥亵事件，甚至仅仅是指控，就有可能对费雪的全部品牌资产造成破坏。

特许品牌反食原品牌

顾客忠诚度是品牌资产的重要组成部分。如果扩展品牌的销量是以原有品牌为代价的，也就是说原有品牌的销量被牺牲了，那么扩展品牌的销量恐怕很难弥补原有品牌资产所受到的损害。

吉列公司虽然拥有锐特佳（Right Guard）剃须膏这样的强势品牌，但仍然希望通过一款低端产品来打败巴巴索（Barbasol）剃须膏。它的方法是推出“好消息”（Good News!）系列剃须产品，这类产品定位于低端，因而价格较低。后来，吉列公司对吉列专用的好消息剃须膏进行调查，结果发现，好消息剃须膏的销量是以牺牲锐特佳为代价的。这在某种程度上是因为，顾客认为购买好消息既省了钱，也买到了吉列品牌的产品，所以用不着购买锐特佳。

金宝汤公司在试着推出了金宝杯（Campbell's Cup）、金宝罐（Campbell's Chunky）、金宝“家常菜”（Campbell's “Home Cookin”）、金宝金色经典（Campbell's Golden Classics）、金宝天然乳品（Campbell's Creamy Natural）等品牌后，又以普利哥的名称推出了汤品。普利哥品牌定位于意大利汤，会对一直在争夺金宝汤市场份额的普罗格雷索（Progresso）造成严重冲击，但同时不会损害金宝汤品牌。

这里的关键问题是要看不同品牌的交叠程度。例如，如果罐装猫粮和猫干粮的交叠程度较低，洗衣粉和洗衣液的交叠程度较低，那么同类相食的可能性就会降低。

更糟糕的结果：失去建立新品牌名称的机会

扩展品牌的最坏结果也许就是失去了创建新品牌资产的机会。试想，宝洁如果没有象牙、佳美、卓夫特、汰渍、奇乐、欢乐、帮宝适、佳洁士、奥秘、舒尔（Sure）、福格斯、品食乐以及其他70多种品牌，又是怎样一番情景？这些品牌如果换成了宝洁香皂块、宝洁洗衣粉、宝洁洗碗精、宝洁纸尿布、宝洁牙膏、宝洁除臭剂、宝洁咖啡、宝洁薯片，其所创造的价值又会失去多少？

建立新的品牌名称，就可以制造独特的联想而不为原有的联想所累。假如麦金塔电脑（Macintosh）被命名为苹果360，也就不会形成麦金塔名称的联想、忠诚度和资产。相比之下，惠普的品牌策略与苹果不同。有人认为，惠普不为计算器以及随后的电脑建立独特的名称对惠普来说是不利的。不同的产品使用不同的名称可以帮助惠普产品实现差异化经营。

不妨对比一下“除尘机”（Dustbuster）和“百得便携式真空吸尘器”这两个名称的价值。“除尘机”这一名称意味着极好的除尘效果。除此之外，它还具有独特甚至是高级的意思，这些完全可以作为将来产品实现差异化的基础。当然，百得公司还可以凭借这一名称率先进入市场，让名称直接代表产品本身（如施乐名称直接代表复印机）。

另外，新品牌为企业实现增长提供了基础。例如，金宝汤公司为与拉古面条酱竞争而以普利哥的名称推出意大利面条酱后，普利哥的名称也用在了冷冻意大利食品等其他产品上。此外，普利哥还用在了汤品上，从而与普罗格雷索意式汤品展开竞争，这一点在前面已经提到过了。

要想建立独特的新品牌名称，就需要考虑以下问题：

——名称能否让人产生强烈的联想？名称能否讲述品牌背后的故事？名称是否有助于品牌传播？名称是否便于人们了解品牌内涵？

——名称能否建立长期、强烈而有效的忠诚度和优势？名称是否独特，能否让人产生优于竞争对手的联想？

——建立名称、获取知名度、让人产生联想需要付出多少成本？品牌能否提供合理依据来为建立名称争取足够的营销支持？（虽然本田有能力在美国建立讴歌品牌系列产品，但它在欧洲的某些国家中仍然保留了本田的名称。）

解 决 方 案

建立扩展品牌的完整流程包括三个步骤：第一，识别品牌联想；第二，识别与品牌联想相关的产品；第三，从产品列表中选择最佳备选方案进行概念测试和新产品开发。

识别品牌联想

建立扩展品牌的第一步是确定品牌联想。正如第 6 章所讨论的那样，品牌联想的确定可以采用各种各样的方法，例如：

- 名称联想：提到以下品牌时会产生哪些联想？
- 情景投射：简刚刚喝完金宝番茄汤，觉得……
- 探究感性差异：该品牌与哪些其他品牌不同，为什么？

例如，维亚尔内让人联想到昂贵、滑雪、质量、风格、时尚、潮流、紫外线保护。沙宣让人联想到昂贵、好闻、棕色瓶子、法国人、发型设计师、时尚、美发沙龙、头发护理。

通过上述方法一般会产生大量的联想，从 10 个或 20 个到 100 个以上。接着，我们需要判断取舍，将联想缩减到最有希望的 5 ～ 15 个，判断的标准是看联想的强弱程度。是非常强烈（例如，几乎每一个人都会由麦当劳联想到儿童），还是比较微弱？最后，我们需要找一群顾客对品牌联想进行定量测试，看他们由某个词联想到麦当劳的强弱程度。

如果联想能与其他产品门类发生关系，具有向其他产品扩展的竞争优势，那么这样的联想就具有更多的实用价值。从这个方面讲，由名称到某类产品的联想通常具有局限性。由香奈儿（Chanel）到香水（或到女性个人妆容产品）的联想要比由香奈儿到法国人或风尚的联想具有更多的局限性。

确定备选产品门类

对于每个主要联想或各组主要联想，接下来的一步就是识别相关的产品门类。同样，我们可以要求顾客直接回答与联想相关的产品名称。因此，麦当劳可以在“儿童”联想的基础上推出儿童玩具、儿童服装或儿童游戏等系列产品。“高效、低价”的联想也可以让它进入任何与之密切相关的服务领域。因此，麦当劳服装店理应以低价而高效的方式来销售服装。

有人用该方法对凡士林特效润肤露扩展产品进行了研究，表9-1为研究结果。[17] 该研究一共获得了八个主要联想。每个联想又显示出了三个相关的产品门类。品牌联想的显著差异得到了生动的体现。如果凡士林品牌的主要联想是润肤霜，那么它可扩展的产品有香皂、面霜、护肤霜，这三类产品均属于润肤霜定位。相比之下，如果品牌要在药用性方面进行扩展，那么它就应当考虑消毒药膏、急救药膏、痔疮膏这些产品。很明显，首先选择的扩展产品往往会固化某一联想，并对后续扩展产品的选择产生影响。

表 9-1 凡士林特效润肤露的联想及相关产品

联想	相关产品
润肤霜	香皂 面霜 护肤霜
润肤露	防晒油 须后水 婴儿润肤露
药用性	消毒药膏 急救药膏 痔疮膏
纯正	棉布 纱布 消毒纱布包
身体护理	指甲砂锉 肌肉强健带 棉签

（续）

联想	相关产品
喷瓶	发网护理液 芥末 玻璃清洁剂
身体护理	尿布 粉剂 油
香味	香水 房间除臭剂 体香剂

资料来源：Adapted from Figure 3 in Edward M. Tauber, "Brand Franchise Extension: New Product Benefits from Existing Brand Names," *Business Horizons*, Vol. 47, March–April 1981, pp.36–41.

事实上，凡士林建立扩展品牌的基础正是它在润肤霜和润肤露方面的联想，不过凡士林将这些扩展品牌定位于药用性或治疗性产品，因而充分地利用了第三方的联想。[18] 它在 1976 年首先推出了凡士林药用唇膏，随后又推出了凡士林特效沐浴露和凡士林特效润肤霜。"药用"和"特效"等字眼的使用暗示了产品在药用性或治疗性上的定位。注意图 9-4 中的广告。这些产品都取得了良好的市场效果，例如凡士林婴儿润肤油成为紧随强生之后的竞争对手。不过，凡士林生发油并没有成功。一方面是因为润肤膏方面的联想可能无助于生发类产品，不过，更有可能的原因是人们认为生发油产品过于油腻。

确定备选产品门类的另一种方法是集中研究互补性、技能和资产可转移性、用户类型、产品特征、顾客利益、成分、标志等匹配依据。以互补性为例，哪些其他产品也可用于相同的用途，比如说香水和唇膏就可以。技能和资产的可转移性是说产品生产商（如薯片生产商）在某些产品（如脆饼干）上的生产能力要优于其他产品（如泡菜）。如果共同特征是香味，那么就可以扩展到以香味为核心特征的系列产品。

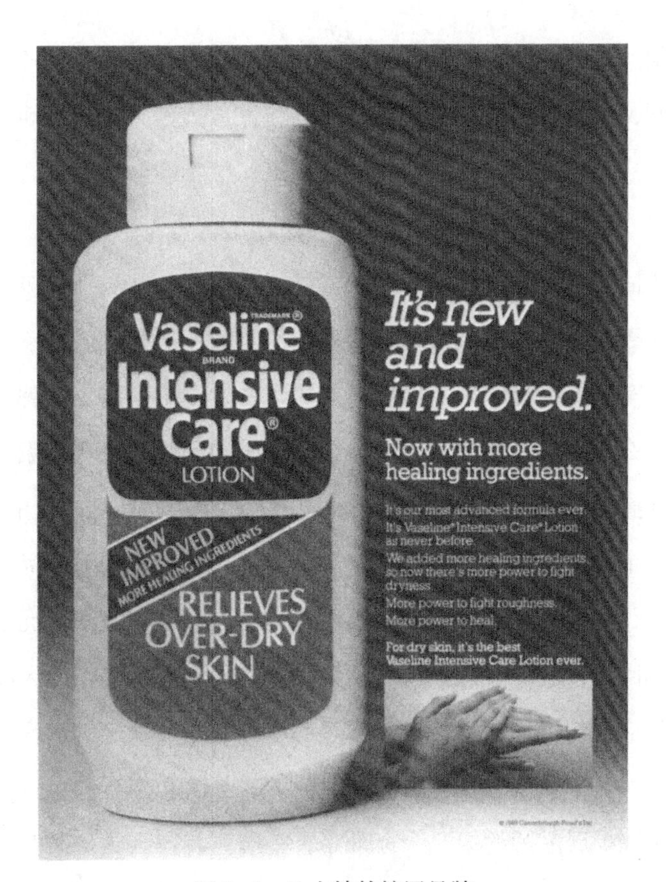

图 9-4 凡士林的扩展品牌

注：瓶身文字可译为“凡士林特效润肤露是经过改进的新型产品，可缓解皮肤干燥”。

右侧文字可译为“改进版新型产品，含有更多的健康成分”。

资料来源：Courtesy of Chesebrough-Pond's USA Co.

选择备选产品

接下来任务就是要在生成的产品列表中选择有限数量的备选产品进行概念测试。在这一阶段，我们要使用两个标准。第一，备选产品应与原品牌相匹配。第二，备选产品应当具备某些优势。

扩展品牌需要与原品牌相匹配，也就是说顾客应对扩展的品牌感到舒适，不觉得不妥。如果品牌的感知质量或联想可以转移，那么扩展品牌与原品牌的互相匹配就会增加这种转移的可行性。假如顾客认为扩展品牌与原品牌不相匹配，那么他就会心生困扰，进而将注意力集中在匹配问题上，使感知质量或联想难以实现转移。在极端情况下，顾客还会认为扩展品牌与原品牌互相冲突，这种互相冲突有时会闹出大笑话。

要想评估扩展品牌与原品牌是否匹配，其中一种方法是直接问调查对象品牌名称是否与各个备选产品门类相匹配。不过，匹配度低并不一定会造成致命影响。有些产品看起来不匹配，但如果在定位中强调了品牌与产品门类的关系，那么实际上是匹配的。因此，一个扩展品牌如果具有吸引力，比如说具有市场前景，那么即使出现了匹配问题，也需要进行更广泛的概念测试。

如果一个品牌用于某类琐碎的产品（当然，琐碎是相对于品牌而言的），也就是说这类产品几乎让人看不到独特的地方，那么在这种情况下就特别容易出现匹配问题。这时，人们就会认为品牌名称被浪费了，因为品牌名称丝毫没有起到应有的作用。另外，人们还会认为扩展品牌定价过高。阿克和凯勒在对喜力牌爆米花进行概念测试时发现了这一现象。

选择备选扩展品牌的第二个标准是，扩展品牌应当具备某些优势。如果顾客不能说明自己为何喜欢某个备选扩展品牌的具体原因，我们就有必要弄清楚其中的原因。品牌名称应当为顾客提供购买理由。品牌名称也应该提供顾客利益，如更高的质量、更多的巧克力含量、更可靠的性能以及身份地位感。

这里，我们还是用市场调查的方法来为我们提供参考指南。我们可以要求潜在顾客说出备选扩展品牌的竞争对手，列出如何让扩展品牌优于各个竞争品牌的方法以及扩展品牌不如竞争品牌的方面。为了深入地了解扩展品牌能否提供足够的顾客利益，我们可以要求顾客只根据名称来进行全面的评估。然后，我们再要求顾客解释如此评估的原因，从而弄清扩展品牌潜在利益和负面效应的重要性。当然，品牌扩展的定位策略可能会形成新的联想，而这种方法无法反映新联想的影响。

战 略 思 考

既然品牌扩展决策在本质上属于战略决策，那么在开始行动之前就应当考虑以下几个战略问题。

扩展品牌何时具有意义

扩展品牌只有在满足以下条件时，才有可能成为最佳选择：

1. 原有品牌的强烈联想是扩展品牌的差异点和优势。

2. 扩展品牌可以强化关键联想、避免负面联想、增强知名度，对核心品牌是有利的。如果原有品牌的名称只能为扩展品牌提供知名度和感知质量，那么这样的扩展品牌通常很容易受到竞争对手的攻击。

3. 扩展品牌的产品门类不适于建立新的名称，或者新名称无法产生有利的联想或无助于将来实现增长。

从战略层面进行思考

既然扩展品牌立足于原有的品牌联想，那么我们在考虑第一个扩展品牌时，还要考虑未来的增长点。这在凡士林的例子中已经体现了出来。例如，金鸡（Rossignol）品牌具有法国、滑雪、技术、质量、风格方面的一系列联想。第一个扩展品牌很有可能加强其中的某些联想，而弱化其他联想。随后产生的一系列联想又会在将来建立某些新的扩展品牌，而抑制其他扩展品牌。因此，我们必须考虑这样一个问题，那就是核心联想最后应能为一系列扩展品牌提供匹配的理由以及差异点和优势点。在进行第一次品牌扩展之前，我们必须经历这一思考阶段，否则我们将来就有可能错失良机。

使用嵌套品牌名称

我们可以在扩展品牌的基础上开发新的品牌名称，建立新的联想，并实现新的业绩增长。例如，百得公司曾推出过一个新的家电产品系列，用以安装在厨房台面的上层空间。“空间节省者”（Spacesaver）是这个产品系列的核心名称，让人联想到节约摆放空间的核心顾客利益。又如，吉露公司在普通吉露布丁冰糕的基础上推出了含有花生外层或巧克力外层的豪华冰糕（Deluxe Bars）扩展品牌。

嵌套的品牌名称不仅增强了人们对既有品牌的信心，而且让人产生产品特征方面的联想。唯一的问题是嵌套的品牌名称属于新名称，需要建立知名度。如果没有强大的销售基础，没有建立新名称的意志和能力，新名称非但不能增加价值，还会让人感到困惑。

金宝汤公司具有非常之多的名称。它不但拥有独特的金宝罐、家常菜、金色经典、金牌（Gold Label）、天然乳品、特色汤（Soup du Jour，冷冻微波汤）、经典食谱（Cookbook Classics，耐贮微波汤）、鲜厨（Fresh Chef，冷藏汤）等系列产品，还拥有手工处理（Manhandler）、家常（Homestyle）、特殊定制（Special Request）等名称。每个名称的建立都要付出高昂的成本，而且众多的名称很容易让人混淆，这些成本与混淆迟早要超出名称联想的价值。

两面下注

如果原有品牌名称与新产品之间不存在过于密切的关系，那么品牌扩展的风险就会降低。例如，家乐氏的“19号产品”[⊖]出了问题，比方说可能含有一种可引发癌症恐慌的成分，那么问题也只限于“19号产品”系列。又如，立顿的“杯汤”(Cup-a-Soup) 很难对核心品牌名称造成影响；相比之下，

⊖ Product 19，一种谷类食品的品牌。——译者注

“金宝杯”由于含有核心品牌的名称，因而很容易对核心品牌产生影响。在纵向品牌扩展中，如果一个品牌向下扩展到较低质量的产品，那么就有必要保持原来的价格或质量定位不受扩展品牌的影响，因此，拉开扩展品牌与原有品牌的距离就显得特别重要。

万豪酒店非常关心万豪名称在新酒店中的使用。图 9-5 为万豪酒店的决策。顶级套房酒店应当增强万豪的知名度和感知质量，所以要使用万豪的名称。但其他类型的酒店如果也使用万豪的名称，就会对顶级的万豪名称造成破坏。解决办法是赋予“万豪旗下”的含义。例如“万豪旗下万怡酒店”，其中，万怡酒店是正式名称，是保证让人联想到万豪的核心，但又不会对万豪母公司造成影响；相比之下，如果直接以“万豪”的名称命名，就会对万豪母公司造成影响。

图 9-5 万豪系列

如果定位于经济型的万枫酒店（Fairfield Inn）使用了万豪的名称，就会对万豪造成极大的危害。当然，入住万怡甚至万枫的旅客也许会认为他们享受到了万豪的质量，但至少万豪的一些核心客户肯定会转向或者重新回到那些更加“纯正”的顶级酒店。

用公司名称来支持弱势品牌，例如为皇家布丁（Royal Pudding）贴上纳贝斯克的名称，通常只能产生有限的作用。这种做法虽然可以提高初次购买者的信心，但由于人们认为公司名称与产品门类不相匹配或者认为产品的感知质量只是一般，因而很难增加可信度和感知质量。

处在产品生命周期的哪个阶段

如果原有品牌名称有助于扩展品牌在拥挤的市场中建立知名度、正面联想和分销渠道，那么这样的扩展品牌在成熟的产品门类中就具有更大的相对优势。相比之下，如果这个产品门类不够成熟，那么扩展品牌对原有品牌名称造成的危害也就最大。前面已经提到，有人对 11 个市场中的 98 个消费品牌进行了研究，结果发现：在率先进入市场的 11 个先锋品牌中，只有两个品牌是用新名称建立的（实际上，这两个品牌都失败了）；产品门类越成熟，用扩展品牌进军市场的情况就越多；在后来进入市场的非先锋品牌中，扩展品牌的存活率要高于新建品牌的存活率。可见，这些研究成果与上面的判断是一致的。

呵护品牌名称

很明显，用扩展品牌来实现增长的可靠性取决于原有品牌名称的资产。因此，品牌名称必须精心呵护。由于任何市场活动都会对品牌联想造成影响，因此必须对市场环境进行积极管理。特别是降价促销、产品成分决策、分销决策和定价策略更容易对品牌造成影响。在进行这些决策时，我们应当把品牌资产放在最重要的位置上来考虑。

思考题

1. 建立备选扩展品牌列表，备选扩展品牌与原品牌之间应当具有一定的逻辑关系。

2. 根据扩展结果——好的结果、坏的结果、糟糕的结果（见图 9-1）来分析备选扩展品牌。

3. 从战略层面进行思考，不仅要选择一个正确的扩展品牌，还要考虑将来要建立的品牌和子品牌系列，以及它们之间的相互关系。

4. 公司名称的作用是什么？如何用公司名称来支持其他品牌？

第 8 章图 8-4 口号和品牌对号入座答案

1. 伊卡璐	9. 美国电话电报公司
2. 美国运通	10. 旅行者公司
3. 安飞士	11. 微软
4. 米勒淡啤	12. 雪佛兰
5. 莫顿盐业	13. 美瑞泰克
6. 中天	14. 洛克希德
7. 东芝	15. 马自达
8. 萨博	16. 美国无线电公司

MANAGING BRAND EQUITY

第10章

复兴品牌

大风大浪造就伟大船长。

——无名氏

市场营销应以市场创建而非市场分享为主。

——里吉斯·麦肯纳

雅马哈的故事

雅马哈钢琴（Yamaha Pianos）的事例表明，衰退的市场也有复兴的可能。[1] 经过几十年的投资和努力，雅马哈成功地占领了全球 40% 的钢琴市场。然而不幸的是，钢琴市场正在以每年 10% 的速度开始衰退，而且很多低成本的韩国企业也在纷纷涌入钢琴市场。在这危难关头，雅马哈必须充分利用品牌资产，全力恢复以往的收益。当然，在这种情况下，仅仅守住市场份额都很困难，更不要说创造收益了。

雅马哈的应对之策是开发 Disklavier 钢琴（见图 10-1）。Disklavier 于 1988 年 1 月在美国推出，它的功能和演奏效果跟同类的雅马哈钢琴一样，只不过多了一个电子控制系统。电子控制系统结合了数字技术和光学技术，可区分 127 种不同强度、不同速度的按键动作。由于 Disklavier 采用了数字技术，各次击键均能准确无误地记录并存储在 3.5 英寸的磁盘上。通过磁盘，每首曲子均可准确地重复演奏，乐句划分的细微之处均能精确还原。

Disklavier 不但可以再现原始演奏，还可以对其进行修改。演奏速度可提高 20%，也可降低 50%，以便捕捉不同的声音。另外，乐曲还可以改变成不同的曲调，形成不同的声音。乐曲的一部分声音可以删掉，例如键盘的上半弓，这样学生就可以一只手练习，一只手自动伴奏了。Disklavier 虽然属于钢琴（称为“声学钢琴”，以便与电子合成器区分，声学钢琴只产生钢琴声音），但可以与数字乐器相连，为音乐专家创作音乐提供更多的灵活性。

Disklavier 具有很多好处，特别是对于音乐专家而言。我们已经看到，作曲家或编曲者可用 Disklavier 来更改乐曲调子和拍子，进而探索各种各样的演奏手法。另外，歌手或乐器演奏者也可将钢琴伴奏者的曲段录制在磁盘中，以供随时演练。从此，演奏再也无须现场伴奏了。酒吧或商店里有了 Disklavier 钢琴，就可以用录制的乐曲来替代演奏者。

图 10-1　雅马哈 Disklavier 钢琴

注：图中标题可译为“晨星路 930 号的音乐季不但有史蒂夫・艾伦、乔治・谢灵、彼得・尼洛，更有雅马哈 Disklavier 钢琴”。

资料来源：Courtesy of Yamaha Corporation of America.

音乐教师可以使用录音、重放特别是慢放功能来展示演奏技法以及演奏中的错误和缺陷。将钢琴与背景音乐源连接起来，还可提高音阶练习的效果，增加学生的学习兴趣。一只手练习，另一只手由钢琴伴奏，这样做更有意义。磁盘可以记录学生各个阶段的学习成绩，有没有进步一目了然。另外，录音还可以定期添加到个人专辑中，是成长经历的重要记录。

不过，对于钢琴演奏水平一般，却又不能满足的普通人来说，Disklavier 的价值最让他们着迷了。这些普通人现在也能把弗拉基米尔·霍洛维茨（Vladimir Horowitz）、乔治·谢灵（George Shearing）、列勃拉斯（Liberace）等名家邀请到家中来演奏了。雅马哈钢琴软件库拥有大量的磁盘曲目，用户可以从中获取顶级演奏者现场演奏的特别录制版，然后加以练习。最后，家人不练钢琴时，钢琴也不会闲置下来，更重要的是，家人放弃学习钢琴时，钢琴也不至于完全废弃。

从本质上讲，雅马哈彻底改造了原来的自动钢琴。自动钢琴在 20 世纪 20 年代的鼎盛时期曾为家庭提供音乐，至今仍然让人联想到家庭、乐趣和“现场”音乐。当然，自动钢琴利用按键触发的打孔纸带卷只能提供有限的重放质量，这与 Disklavier 提供的重放质量不可同日而语。

精巧的电子琴对爱好装置的年轻人有着特殊的吸引力，而且价格便宜，这在某种程度上对钢琴行业造成了很大的冲击。高端钢琴逐渐被成本极低的电子琴所取代。然而，Disklavier 的出现对钢琴行业的颓势做出了有力的反应。那些重视家庭装修，喜欢真正钢琴所拥有的外观、声音和感觉的人，也就有了新的选择。

不难预料，Disklavier 及其竞争对手似乎已经复兴了一个衰退的行业。Disklavier 推出 3 年后，成为行业领导者。Disklavier 售价为 0.9 万美元到 2.5 万美元不等，销量占了雅马哈钢琴总销量的 20%。1990 年年初，Disklavier 被用于再现乔治·格什温（George Gershwin）演奏《史瓦尼》（Swanee）时的场景。这一事件极大地推动了 Disklavier 的销量。有趣的是，Disklavier 的购买者中有一半以上都不弹钢琴，这就意味着钢琴的自动演奏功能是购买决策的重要原因。另外，半数以上的购买者（50% 的三角钢琴购买者和 63% 的立式钢琴购买者）都已经有了一架钢琴。因此，至少对某些人而言，Disklavier 无疑是在淘汰传统的钢琴。

另外一件有趣的事是，PianoDisc、QRS Music Rolls 等公司推出了“改进工具”（价值 2500 ～ 4000 美元），可将现有的钢琴改造成 Disklavier 的样子。在美国，大约有 4000 万台钢琴，其中很多都成了家庭装饰品，制造的与其说是音乐，倒不如说是记忆。儿童们要么不在家，要么参加其他的活动。“改进工具”产生了较大的销量，并从侧面带动了庞大的数字磁盘市场（不要与 CD 弄混）和钢琴调音师市场。现在，人们有了为钢琴定期调音的动力。

面对衰落的市场，其他国家的钢琴界采取的竞争方式一般只是降低价格，增加独特特征来提高边际利润和市场份额，或者消耗品牌资产来谋取增长。但是，雅马哈在这个相当危险的钢琴行业中并没有想方设法去攻击竞争对手，而是在努力地寻找产品突破，重新建立具有高增长潜力的细分市场，从而形成巨大的竞争优势。结果，一个岌岌可危的钢琴行业发生了巨大的转变，原本没有魅力的行业变成了一个引人注目、有增长前景的市场。

选择复兴

如果品牌资产停滞不前又会出现什么情况？一个企业是否一定要保持年老、疲惫而沉重的品牌呢？在本章中，我们会考虑复兴品牌的可能性，这些品牌虽然在精神上垂垂老矣，但如果改变方向，就仍然具有充足的生命力。在复兴品牌的过程中，我们不仅要增加销量，还要增加品牌资产，而增加品牌资产又往往意味着要提高知名度、改善感知质量、改变原有联想、扩大顾客群或提高忠诚度等。

事实上，复兴品牌的成本和风险在一般情况下要远远低于建立新品牌的成本和风险。建立新品牌动辄耗资数千万美元，而且往往失败多于成功。企业看待品牌好比房东看待房子：增添修补要比购买新房便宜，而且效果也更好。

不过，并非所有的品牌都适于复兴。一个老品牌如果只是克服不了负债或低沉的市场，那么这样的品牌大家都想复兴，只不过，为老品牌注入新鲜活力必须具备切实可行的方案。本章将在最后部分讨论产品的“晚年”问题，这时就需要保持品牌，甚至必须正视产品的“死亡”。

品牌复兴有七种方法。其中一种方法（图 10-2 中的第七种方法）是通过品牌扩展来发掘品牌资产，这种方法在第 9 章中已经详细讨论过了。其他六种方法如图 10-2 所示，这些内容将在本章下文中讨论。虽然各个方法提供了有意义的视角，代表了不同的复兴方式，但它们并不互相排斥。例如，雅马哈钢琴就几乎涵盖了所有的方法：（1）增加使用；（2）寻找新用途；（3）进入新市场（那些不弹钢琴的人）；（4）重新定位品牌；（5）增加产品或服务；（6）淘汰现有产品；（7）扩展品牌名称。

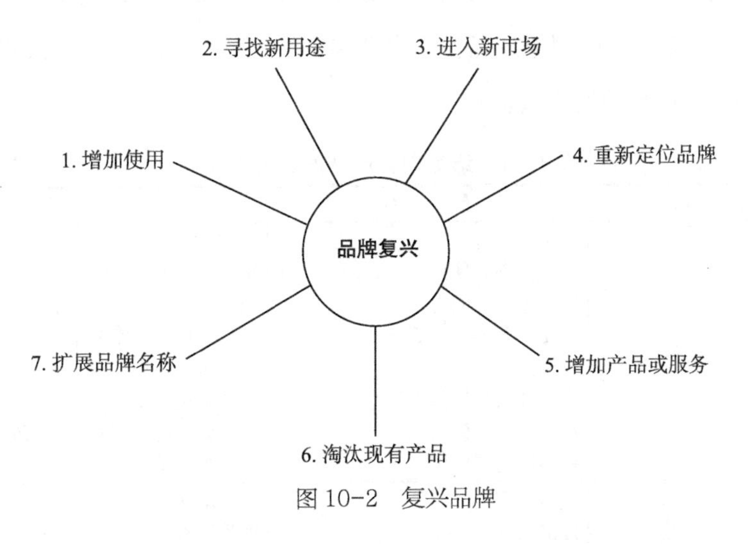

图 10-2 复兴品牌

虽然有些方法可能会产生相同的解决方案，但我们仍然有必要采用七种不同的方法来看待复兴目标。每种方法都有自己独特的视角，多种方法结合起来就有可能找到最佳解决方案。不过，这一切都要以创造性思维为基本要求：从不同角度来看待熟悉问题往往可以发现新的、有创造性的解决方案。

增 加 使 用

通过改进品牌或采用大量的营销活动来提高市场份额从而复兴品牌往往会引发竞争对手的强烈反应。相比之下，增加现有顾客的产品使用频率通常不会对竞争对手产生较大的威胁，因而是增加品牌销售规模，进而增加品牌资产的有效方法。与其从蛋糕中分出更大的一块，不如做大蛋糕本身；后者不但更简单，而且回报更多。[2]

在制订增加产品使用的相关计划之前，我们最好问一问关于用户和产品消费系统的几个基本问题：产品或服务为什么没有被更多地使用？是什么阻碍了使用决策？轻度用户和重度用户在态度与习惯方面有什么不同？

如表 10-1 所示，增加产品使用有两种方法：第一是增加使用频率；第二是增加各种场合的使用量。

表 10-1 增加现有产品市场的使用

方法	策略	示例
增加使用频率或消费频率	提示性宣传	吉露布丁
	定位于频繁使用	洗发露、汽车护理
	定位于经常使用	饭后用牙线
	让使用更容易、更便捷	纸杯分配器、微波食品
	提供鼓励	飞行常客计划
	降低频繁使用的不利结果	温和型洗发露
	在不同场合使用	谷类食品可当零食，也可做早餐
	在不同地点使用	浴室收音机
增加使用水平或消费水平	提示性宣传	增加承保范围
	提供鼓励	饰品特价
	改变标准	使用大包装
	降低增加使用水平后的不利结果	低热量糖果
	让人对使用场合产生正面联想	菲多利——“不能只吃一个”

增加使用频率

提示性宣传 在某些情况下，能让顾客首先想到品牌或使用场合或二者兼而有之的知名度是顾客购买产品的原动力。这里的问题是，有些人知道品牌，也知道品牌的使用场合，但没有外界刺激，就根本不会考虑使用这些品牌。在这种情况下，我们就需要进行提示性广告宣传。牛排酱及其他调料品牌要想获得更加频繁的产品使用，就需要开展一系列的提示性广告宣传活动。有一家火腿罐头生产商发现，大多数顾客购买的火腿罐头只是放在食品储藏室“以防万一”罢了。因此，他们需要让顾客将火腿罐头列入菜单中。采用的方法是开展提示性广告宣传和促销活动。再比如，通用食品公司（General Foods）也为吉露布丁开展了提示性广告宣传，在广告中，比尔·科斯比问道：“妈妈，上次做布丁是什么时候？”

像牙齿检查、汽车润滑等常规性护理活动很容易被人忘记，因此如果对人们稍加提醒的话，情况就有可能大不相同。力槌公司对消费者的调查表明，小苏打冰箱除臭剂的用户以为每 4 个月更换了一次产品，但实际上每 14 个月才更换一次产品。[3] 因此，他们在广告宣传中定期提醒顾客更换产品，从而达到改变消费习惯的目的。

定位于频繁使用或经常使用 通过重新定位，一个偶尔使用的产品就可以变成频繁使用的产品。例如，倩碧（Clinique）保湿霜“两天一次”和“一天三杯奶”等广告都表明，厂家正在努力改变人们对产品的认识。另外一种相关的方法就是定位于经常使用，因为使用习惯是保持产品使用的最好保证。例如，我们可以在广告宣传中强调饭后刷牙或每周联络亲属的必要性。

让产品使用更容易 问一问顾客为何不经常使用产品或服务，这样，我们就能找到方法，让产品使用更容易。例如，纸杯盒或纸巾盒增加了产品使用的便捷性，因而增加了产品的使用率。产品包装如果可以直接放入微波炉加热，同样增加了产品使用的便捷性。预订服务帮助了那些必须选择酒店或类似服务的人。华夫冷冻饼干、炉顶牌火鸡填充料（Stove-Top Suffing）都因使用方便，而增加了产品的消费。

提供鼓励措施 我们可以为顾客提供鼓励措施来增加消费频率。例如，航空公司推出的飞行常客计划就可以增加顾客的飞行频率。提供鼓励措施的目的是增加产品使用，不能沦为简单的价格竞争。虽然价格激励（如买二送一）具有一定的效果，但也有促使人们只关注价格的风险。

降低频繁使用的不利结果 有些时候，顾客有着充分的理由不去频繁使用某种产品。如果这些理由得到解决，那么产品使用就会自然而然增加。例如，有些人认为，频繁洗头不利于健康。所以，一款非常温和、可以天天使用的产品就能减轻这种担忧，进而增加产品使用。又如，低热、低盐、低脂食品都可以极大地扩大市场。因此，最能让顾客联想到产品变化的品牌就最能从增加的市场中获利。

在不同时间或不同地点使用 问一问顾客他们在什么时间、什么地点使用产品。产品使用能否扩大到其他时间或地点？果汁生产商就曾将果汁产品从竞争非常激烈的早餐饮料市场扩展到零食饮料市场。肥料产品的使用地点也可由草坪扩大到灌木、乔木等。有一款“浴室防水收音机”就是专门针对浴室设计的。

增加使用量

同样的方法也可用于增加产品在各种场合中的使用量：

1. 房屋的重置价值增加后，可在广告中提醒保险客户扩大房屋的投保范围。顾客购买衬衫时，可提醒他们附带购买领带或其他配件。

2. 使用鼓励措施。例如，快餐店可通过降价促销来增加顾客的点餐数量。比如说，购买汉堡时，如果加购饮料或薯条，就能享受特价。

3. 改变使用量标准。加大包装盒并让顾客认可，就可以改变食品的“标准”规格。

4. 解决人们主观上认为的大量消费的不利结果。例如，清淡型啤酒或低热量沙拉酱推出后，人们就没有理由再控制使用量了。救生圈牌糖果在广告中宣称，其所含有的热量要低于大多数人所认为的。

5. 通过广告宣传建立与使用场合相关的正面联想。百事可乐让人联想到乐趣感和清新感，增加了产品的使用。菲多利用“不能只吃一个”的广告口号来强调它的美味。电脑设备公司可以购买一套具有更多终端的强大系统，从而让人产生高效率方面的联想。

寻找新用途

探索并开发品牌的新功用可以复兴盛极一时的衰落产业。比较经典的例子就是吉露。吉露最早以甜食产品起步，后来，吉露沙拉等产品却成了其主要的销售增长点。

20 世纪 70 年代初期，力槌小苏打的年销量一直维持在 1500 万美元左右。后来，力槌提出了用小苏打这一著名产品来给冰箱除臭的建议，使这种停滞不前的局面开始有所缓解。[4] 特别是在 1972 年一则广告的刺激下，销量有了突飞猛进的增长。据报道，用小苏打给冰箱除臭的家庭在短短 14 个月内从 1% 陡然增长到 54%。在后续的广告宣传中，力槌又分别暗示小苏打可用作洗碗池除臭剂、冰箱除臭剂、猫砂除臭剂、狗狗除臭剂和游泳池除味剂。截至 1981 年，力槌已经成为一家价值 1.5 亿美元的企业。随后，品牌又扩展到除臭剂产品（回忆第 9 章图 9-2）、洁齿产品、洗衣粉，到了 1990 年，品牌销售额已经超过 4 亿美元。

其他一些品牌也通过寻找新用途而成功地实现了增长，例如：

- 葡萄果仁麦片（Grape-Nuts）本来只是装饰性食品，现在已经超出了酸奶或冰激凌的使用范围；它可在微波炉中同牛奶一起加热，可以很快做出一顿热腾腾的早餐或点心。

- 原本用于油田油水分离的化学工艺，现在被污水处理厂用来去除不必要的油脂。
- 立顿汤推出了新的配方，他们在包装盒和广告中表示："丰盛的美食从立顿秘制汤料开始"，配方的概念甚至出现在了口号中。

新用途最好通过市场调查来确定。通过市场调查，我们可以明确顾客是如何使用品牌的。在产生的各种用途中，选择几个新用途。例如，有人在调查研究中要求外用止痛剂用户记录他们对止痛剂的使用情况。[5] 结果令人大吃一惊，Ben-Gay 止痛剂 1/3 的用途以及超过 50% 的用量都流向了关节炎止痛，而不是肌肉止痛。为此，他们策划了单独的营销方案，邀请得了关节炎的舞蹈演员（如安·米勒（Ann Miller））和足球运动员（如约翰·尤尼塔斯（John Unitas））进行广告宣传，使品牌进入了新一轮的销售增长。

另一种方法是观察竞争性产品形式的应用领域。葡萄干的大范围使用促使欧氏丝柏推出蔓越莓干。蔓越莓干可用于饼干、什锦早餐等食品，这些食品的包装上贴有"采用欧氏丝柏地道蔓越莓制造"的标签。另外，蔓越莓干还可以当作零食，这类零食暂且称为"欧氏丝柏蔓越莓干"。

企业如果可以提供目前尚未普及的用途，那么就有可能获得更大的收益。因此，只对目前的用途进行调查是不够的。通用磨坊等公司对各种各样的配方竞赛给予赞助，其中一个目的就是寻找新的"经典配方"，创造新的产品用途。如果一个产品可用于很多用途（就像贴牌产品一样），那么就很有必要集思广益，尽情发挥各种创意。

如果发现某些应用领域可以创造巨大的销量，我们就需要对其进行评估。首先，采用市场调查或其他预测方法来评估潜在的水平：有多少消费者会以该种方式使用产品？在该用途上，每个顾客可以达到的产品购买力是多少？力槌公司为了开发新用途和新产品，曾进行过 150 多项市场调查。

其次，开发新用途的可行性和成本需要评估。某些新用途可能需要大量的营销支持。安哥斯图娜苦啤酒（Angostura Bitters）是一个有着160年历史的品牌，其主要用途是作为曼哈顿鸡尾酒的配料之一。后来，安哥斯图娜苦啤酒决定推出不含酒精的饮料，他们的第一步是推出“充电者”（Charger）。[6] 充电者的主要成分是苏打水、苦啤酒、酸橙汁，几十年来一直供应于酒吧。加拿大干饮品牌很想在加拿大干饮赛尔脱兹矿泉水的瓶肩上挂一些小包装苦啤酒和配方来对充电者进行推广。他们在博物馆和街市上组织品尝活动，在无线电广播中播出以“充电者”为主题的系列广告。随后，他们又推出了加勒比（Caribbean）（成分为蔓越莓汁、菠萝汁、苦啤酒）等饮料。

最后，竞争对手通过产品改进、大规模广告宣传甚至价格战来抢占新用途的可行性也需要分析。问题的关键是看品牌能否在新用途中取得较大的竞争优势。欧氏丝柏在蔓越莓方面的联想可确保欧氏丝柏顺利进军蔓越莓零食市场，不过，欧氏丝柏的名称在饼干、谷类食品等加工领域中并没有多大的影响力。

进入新市场

要想实现增长，最明显的办法就是进入具有增长潜力的新市场。即使新市场不成熟，无法接受产品；或者产品价格过高，市场无法接受；或者没有企业考虑这个新市场。但无疑新市场都代表了该行业尚未开发的销量潜力。

在某些情况下，新市场会要求我们对产品进行改进。德州仪器看到了之前被人忽略的女性计算器市场，他们打算借此来复兴这个高度成熟且充满竞争的行业。[7] 大约有60%的计算器由女性购买，但专为女性设计的计算器却几乎没有。德州仪器的方法是把计算器转变为时尚饰品，并取名为纽昂斯（Nuance）。如图10-3所示，纽昂斯计算器外观精致，有一个弹簧锁盖，当计算器放入钱包或公文包内时可以起到保护作用。计算器有两种颜色可供选择，分别是成熟的紫色和柔和的米黄色。橡胶按键采用流线型设计，手感舒适。按键之间错开排列，指甲长的女性也不会一下子按到两个键。计算器内置太阳能装置，无须电池，光线弱也能正常使用。此外，键盘上有 4 个功能键，其中有 1 个是百分键，用于计算折扣率和营业税。

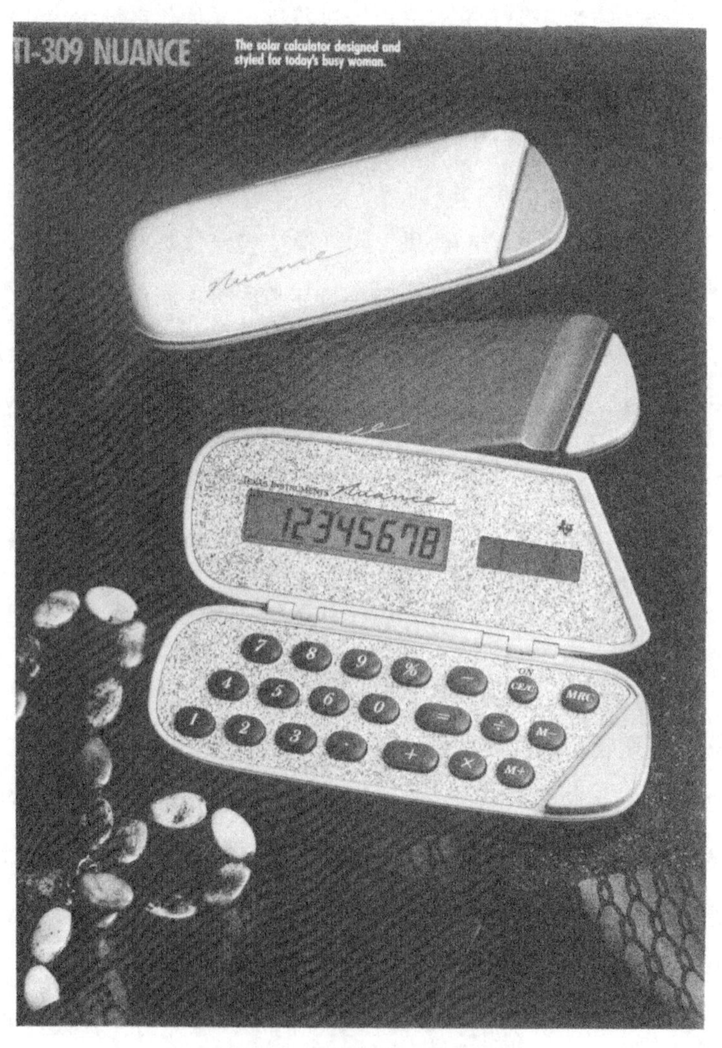

图 10-3　足够美观、非常实用

注：图中标题可译为“太阳能计算器，专为繁忙女士设计”。

资料来源：Courtesy of Texas Instruments.

百事公司打算推出一款含咖啡因的轻怡百事，叫作早餐百事（Pepsi A.M.），这表明百事公司要进入早餐市场了。[8] 当然，顾客也多了一项选择。百事公司在广告中宣称该产品是“味道最好的可乐，可以无情地打败咖啡”。

很多公司在充满竞争的成熟行业中找到了新的市场，发现了新的增长点，例如：

- 有篷货车长期以来一直用于企业快递用途，是一个非常成熟的市场，后来，进入普通消费市场后，销量出现爆炸式增长。
- 冰箱小型化可让产品从家里搬到办公室或学生宿舍。微波炉也可以这样。
- 强生公司的婴儿洗发露正处于日趋衰弱之际，他们开始把目光转向了频繁洗头的成年人。这些成年人也需要一款温和的洗发露：“既然非常温和，适合宝宝使用……”结果，市场份额从 3% 增长到 14%。

如何寻找新市场

以下几条参考指南有助于我们寻找新市场并选择新市场。第一，考虑各种各样的细分变量，如年龄、地理位置、利益诉求、性别。有时，用不同的方法看待市场，就会发现一个有用的细分市场。第二，在成熟甚至衰落的行业中思考具有增长潜力的细分市场。例如，在成熟的啤酒行业中，清淡型啤酒和无酒精啤酒都是具有增长潜力的细分市场。第三，识别那些并不完善的市场，如女性计算器市场或老年人时尚市场。如果这类人群的需求可以得到更好的满足，那么这些细分市场就是机遇。第四，应当寻找品牌可以适应其中并为其增加价值的细分市场。

重新定位品牌

改变联想

定位策略会落伍，目标市场会老化，味道和时尚会改变，联想的吸引力也会下降，最后，定位策略可能不再符合时代要求。

起司维兹奶酪酱（Cheez Whiz）是卡夫食品公司在1956年推出的一款三明治酱，可用于零食和休闲小吃，主要针对儿童。[9] 不过，到了20世纪80年代，起司维兹的业务开始以每年2%的速度逐步下滑。这在某种程度上是因为品牌联想出了问题。起司维兹被喻为食品界的猫王。有位评论员说，《菜鸟大反攻 II》（*The Revenge of The Nerds* II）这部电影非常差劲，感觉就像有人挖空了你的脑袋，然后塞满起司维兹。不过后来，卡夫公司将该品牌重新定位为微波炉专用奶酪酱，可用于制作各种各样的菜品，其中包括砂锅菜、素配菜、烤土豆，如图10-4所示。该品牌的广告投资从200万美元增加到600万美元后，销量取得了35%的大幅增长。

且不说其他因素的影响，定位策略本身也会自行损耗。目标市场变得饱和后，我们就需要建立新的联想和新的细分市场来实现增长。V-8鸡尾酒蔬菜汁（V-8 Cocktail Vegetable Juice）过去一直定位于比番茄汁更好喝的饮料。[10] 但到了20世纪70年代初，V-8的销量开始停滞不前。实验表明，仅仅改变广告支出和定价是起不了作用的。真正管用的是将品牌重新定位为一款可以控制体重的健康饮料。新定位采用"早知道就喝V-8了"的口号，销量实现了20%的增长。

很多其他品牌也通过重新定位实现了增长，例如：

- 金宝汤，曾一度定位为午餐补充品：母亲如果做不出一道让孩子称赞的好汤，就会感到非常内疚。但假如孩子在家吃饭已经变成了历史，那么这时就有必要将汤重新定位为大人的一道主食（汤是一道美食）。

- 巨力多（Geritol）是一款含铁和维生素的补充品，曾经是劳伦斯·威尔克（Lawrence Welk）一代人都钟爱的产品，如今，该品牌主要针对精力旺盛的中年人士。
- 某款头痛止痛粉的重新定位方式是回归本源，也就是恢复原有的包装、苦味、鲈鱼钓鱼锦标赛等活动图标以及西南地区蓝领用户。[11] 该止痛粉曾升级过产品包装，也改变过产品味道，但都没有成功。

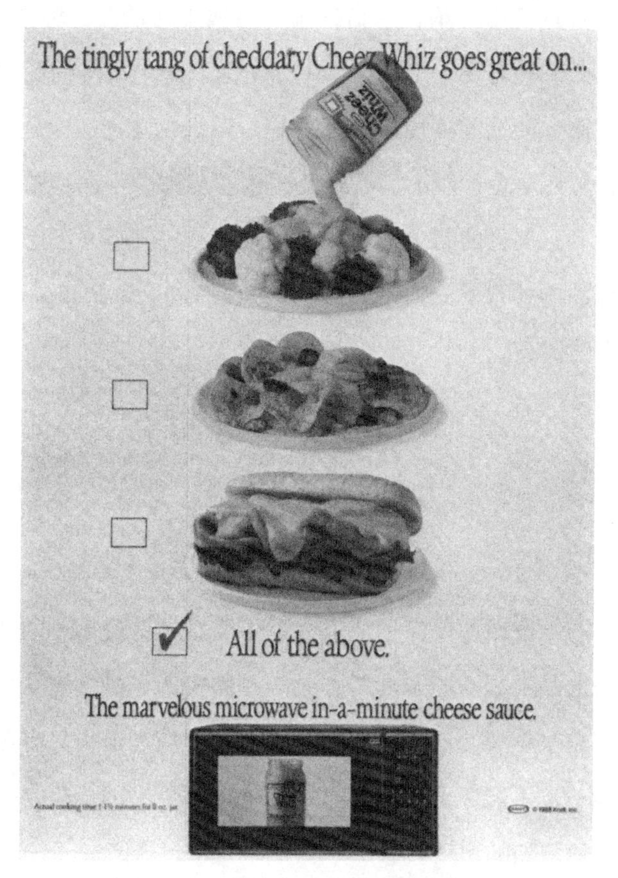

图 10-4 改变起司维兹的品牌联想

注：图中文字可译为“切达干酪味的起司维兹可用于制作以下各种的美味佳肴。微波炉专用奶酪酱，一分钟即食，妙不可言”。

资料来源：CHEEZ WHIZ is a registered trademark of Kraft General Foods, Inc. Reproduced with permission.

通过差异化来增加价值：新联想

在某些情况下，产品成熟后会演变为初级商品，价格压力还会使企业逐渐无利可图。其中一种解决办法是将产品重新定位为高级品牌产品。

鸡肉在20世纪60年代是一种纯粹的初级商品，其销售状况与粮食或其他食品原材料非常相似。弗兰克·珀杜（Frank Perdue）对此大为不满，他决定创立珀杜鸡来改变了这一切。他将原来的初级商品定位为高质量的品牌化产品。在广告宣传中，珀杜亲自挂帅，出演生动活泼、坦率真诚的角色，并说出了“生产嫩鸡需要一个硬汉”的口号。广告中宣传的优质饲料、精心加工、冰袋存储、高端零售商以及弗兰克·珀杜的意愿（这是主要的方面），都让人相信，珀杜鸡是优越的。广告还采用了幽默的手法：珀杜夸耀说，他的嫩鸡在价值6万美元的家中过着安逸的生活，每天睡8小时，不吃垃圾食品，喝的是纯净的井水（“你的孩子也从来没有这么好的条件”）。销售利润果然有了很大的提高。

增加产品或服务

一类产品的销量出现停滞不前或衰退下降是再普遍不过的情形了。产品越来越朝初级商品发展。原本非常强大的品牌资产，最终被众多竞争对手迎头赶上。顾客越来越关心产品价格。一个品牌即使在过去具有更好的可靠性和更强的功能，也不能吸引顾客心甘情愿地支付更高的价格。企业肯定很想放弃这样的竞争激烈的市场。

在这种情况下，我们有必要听一听西奥多·莱维特（Theodore Levitt）的看法：任何产品或服务，甚至初级商品，都可以实现差异化。[12] 莱维特说，如果一个产品正朝初级商品发展，我们不妨增加产品内容，为顾客提供超出预期的额外服务或功能。其实，做得更好，或者做得更多或做得不同都能取得成功。对于成熟的产品，做得更多或做得不同往往比做得更好更具可行性。

改进包装是增加产品内容的一种独特方法，可以让人们重新审视早已腻烦的产品。味好美公司（McCormick）发明了一种新的胡椒瓶，其瓶盖可兼作胡椒磨使用。雀巢公司采用小盒子来包装巧克力，类似于饭店瓶装食品的小包装，这样，孩子们就可以用微波炉来制作热巧克力或热冰激凌了。在某些情况下，新包装还可以帮助顾客解决实际问题。宝洁的橘山橙汁推出了螺丝帽盒装果汁，顾客摇晃时不会溢出果汁。金宝汤公司的罐装汤产品在罐顶增加了拉环，方便了微波炉用户的使用。

莱格斯（L'eggs）在 20 世纪 70 年代初实行的营销举措可以说是增加产品内容方面的经典案例。莱格斯在袜子行业处于整体衰退的情况下，销量从 1970 年的 900 万美元增长到 1974 年的 2.9 亿美元。莱格斯的理念是在超市中销售高质量的袜子。为此，他们实施了全面的营销计划。独特的蛋形包装既保证了产品不被偷窃，也增加了名称的吸引力和认知度。在以前，把袜子放在超市出售中往往让人联想到杂乱无章的场面；现在，莱格斯派遣渠道销售员将袜子纵向排列，消除了不利的联想。另外，莱格斯采用的寄售方式也降低了相关投资，增加了超市的利润。

再比如药品批发业的麦克森公司。为了向药商提供难以计数的海量服务，麦克森采用了计算机信息系统，基本上涵盖了原有的库存管理系统、订货决策系统和定价决策系统。此外，计算机系统还要处理医疗保险索赔，并为药店顾客提供药物交互作用信息和医疗补助计划数据。另外，麦克森还设置了标签系统，用计算机来处理应收账款项目，并建立了“批发代销商”服务，该服务至少取代了某些产品的货架管理。

结果，麦克森的计算机系统服务人员取代了药店基层的庞大销售队伍。[13]公司不再需要庞大的订单处理部门。对药品定价非常敏感的顾客也开始支持麦克森的计算机系统。虽然麦克森减掉了某些业务领域，但销量仍然从1978年的10亿美元增加到10年后的50亿美元，同时品牌资产也获得了20%的收益。然而，就是这同样的领域在1975年却让人看不出什么吸引力来。

产品增加的内容必须是顾客真正看重的，必须与产品密切相关，这样才能给顾客带来利益。要做到这一点，我们首先要了解顾客：到底哪些问题惹恼了顾客，改变了局面？有没有改进服务的方法来解决这些问题？顾客在哪些方面不满意？我们可以做些什么？不妨从购买决定、订购过程、物流服务等系统开始考虑。可以采取哪些行动来提高效率？例如，麦克森的做法是更多地关注订购系统。

顾客参与

企业单位在寻找增加产品或服务的方法时，关键要让顾客参与其中。顾客参与不仅有助于我们找出最适合的应用领域，还能让顾客明显感受到我们的努力，方便了拟订方案的顺利实施。

密立金（Millikin）纺织品公司通过建立“顾客行动小组”，将顾客参与落到了实处。[14] 顾客行动小组具有一定的独立性，他们会提出各种各样的创造性解决方法，目的是更好地服务现有顾客和开发新顾客群体。顾客行动小组的成员由顾客和密立金公司在生产、销售、财务和市场方面的代表人员组成。密立金公司每年创立的顾客行动小组数以百计，这些小组的成功故事吸引了大量的顾客前来参与。

通过一系列的顾客行动小组，密立金公司的车间抹布（工业抹布）业务从原来的初级商品转变成了可以增加价值的服务业。现在，密立金公司经营起了顾客的业务：工业洗衣房。另外，密立金公司还在订购和物流系统、市场调查辅助、商业展览指导、视听销售辅助、业务研讨会、销售人员培训等方面实现了计算机化。

用新生技术淘汰现有产品

在某些情况下，用新产品来淘汰现有的产品，加快更新周期，也能让一个萎靡不振的行业实现复兴。当然，雅马哈的 Disklavier 就是一个例子。其他例子还包括大头网球拍、彩色电视和晶体管收音机。

经过 10 年停滞，家庭音响在 20 世纪 80 年代初期迎来了复兴。激光唱片的出现也许是主要的影响因素。通过升级音响系统的声音效果，他们不仅创造了销量，而且还促使用户升级了扬声器和接收器。另外，立体声电视机的出现也是一个影响因素。20 世纪 80 年代中期，美国立体声电视机的销量每年增长 10% 左右。

然而，对于市场领导者而言，追求新技术是一件非常棘手的事情。他们虽然得到了旧技术带来的利益，但又要面临因拖延、不关心新技术而产生的竞争风险。吉列公司在 20 世纪 60 年代初的经历就很好地说明了这一点。由于产品寿命增加会大大降低刀片需求，而且改变生产和销售方案也会增加成本，吉列公司拒绝采用不锈钢刀片技术。[15]（吉列公司的投资收益超过 40%。）结果，英国一家“不锈钢创新者”威尔金森公司（Wilkinson）以及美国的竞争对手永锋公司（Eversharp）和舒适公司（Schick）永久性地分走了吉列的市场份额和利润。吉列的市场份额从 70% 下降到 55%，投资收益也低于 30%。市场领导者虽然在研发领域投入了大量资金，但很少再产生划时代的新技术，这一点值得我们思考。

复兴以外的其他方法：终结品牌

任何品牌的前景都取决于品牌的力量、品牌资产、竞争的激烈程度和承诺以及产品的市场需求。当一个或多个因素由好转坏时，我们就应当考虑吸脂或退市等方法了。[16]

投资衰退的行业有着巨大的风险，特别是投资已经出现衰弱迹象的品牌。首先，这样的投资有可能会没有收益。逆水行舟本来就是难事，特别是只使用普通的船只。虽然成功并非不可能，但也很难有保证。另外，对于一个拥有多个品牌的企业，这样的投资还意味着要从其他更有前景的品牌或业务领域撤出资金。各个品牌不应当资源均享，因此，有些品牌天生就比其他品牌具有更好的前景。

假如每个品牌都可以获得资金以求发展，甚至都可以拿自己的利润进行再投资，那么有些品牌（特别是新品牌）就会因为缺乏资源而饥饿致死。最好的办法就是拒绝给某些品牌提供资源，必要时，甚至牺牲某个品牌。当然，如果品牌是“老朋友”，如果品牌管理团队仍然充满热情，那么牺牲品牌（甚至只实施吸脂策略）都是非常困难的事情。这里的关键之处是，每个品牌的管理团队不但要考虑复兴品牌的方法，还要考虑“吸脂”“退市”的方法。

品牌吸脂

所谓吸脂策略（也称为“收割策略”）是指不给品牌投资，只从品牌获取额外现金流的策略。一般而言，吸脂策略会导致销量和利润下降，最终使品牌消亡。吸脂策略是发掘品牌资产的常见方法，其基本前提有：（1）衰弱的品牌、激烈的竞争、萎靡的市场都让当前的业务领域失去了吸引力；（2）企业资金有更好的用途；（3）无论是从财务上讲，还是从协同增效上讲，所涉品牌都不会对企业产生重要影响；（4）由于销量下降是有序发生的，吸脂策略不但切实可行，也满足了要求。

吸脂策略可以引申出其他方法。“保留法”或“保持法”允许为品牌投入足够的资金，以保留或保持品牌定位，但不以实现增长为目标。“快速吸脂策略”则是大幅削减运营开支，同时提高价格，从而最大限度地增加现金流，并避免任何额外资金的投入。快速吸脂策略可能会导致销量的急剧下降，使品牌突然退出市场。这些方法的共同特征就是限制品牌资源。

关于吸脂策略，有一个很好的例子，那就是蔡斯暨桑伯恩（Chase & Sanborn），我们会在后文中讨论。另一个例子是联合利华公司的力士美容香皂块，该香皂曾经“10个好莱坞明星9个在用”。[17] 如今，力士美容香皂的广告宣传已经停止了15年，市场份额也低于3%。不过，力士美容香皂搭借着利华公司的其他强势产品，仍然创造了2500万美元的销量——这其中有一半都是毛利润。

蔡斯暨桑伯恩的故事

蔡斯暨桑伯恩的故事证明了吸脂策略的潜在价值。[18] 该品牌推出于1879年，后来成为第一家用密封罐包装焙制咖啡的美国公司。1929年，已在咖啡市场扮演重要地位的蔡斯暨桑伯恩公司与皇家发酵粉公司（Royal Baking Powder）和弗莱施曼公司（Fleischmann）合并，组成标准公司（Standard Brands）。在20世纪二三十年代期间，蔡斯暨桑伯恩投放了大量的广告，主导了咖啡行业。由埃德加·伯根（Edgar Bergen）和查理·麦卡锡（Charlie McCarthy）参与制作的“蔡斯暨桑伯恩一小时”是当时最受欢迎的广播节目。

在第二次世界大战后，市场上出现了速溶咖啡，通用食品公司也推出了麦斯威尔咖啡。然而，蔡斯暨桑伯恩并没有针对麦斯威尔的大规模广告宣传给予回击，而是选择了吸脂策略。几年后，蔡斯暨桑伯恩品牌减少了广告宣传，直至最后完全取消。1981年，标准公司并购了纳贝斯克公司，随后将咖啡业务以1500万美元的价格低价出售给迈阿密的一家小公司——通用咖啡公司。

3年后，通用咖啡公司被希尔斯兄弟公司（Hills Bros）收购。希尔斯兄弟公司发现，蔡斯暨桑伯恩虽然15年都没有打过广告了，但它的知名度仍然非常高。美国东北地区、东南地区有88%的消费者都知道蔡斯暨桑伯恩。他们只需将该品牌放在这些地区的货架上，就能轻松获得0.41%的市场份额。这一比例远远高于宝洁公司的高点咖啡（High Point）以及新近推出的咖啡先生牌咖啡。

另外，标牌公司的皇家布丁（Royal Pudding）品牌在面临通用食品公司的吉露品牌时，也采取了吸脂策略。

如果现实情境出现了以下几个特征，我们就需要采取吸脂策略，而非退市策略：

1. 相关行业并没有以过快的速度衰退。行业中仍有零星的持久需求，这些都可以保证衰退速度较为缓和。

2. 价格结构稳定在某一水平上，高效的企业仍然有利可图。

3. 品牌具有足够的顾客忠诚度，虽然市场份额有限，但仍能用吸脂策略来创造销量和利润。不太可能因吸脂策略而失去相对地位。

4. 品牌可通过规模经济或者牺牲自我以支持其他品牌来为企业增加价值。

5. 吸脂策略可以成功地进行管理。

吸脂策略执行起来并不容易。一个最严重的问题是，对吸脂策略心存疑虑本身就能产生极大的冲击力，进而对整个策略产生干扰作用。事实上，吸脂策略与放任自流的界限有时非常模糊。顾客会对公司的产品失去信心，员工士气会受到损害，竞争对手的攻击也会更加猛烈。所有这些可能性都会让衰退速度超乎预料。为了降低这些不利影响，我们在实施吸脂策略时应尽量不引人注目。

另一个严重的问题是，我们很难为吸脂策略设置管理人员，并激发积极性。大多数经理都不具备成功实施吸脂策略的方向、背景或技巧。企业和有关经理的绩效评估和奖励也很难正确调整。理论上，我们可以设置吸脂策略专家，但由于这类经理非常少见，因而往往不现实。

不过，最严重的问题是，吸脂策略的制定采用了错误的理论依据。市场预期、竞争对手动向、成本预测等方面的信息都有可能是错误的。另外，实际情况也在处于不断变化之中。例如，燕麦片由于价格较低，且在营养和健康方面具有强烈的联想，销量反而重新出现了增长。

在吸脂策略中，企业对变化的反应很慢，或者不愿意做出适当的投资，因而可能会错失良机。例如，美国制罐公司（American）和大陆制罐公司（Continental）这两家大型制罐公司在实施吸脂策略期间，由于未能觉察到行业动向而损失了市场份额。

放弃或清算

如果品牌前景不佳，吸脂策略行不通，那么放弃或清算就成了最后的选择。选择退市决策而非吸脂决策的条件有：

1. 衰退速度很快，且呈加速趋势，企业连零星的长久需求都找不到。

2. 品牌缺乏忠诚度，产品缺乏特色，竞争对手意志坚决，这些都导致预期的价格压力极大。采用吸脂策略对任何人而言都是无利可图的。

3. 品牌定位很弱，一个或多个竞争对手已经取得了不可逆转的优势。企业开始亏钱，未来前景暗淡。

4. 由于相关业务变得无足轻重甚至没有必要，企业的使命因而发生了变化。

5. 专属资产处理或与供应商签订的长期合同等退市障碍均能被克服。

管理层的自尊心也往往会阻碍退市决策。职业经理人经常视自己为问题解决者，不甘心承认扭转局势是不值得的。如果一个品牌已经创立多年，甚至是公司得以发展壮大的原始品牌，那么我们对品牌还会有一种情感上的牵绊。

另外一个必须关注的问题是，只保留有利可图的业务可能会扼杀其他业务。例如，IBM 误以为其 286 系列很快会被 386 系列取代，因而果断地将其踢出了产品线。事实上，另外十几家公司正是凭借 286 电脑弱化了 IBM 的统治地位。后来，IBM 虽然恢复了 286 系列，但为时已晚，损害已经发生。

选择正确的终结方式：吸脂或退市

要想选择吸脂策略或退市策略，就需要对品牌盈利能力的三个决定性因素进行分析，这三个因素分别是品牌力量、市场前景和竞争强度。图 10-5 为各个决定因素的相关问题，可为衰退型行业的投资决策提供一定的参考指南。

市场前景

1. 衰退速度是否有序，是否可以预测？
2. 是在存在零星的长久需求？
3. 衰退的原因是什么？是临时性的吗？衰退之势能否逆转？

竞争强度

4. 是否存在具有独特技能或资产的重要竞争对手？
5. 是否存在很多不愿意退市或不愿意优雅紧缩的竞争对手？
6. 顾客是否忠于品牌？产品是否具有差异点？
7. 是否存在价格压力？

品牌的力量和企业的能力

8. 品牌是否强大？知名度是否高，是否具有正面的、有意义的联想？
9. 市场份额的位置及趋势如何？
10. 企业在核心市场中是否具有若干核心的持续性竞争优势？
11. 企业能否驾驭吸脂策略？
12. 不同业务能否协同增效？
13. 品牌是否适合企业当前的战略方案？
14. 退市障碍是什么？

图 10-5 在衰退行业中的投资决策：若干战略问题

市场前景 主要看衰退速度、衰退模式及其可预测性。突然衰退要与慢速、平稳衰退区别开来。零星的长久需求是否能支撑起核心的需求量是其中的一个决定性因素。例如，由于高端市场的稳定性和忠诚度，整个雪茄行业经历了一场慢速而平稳的衰退。真空管行业一直有着强烈的替换需求，即使真空管在新产品中几乎绝迹，这种需求依然存在。另外，在皮革业中，家具皮套虽然存在仿制现象，但仍然处于正常状态。

竞争强度 第二个问题是竞争强度。竞争对手是否占有巨大的市场份额并拥有独特的资产和技能从而形成强大的持续性竞争优势？是否存在很多不愿意退市或不愿意优雅紧缩的竞争对手？只要有一个问题的答案是肯定的，那么其他企业的利润前景就不容乐观。

另外，我们还要从顾客的角度来看待问题。要想在衰退的行业中盈利，关键的问题就是要稳定价格。顾客对价格是否较为敏感，如高级雪茄或替换真空管的购买者？产品差异性和品牌忠诚度是否较高？产品是否朝初级商品发展？顾客转换品牌是否需要成本？

品牌的力量和企业的能力 品牌在衰退环境中的力量源泉往往与在其他环境中的力量源泉差别很大。在衰退的行业中，以下优势可以起到积极的作用：

- 与有利可图的顾客，特别是与那些具有零星的长久需求的顾客建立密切关系。
- 具有强烈的联想（在这一阶段，竞争对手很难对自身的形象加以改变）。
- 能用未尽其用的资产进行经营获利。
- 能随业务收缩而降低成本。
- 能通过规模经济增加市场份额。

思考题

1. 顾客为何不愿意更多地使用产品？为何不愿意增加使用量？哪些提示性广告可以增加产品使用频率？如何看待鼓励措施？产品使用是否便捷？能否克服增加产品使用的不利结果？能否鼓励用户在不同情况下使用产品？用户能否增加产品用量？重度用户增加产品使用的可能性通常较高，不妨先从这些人开始。

2. 顾客是如何使用品牌的？分析各个使用领域的可能性：都有哪些可能性？需要哪些营销活动？

3. 品牌的主要市场有哪些？品牌在各个市场中是如何定位的？有哪些其他的定位策略？能否实现新的增长前景？有哪些替代市场？分析各个替代市场的潜力。

4. 顾客尚未满足的要求有哪些？顾客的问题和烦恼是什么？不但要考虑顾客与产品的相互关系，还要考虑与产品相关的系统。额外服务、产品功能或产品改进是否对顾客有利？竞争对手是否提供了可以增加价值的额外内容？不妨考虑一下同一行业的企业：额外内容的独特之处在哪里？换成其他环境是否仍然有效？

5. 是否应当考虑吸脂或退市策略？思考图 10-5 中的问题。

MANAGING BRAND EQUITY

第11章

建立全球品牌

不到最后不见胜负。

——约吉·贝拉

卡尔坎的故事

早在1989年，玛氏公司（Mars）就将美国市场的卡尔坎（Kal Kan）猫粮改名为伟嘉（Whiskas）猫粮，为的是建立一个世界级的品牌。[1] 这里面有几个方面的原因。首先，随着玛氏公司国际营销专家交流的逐渐增多，使用统一的品牌名称可以共用更多的创意和广告宣传。其次，如果宠物主人在出国旅行期间看不到熟悉的品牌，就有可能转向其他品牌。就在两年之前，玛氏公司将美国市场的卡尔坎狗粮改名为宝路（Pedigree）狗粮，将餐时（Mealtime）狗干粮改名为宝路餐时（Pedigree Mealtime）狗干粮，创造了两个全球品牌。从美国市场份额数据来看，这些改变是成功的。

卡尔坎这一名称虽然有着巨大的资产，但不是一个优秀的名称，这在某种程度上降低了改名可能带来的风险。相比之下，“伟嘉”就更招人喜欢，听起来也更像猫的发声。“宝路”让人联想到优质、高贵、只吃最好食物的宠物。卡尔坎就不具备这些积极的特征，它只能让人联想到罐体包装。这样的联想很难对品牌产生较大的有益影响。

派克钢笔的故事

1985年，派克钢笔（Parker Pen）开始启动全球商务战略，从而抗击前面的高仕公司（Cross）和紧随其后的日本公司。[2] 这项举措的核心是推出一款名为威克多（Victor）的新钢笔，并采用统一的广告宣传（中心主题是

“系纯银打造，如丝般书写”）、统一的口号（“用派克记录一切”）和统一的定价策略。然而，这项举措却成了一场灾难，在150多个市场中，很多地方市场拒不采用该策略。

统一定价本身就是一个问题，某些国家的市场状况根本不允许采用标准价格及相应的质量定位。另外，选择的名称也不能在所有的国家都产生最好的联想。很多人认为，广告宣传及其产生的联想过于平淡无奇。

与屡屡失败的全球品牌战略相比，一些地方性的品牌策略却取得了成功。例如，派克在实施全球品牌战略之前曾有40个代理机构。其中有一个在英国，以标新立异著称，利润回报率很高。该机构曾策划出非常成功的营销活动。该活动在品牌和过分热忱的人之间建立联系，并用派克笔写下了精心创作的不敬之语。例如，他们在某家航空公司的通知上写道：“你犯了妄自尊大的毛病吗？”不幸的是，这种英式幽默离开英国就不幽默了。

全球品牌

是否应当建立全球品牌——统一的名称、标志、口号和共同的联想？一个熟悉的品牌名称，如柯达、麦当劳、索尼、IBM、可口可乐，是否应该通用于全世界？还是应该稍加变通，建立有关联但不相同的品牌名称，以适应不同国家甚至不同地区的需要？如果目前采用了不同的品牌，那么是否应当用全球品牌来取而代之？

哈佛大学的西奥多·莱维特和麦肯锡日本公司的大前研一等管理界的思想大师解释了建立全球产品、实施全球营销的理由。他们说，由于电视和旅游的作用，加上生活水平普遍提高，世界各地的口味和风格越来越趋同。一个产品在一个地区获得了成功，那么也很有可能在其他地区获得成功。所有地区都希望并且需要最好的质量和最先进的功能。因此，我们有必要在世界范围内提供最好的产品设计和产品联想。

建立全球产品的主要原因是，世界范围内的销量可以带来规模经济。在很多行业中，规模经济是保持竞争优势的关键。当然，某些生产制造和产品设计的规模经济并不取决于全球品牌的使用。不过，有些时候，巨大的规模经济存在于广告、促销、包装或其他方面的设计中，而这些都会受全球品牌策略的影响。大市场可以分散更多的研发成本。相反，小市场的营销活动通常需要更多的预算。

全球品牌在获得知名度方面有着巨大的优势。顾客出国旅行期间，异国他乡的广告宣传和分销渠道会对旅客产生重要影响。在欧洲等地，跨国旅行是非常普遍的事情，因此一个产品有必要进行异地曝光。另外，这里有一个效率问题：媒体报道在部分国家重叠发生。在这种情况下，全球品牌的媒体曝光效率远远提高。特别是，随着欧洲共同市场的不断成熟，媒体重叠、顾客交叉的可能性就越来越大，全球品牌策略就会产生更多的回报。

全球品牌可以产生某些有用的联想。单单全球一词便象征着制造拳头产品的能力、实力和耐力。在价格不菲的工业产品或耐用消费品中，全球形象尤其重要，否则顾客会认为质量不可靠，或技术不如竞争对手。雅马哈、索尼、佳能、本田等日本企业之所以能够打入那些重视技术和产品质量的市场，正是得益于全球品牌的联想。

如果一个品牌在某个国家非常成功，是这个国家的代表品牌，那么品牌全球化后，人们就很容易由品牌联想到这个国家。例如，李维斯是美国的牛仔裤，香奈儿是法国的香水，帝王（Dewar’s）是苏格兰的威士忌，龟甲万（Kikkoman）[⊖]是日本的酱油，百得利（Bertolli）是意大利的橄榄油。这些品牌都是原产国的老品牌，在某种程度上是国家的象征，从这个角度来看，建立全球品牌是有巨大价值的。

⊖ 原文为 Kikorian，拼写有误。——译者注

目标国家

即使名称尚未被使用，名称、标志和联想也很难通行于全世界。大多数品牌名称，特别是让人产生美好联想的名称，在某些国家或者具有不好的含义，或者被其他公司使用了。例如，宝洁公司的 Pert Plus 是一款融洗发、护发于一体的产品，但在某些国家中，Pert Plus 名称已经被其他公司使用了，只能换成其他名称。在日本使用的名称是 Rejoy，大多数远东地区是飘柔（Rejoice)，英国是沙宣。因此，很多全球性的品牌和标志，如 IBM 和索尼，本身不可能具有太多的联想。

标志和联想也存在同样的问题。那些“通行世界”的标志和联想，并不一定是最有效的。例如，亨氏婴儿食品和李维斯牛仔裤在美国具有强烈的价值定位，在其他市场则具有高端定位。很明显，这两个不同的定位方式需要采用截然不同的标志和联想。

地方性品牌则可从有用甚至重要的独特联想中获利。是否存在“购买地方性品牌”的偏好，或者对地方传统或地方特征存在好感？这些能否融入品牌的定位策略？全球品牌是否在某些国家具有不好的含义而产生负面的地方性联想，是否与一国的政治密切相关而受国际事件交替变换的影响？

由于竞争环境不同，世界范围内的联想可能会在某些国家中出现不良反应。英国航空公司（British Airways）在实施全球策略的过程中对广告宣传进行集中管理，因而策划出了以“世界最受欢迎的航空公司”为主题的系列广告。在 90 秒的特写广告中，曼哈顿的地平线慢慢地在空中旋转。虽然广告是在美国策划的，但美国经理却不认为新广告比旧广告更有效，因为旧广告以“我们会一路呵护您”为主题，强调了英国的传统价值。在某些国家中，英国航空无足轻重，因而新口号并没有多大的意义。另外，新广告还存在能否运作的问题。例如，90 秒的广告在南非是不能使用的。

在一级市场区域，地方性营销部门产生的创意可能会好过那些预算充足的全球性营销方案。10 个国家往往会产生 10 个不同的创意，总有一些是非常好的创意。相比之下，即使投入巨额预算，即使汇聚顶尖人才，也很难产生一个“全球”创意。例如，宝丽莱公司（Polaroid）在从“聚会相机”平台到严肃、实用平台的再定位过程中，苏格兰分部策划的营销活动产生了最好的效果。[3]“学会使用宝丽莱语言”的广告活动很好地宣传了瞬时照相功能是与家人和朋友的沟通方法。如果地方性营销部门没有独立策划的自由，也就不会产生如此优秀的广告宣传了。

虽然建立全球品牌已成为一股热潮，但在美国，很多公司却纷纷转向了区域性营销。例如，宝洁、金宝汤等公司都在下放权力，让地方性营销部门负责降价促销、广告宣传等各项工作。

具体情况具体分析

如果打算建立全球品牌——标志、口号或联想，就应当对不同国家、不同地区进行逐一分析。如图 11-1 所示，全球品牌有优势，也有劣势，这些都可以为我们提供参考。如果建立全球品牌的立足点是充分利用最大的市场或最成熟的市场，那么就有必要针对每个国家或地区解决以下若干问题。与采用全球品牌相比：

一个地方品牌建立并保持知名度和联想的成本是多少？顾客跨国旅行和因之而产生的品牌接触是否重要？是否存在较高的媒体重叠而使地方性的广告宣传和促销活动失去效果？

广告宣传等品牌营销活动的策划和实施是否存在规模优势？

全球品牌的联想是否具有价值？某国品牌的联想呢？

全球名称、全球标志、全球口号或全球联想能够产生哪些地方性的联想？它们的边际价值是正是负？具体又是多少？

在不同国家使用相同的品牌名称、标志或联想在文化上和法律上是否可行？名称和标志在不同国家是否具有不同的含义？是否便于发音？例如，Meiieselex 谷类食品和 Freixenet 香槟酒就不容易发音。

地方性品牌所建立的知名度和联想具有什么样的价值？产品是否与文化有密切关联？冷冻食品等家用商品往往与当地的语言、标志和文化密切相关，而电脑等工业产品则不具有这方面的束缚。

全球品牌的优势：	**地方品牌的优势：**
广告、包装、促销可实现规模效益	名称、标志和联想
可以利用	• 由地方策划
• 媒体重叠	• 适应地方市场
• 向跨国旅行的顾客曝光	• 没有全球品牌的各种限制
让人联想到	不易受“国产”情结的影响
• 全球性的存在	
• 原产国	

图 11-1　全球品牌与地方品牌

要么全部全球化，要么不全球化，这是最常见的错误。其实，全球化可以只涉及品牌的某些元素，如名称、标志、口号、感知质量或联想，不必面面俱到。只让品牌的某些元素而非全部元素全球化也许会产生最理想的效果。

即使可口可乐这一全球性的品牌也意识到，“diet”一词在某些市场具有药用的含义，不能随便使用，因此，健怡可乐在欧洲大多数地区不叫“Diet Coke”，而叫“Coca-Cola Light”。由此足以证明，全球性品牌的核心产品不一定要使用全球性的品牌名称！

因此，最好的办法是，让能够产生回报或影响力的品牌元素进行全球化，让其他元素适应地方市场。

本书内容回顾

前面 10 章内容详细讨论了品牌资产及其管理，现在，让我们放松心情，循着记忆的小径，回顾一下本书的内容。首先，我们会给出品牌资产模型的总结图，该图比第 1 章给出的概述图更为全面、更为详尽。然后，我们会对各个章节进行简要回顾，从中提炼出品牌资产及其管理的重点和要点。经过简单的回顾，我们会看到，我们在品牌资产的管理上已经取得了巨大的进步。但同时，我们也要看到，要做的事情还有很多。

品牌资产模型

在第 1 章中，我们用图简要概述了品牌资产的概念。从图中可以看出，品牌资产的 5 个基本维度（品牌忠诚度、品牌知名度、感知质量、品牌联想和其他品牌专属资产）可以创造品牌资产。另外，品牌资产的“结果”就是为顾客和企业创造价值。

在接下来的四个章节中，我们给出并讨论了品牌资产各个维度创造价值的方法。如图 11-2 所示为品牌资产模型，是图 1-1（见第 1 章）的改进版。由图可知，品牌资产由五个维度构成。各个维度为顾客和企业创造价值的方法也在新模型中得到了集中体现，详见图的右侧。

在具体情况下，这些潜在的价值来源未必完全适用。不过，在分析品牌资产相关决策时，本模型确实可以起到指导作用。

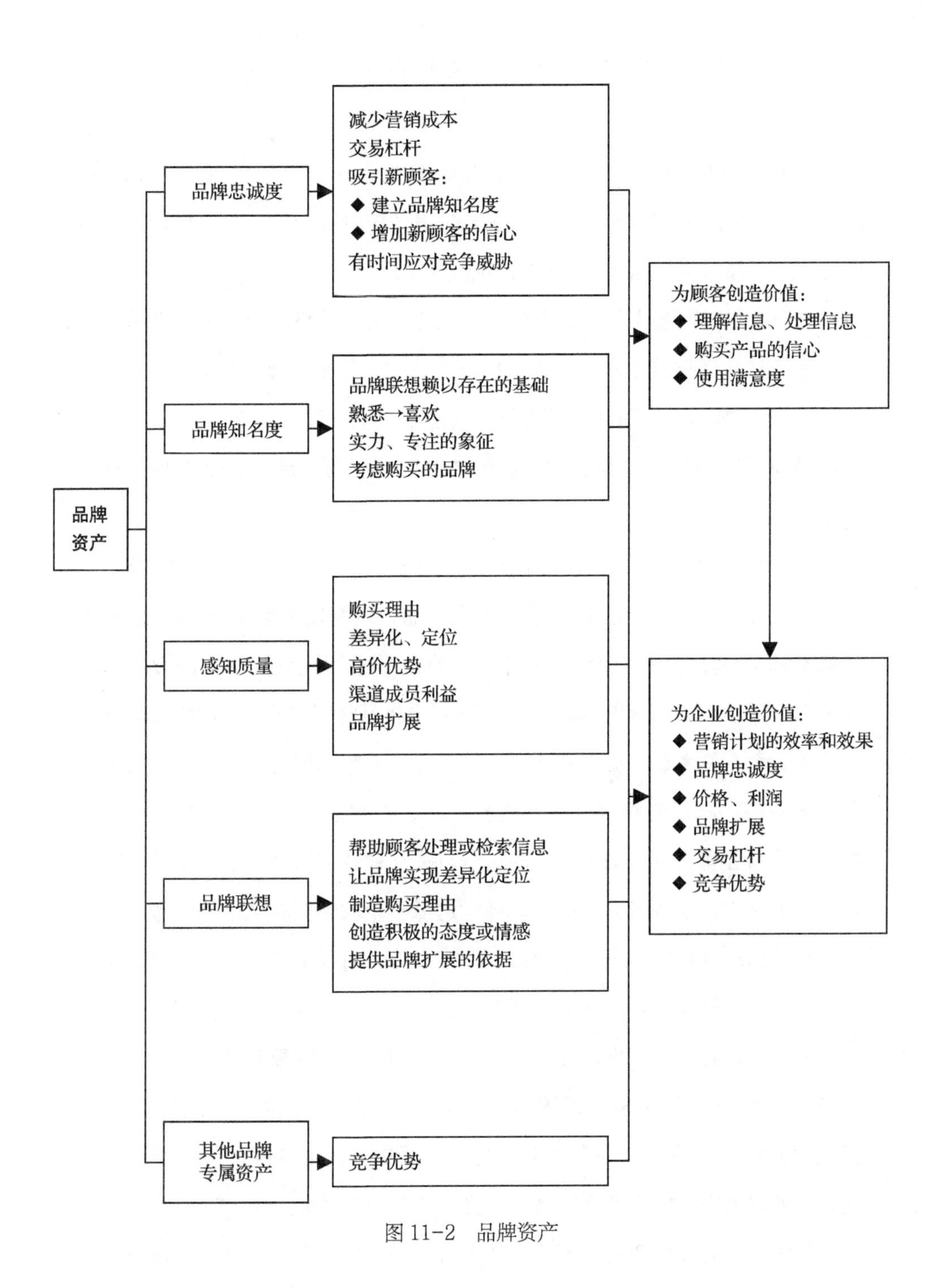
品牌资产
品牌忠诚度
减少营销成本
交易杠杆
吸引新顾客：
◆ 建立品牌知名度
◆ 增加新顾客的信心
有时间应对竞争威胁
品牌知名度
品牌联想赖以存在的基础
熟悉→喜欢
实力、专注的象征
考虑购买的品牌
感知质量
购买理由
差异化、定位
高价优势
渠道成员利益
品牌扩展
品牌联想
帮助顾客处理或检索信息
让品牌实现差异化定位
制造购买理由
创造积极的态度或情感
提供品牌扩展的依据
其他品牌专属资产
竞争优势
为顾客创造价值：
◆ 理解信息、处理信息
◆ 购买产品的信心
◆ 使用满意度
为企业创造价值：
◆ 营销计划的效率和效果
◆ 品牌忠诚度
◆ 价格、利润
◆ 品牌扩展
◆ 交易杠杆
◆ 竞争优势

图 11-2 品牌资产

各章小结

第 1 章 品牌资产 在本书中，品牌资产是指与品牌（名称和标志）相关的，可以增加或削弱产品价值或服务价值的资产和负债。品牌资产包括品牌忠诚度、知名度、感知质量和品牌联想。

由于股东财富最大化是企业的首要目标，股票价格取决于短期业绩，因此经理们常常面临着追求短期业绩的巨大压力。短期活动（如降价促销）可以产生强烈的效果，而品牌建设活动（如形象广告）则不会立竿见效。因此，我们必须了解品牌资产与长远业绩的关系，从而为品牌建设活动提供合理依据。

评估品牌的价值有助于我们了解品牌资产的潜在价值。评估品牌资产价值的依据是品牌名称所能支撑起的高价优势、品牌名称对顾客偏好的影响、品牌的重置成本、减去其他资产价值的股票价格。不过，最有说服力的方法是采用品牌收益能力的收益倍数。收益倍数可通过分析品牌资产的相对优势来获得。

第 2 章 品牌忠诚度 品牌资产的核心是顾客群的忠诚度。忠诚度的级别分为 4 类：满意的顾客、存在转换成本、喜欢品牌、坚定的购买者。一群忠诚的顾客有着巨大的价值，而这一点往往被我们低估。忠诚的顾客可以降低营销成本，维持老顾客的成本要远远低于争取新顾客或夺回老顾客的成本。忠诚的顾客可以对分销渠道施加间接影响，可以制造品牌知名度，可以增加新顾客的信心。忠诚的顾客可以让企业有时间应对竞争威胁。

维持老顾客并建立忠诚度不是自动发生的，它们需要积极的管理。我们有必要正确对待顾客：从小事做起，亲近顾客，衡量满意度，制造转换成本，提供额外服务。总之，要多在顾客身上下功夫。各种各样的组织单位都发现，以顾客为中心看似简单容易，但实施起来非常困难。

第 3 章 品牌知名度 不要低估品牌知名度的作用。品牌知名度分为认出品牌、回想品牌、首先想到品牌 3 类。人们喜欢认识的品牌。认出品牌是企业存在、实力与持久的象征。想起品牌是考虑购买的必要条件，会对购买决定产生微妙的影响。另外，知名度也是其他联想赖以存在的基础。

反复记忆可以提高学习效果，因此，时间跨度越长，知名度就越容易建立。事实上，回想率最高的品牌通常是一些老品牌。活动赞助、公共宣传、标志宣传、品牌扩展都可以提高知名度。不过，要让顾客回想得起品牌，就需要在品牌和产品门类之间建立联系，只宣传名称不一定能建立这种联系。

第4章　感知质量　提高感知质量一定会获得回报。PIMS数据库数千家企业数据研究表明，感知质量可以提高品牌的价格、市场份额和投资回报率。另据企业单位管理人员调查，感知质量是提及率最高的竞争优势。感知质量是顾客购买产品的理由，是产品的差异点，是高价优势的前提，是渠道成员利益的影响因素，也是品牌扩展的基础。

实现高感知质量的关键是提供高质量的产品，找出重要的质量因素，弄清高质量的信号，用可靠的方式传达高质量信号。价格是判断质量的线索，特别是当产品很难客观评估或关系到身份地位时。其他质量线索包括服务人员的仪容、立体声扬声器的大小和吸尘器的香味等。

第5章　品牌联想：定位决策　品牌联想是指记忆中与品牌相联系的一切事物。品牌定位的依据是品牌联想以及联想如何不同于竞争对手。品牌联想可以帮助顾客处理或回忆信息，可以实现差异化定位，可以制造购买理由，可以创造积极的态度或情感，可以提供品牌扩展的依据。

如果产品定位能让人联想到核心的有形特征，进而促使顾客购买产品，那么这样的产品定位是有效的，只不过，它很容易导致商家在产品规格上互相竞争。然而，总体质量、先进技术、健康、活力等无形特征却能让人留下深刻的记忆。另外，我们也可以选择顾客利益方面的联想。有研究表明，理性利益和感性利益结合在一起后，效果要比单独的理性利益更好。

用相对价格进行定位往往是品牌定位的核心。品牌属于高级型、常规型，还是经济型？在具体的类别中，品牌处于顶部还是底部？其他可供考虑的联想类别包括用途、产品用户、名人、生活方式和个性、产品门类、竞争对手以及国家或地域。

第6章 品牌联想的衡量 要想了解品牌对人们的意义、促使人们购买的原因，可以采用间接方法来挖掘品牌联想。例如，我们可以要求顾客描述一下品牌用户或使用经历，或者让顾客自由联想，或者让顾客说出不同品牌的差异之处。另外，我们也可以要求顾客把品牌看作人（或动物、活动、杂志等），然后说出品牌的所属类型。

与定性衡量相对应的是定量衡量。定量衡量方法采用具有代表性的顾客样本，对品牌及其竞争对手在产品特征、顾客利益、用户特征、使用情境或竞争对手等方面的定位进行定量衡量。由此，我们可以得到一幅感知图，图中画出了重要的感知维度，表明了顾客样本的品牌定位。

第7章 选择、创建并保持品牌联想 成功的品牌定位通常需要遵循以下3个原则：（1）不做超出能力范围的事情；（2）让品牌不同于竞争对手的品牌；（3）创建可以增加价值和（或）提供购买理由的联想。

创建联想的关键就是要识别并管理判断信号。“35mm单镜头反光式”的标签是某些特征的象征。降价促销如果未加精心组织、不能增强品牌形象，那么就会透露出“非价格特征并不重要”的信号。如果适当的信号不能妥善管理，那么即便传达了特征、表明了产品的存在，也是不够的。

要想保持联想，就必须保证联想不随时间而变，同时保持营销计划的各项要素不发生变化。万一危机来袭，最好的办法就是尽快解决问题，避免与指责者争论。

有些企业单位通过调整奖励制度甚至设置品牌资产经理来保护品牌资产。

第8章 名称、标志和口号 名称、标志和口号是品牌资产的关键，有时可以创造巨大的资产。名称、标志和口号是品牌的指征，是品牌识别和品牌联想的核心。

名称的选择应当是一个系统化的过程。首先应当根据有利的联想和比喻，生成一系列的备选名称。名称应当好记，应当体现产品门类，应当支持标志或口号，应当暗含了品牌所需的联想，不含品牌不需要的联想，名称应当合法。当然，凡事有利就有弊。例如，体现了产品门类的名称在进行品牌扩展时，就会产生极大的限制作用。

富国银行的驿站马车、旅行者的红伞等标志都可以让人产生联想和感觉。IBM、SONY 等基于名称的标志则在制造品牌知名度上要略胜一筹。不过，莫顿盐业的商标（打伞的女孩在雨中倒盐的场景）等标志涉及了产品门类（如盐），有助于顾客回想品牌，只不过，标志与产品门类的联系要强才行。

口号可以用于定位策略。口号的作用限制要远远低于名称或标志。口号可以强化现有联想，也可以提供其他联想。

第 9 章　品牌扩展　将名称扩展到其他产品是利用品牌资产的一种方法。如果原有品牌的联想和（或）感知质量可为扩展品牌提供差异点或优势，那么这样的扩展品牌就最有可能成功。如果原有品牌所能贡献的只有知名度，那么扩展品牌就很难成功。

扩展品牌应当与原品牌相“匹配”，也就是说扩展品牌应当与原品牌有一定的关联。看扩展品牌与原品牌是否匹配，主要依赖于各种各样的关联因素，如共同的使用情境、功能利益、声望、用户类型或标志。任何不一致的地方都会不利于有利联想的转移，甚至导致转移失败。另外，品牌名称不应让人产生任何有负面意义的联想。

当然，扩展品牌有可能会弱化原品牌的联想或感知质量，从而对核心品牌造成损害。不过，健怡可乐、蜜果切里奥斯麦圈、快乐绿巨人冷冻食品等扩展品牌并没有发生上述现象。特别是原品牌的名称与联想很强烈，而且扩展品牌与原品牌之间存在显著差异时，上述现象就更难发生了。事实上，扩展品牌通常会提高原有品牌的知名度。当然，在最好的情况下，扩展品牌还会强化原有品牌的联想。

扩展品牌的最大危害也许就是失去了用独特联想创建新品牌的机会。

第 10 章　复兴品牌　如果一个品牌出现老化、疲软的现象，那么就可以从以下七种方法中选取一种来复兴品牌。第一种方法是通过提示性广告宣传或让使用更加方便来增加现有顾客的产品使用，这种方法相对简单，基本上不会引起竞争对手的强烈反应。第二种方法是寻找新的产品用途，这一点可通过品牌来实现（如力槌牌小苏打可用作冰箱除臭剂）。第三种方法是寻找新市场（如转战欧洲市场）或进军被人忽略的市场（如女性计算器市场）。第四种方法是通过改变联想（如起司维兹作为奶酪酱）或增加新联想来对品牌进行重新定位。第五种方法是通过提供超出顾客预期的功能或服务来增加产品或服务。第六种方法是用新生技术淘汰现有产品，如雅马哈的 Disklavier。第七种方法则是第 9 章中讲到的品牌扩展。

如果品牌缺乏较强的定位，面临着衰退的市场和强大的竞争对手，不是企业长期发展的主要动力，缺乏具体的复兴策略，那么复兴品牌并非总是可行，并非总是具有较低的成本。在这种情况下，我们可以选择放弃或清算。当然，如果仍有一小部分顾客持久地忠于品牌，市场衰退的速度缓慢而有序（价格相对稳定），而且吸脂策略似乎切实可行，那么我们不妨对品牌实施吸脂策略。

结　束　语

在越来越多的情况下，品牌名称和品牌的意义共同构成了企业最为重要的持续性竞争优势。说品牌名称至关重要，是因为其他方面的竞争基石（如产品特征）通常很容易被人赶上并超越。而且，顾客没有能力也不愿意深入分析选择品牌的决策，因此，单凭产品规格很难获得成功。

品牌资产不会自发产生。品牌资产的创建、维持和保护需要主动地管理。这既需要战略上的规划，也需要战术上的策略。本书在一定程度上给出了管理品牌资产的原因和方法。

注　　释

第1章

1. The P&G story is in part drawn from a special issue of *Advertising Age* titled "The House That Ivory Built," August 20, 1987, from the book by Oscar Schisgall, *Eyes on Tomorrow: The Evolution of Procter & Gamble* (Chicago: J. G. Ferguson Publ. Co., 1981); from the 1984 P&G booklet "Celebrating 100 years of Ivory Soap"; and from selected P&G annual reports. The note on detergent is drawn from Philip Kotler and Gary Armstrong, *Marketing,* 2d ed. (Englewood Cliffs, NJ: Prentice–Hall), pp. 200–202.
2. The history on branding draws from Peter H. Farquhar, "Managing Brand Equity," *Marketing Research,* September 1989, pp. 24–34.
3. Henry Schacht, "Ripe Business in Trademark Licensing," *The San Francisco Chronicle,* April 26, 1989, p. C1.
4. Paul M. Schmitt, "Research Tools for the Nineties" (Chicago: Nielsen Marketing Research, 1989), and Tod Johnson, "The Myth of Declining Brand Loyalty," *Journal of Advertising Research,* February/March, 1984, pp. 10–17. Although given the measures used, a 9% change over eight years seems substantial; Johnson described it as modest.
5. "Focus: A World of Brand Parity," Report published by BBDO Worldwide, 1988.
6. Kevin Kerr, "Consumers Are Confused by Sears' New Policy," *Adweek's Marketing Week,* June 12, 1989, pp. 30–31.
7. George Garrick, "Properly Evaluating the Role of TV Advertising," Proceedings of the ARF Conference, 1989.
8. Schmitt, op. cit.
9. Garrick, op. cit.
10. Garrick, op. cit.
11. David A. Aaker, "Managing Assets and Skills: The Key to a Sustainable Competitive Advantage," *California Management Review,* Winter 1989, pp. 91–106.
12. Gregg Cebrzynski, "Researchers Get Advice on Brands, International Market," *Marketing News,* September 3, 1990, p. 38.
13. Anthony Ramirez, "Fake Fat: Sweet Deal for Monsanto," *The New York*

Times, May 28, 1990, pp. 21–22.

14. B. G. Yovovich, "What Is Your Brand Really Worth?" *Adweek's Marketing Week*, August 8, 1988, pp. 18–24.
15. Bill Saporito, "Has-Been Brands Go Back to Work," *Fortune*, April 28, 1986, pp. 123–124.
16. Carol J. Simon and Mary W. Sullivan, "The Measurement and Determinants of Brand Equity: A Financial Approach," Working Paper, The University of Chicago, 1990.
17. David Fredericks, "The Lights Are On but Nobody's Home—Again," Presented at the MSI Branding Conference, December 1990.

第2章

1. The MicroPro story was drawn in part from a variety of published sources including Cheryl Spencer, "The Rebirth of a Classic," *Personal Computing*, February 1987, pp. 63–73; Kate Bertrand, "Can MicroPro Catch Its Fallen 'Star'?" *Business Marketing*, May 1989, pp. 55–66; Christine Strehlo, "What's So Special About WordPerfect?" *Personal Computing*, March 1989, pp. 100–116; Paul Freiberger, "MicroPro Future Unsure," *San Francisco Examiner*, April 4, 1989, p. C-1; Steven Burke, "WordStar Names New Chief," *PC Week/Business*, October 15, 1990, p. 161; *Computer Reseller News*, February 26, 1990, p. 15.
2. Jim Seymour, "Leave a Wake-Up Call for December 1990," *PC Magazine*, January 16, 1990, p. 15.
3. Alix M. Freedman, "Perrier Finds Mystique Hard to Restore," *The Wall Street Journal*, December 12, 1990, pp. B1-B4.
4. Ronald Alsop, "Brand Loyalty Is Rarely Blind Loyalty," *The Wall Street Journal*, October, 19, 1989, p. B1, and Thomas Exter, "Looking for Brand Loyalty," *American Demographics*, April 1986, pp. 33.
5. Frederick F. Reichheld, "Making Sure Customers Come Back for More," *The Wall Street Journal*, March 12, 1990. Mr. Reichheld is an executive at Bain & Co.
6. Frederick F. Reichheld and W. Earl Sasser, "Zero Defections: Quality Comes to Services," *Harvard Business Review*, September–October, 1990, pp. 105–111.

第3章

1. The Nissan material is in part drawn from Anastasia C. Jackson, "The Value of a Japanese Brand: The Demise of Datsun by Nissan," Unpublished Paper, 1990. Also, Cleveland Horton, "Nissan: Is It Losing Its Edge?" *Advertising Age*, October 27, 1986, p. 4. John Revett, "Nissan Change May Work, but Price Is High," *Advertising Age*, July 27, 1981, p. 24.

2. Mim Ryan, "Assessment: The First Step in Image Management," *Tokyo Business Today*, September 1988, pp. 36–38.
3. "Shoppers Like Wide Variety of Housewares Brands," *Discount Store News*, October 24, 1988, p. 40.
4. The distinction between recognition and recall and their role in advertising planning is described in John R. Rossiter, Larry Percy, and Robert J. Donovan, "A Better Advertising Planning Grid," Working Paper 890–039, The University of New South Wales, 1989.
5. The concept of a dominant brand is discussed in Peter H. Farquhar, "Managing Brand Equity," *Marketing Research*, September 1898, pp. 24–33.
6. R. B. Zajonc, "Feeling and Thinking," *American Psychologist*, February 1980, pp. 151–175.
7. Prakash Nedungadi, "Recall and Consumer Consideration Sets: Influencing Choice without Altering Brand Evaluations," *Journal of Consumer Research*, December 1990, pp. 263–276.
8. Arch G. Woodside and Elizabeth J. Wilson, "Effects of Consumer Awareness of Brand Advertising on Preference," *Journal of Advertising Research*, Vol. 25, August/September 1985, pp. 41–48.
9. David A. Aaker and George S. Day, "A Dynamic Model of Relationships Among Advertising, Consumer Awareness, Attitudes, and Behavior," *Journal of Applied Psychology*, Vol. 59, June 1974, pp. 281–286.
10. Mim Ryan, op. cit.
11. Michael Lev, "Assessing Nissan's Zen Effort," *The New York Times*, May 14, 1990, p. 24.
12. Bill Saporito, "Has-Been Brands Go Back to Work," *Fortune*, April 28, 1986, pp. 123.
13. Leo Bogart and Charles Lehman, "What Makes a Brand Name Familiar?" *Journal of Marketing Research*, February 1973, pp. 17–22.
14. Thomas S. Wurster, "The Leading Brands: 1925–1985," *Perspectives*, The Boston Consulting Group, 1987.
15. Henry J. Claycamp and Lucien E. Liddy, "Prediction of New Product Performance: An Analytical Approach," *Journal of Marketing Research*, November 1969, pp. 414–420.
16. Kevin Lane Keller, "Memory Factors in Advertising: The Effect of Advertising Retrieval Cues on Brand Evaluations," *Journal of Consumer Research*, Vol. 14, December 1987, pp. 316–333.
17. Joseph W. Alba and Amitava Chattopadhyay, "Salience Effects in Brand Recall," *Journal of Marketing Research*, November 1986, pp. 363–369.

第4章

1. The Schlitz story comes in part from Susan Anderson, "Evaluation of Brand

Equity" MBA Thesis, University of California at Berkeley, June 1989; Jacques Neher, "What Went Wrong?" *Advertising Age*, April 13, 1981, pp. 46–64, and April 20, 1981, pp. 49–52; and "Anheuser Finds Quality Pays Off. . . But Schlitz Encounters Problems," *Financial World*, June 4, 1975, pp. 16–17. The Busch quote is from the *Financial World* article. The Schlitz ad manager quote is from the April 20 *Advertising Age* article (p. 52).

2. For a literature overview see Valarie A. Zeithaml, "Consumer Perceptions of Price, Quality, and Value: A Means–End Model and Synthesis of Evidence," *Journal of Marketing*, July 1988, pp. 2–22.
3. David A. Aaker and Kevin Lane Keller, "Consumer Evaluations of Brand Extensions," *Journal of Marketing*, Vol. 54, January 1990, pp. 27–41.
4. Robert D. Buzzell and Bradley T. Gale, *The PIMS Principles* (New York: The Free Press, 1987), Chapter 6.
5. Robert Jacobson and David A. Aaker, "The Strategic Role of Product Quality," *Journal of Marketing*, October 1987, pp. 31–44.
6. David A. Aaker, "Creating a Sustainable Competitive Advantage," *California Management Review*, Winter 1989, pp. 91–105.
7. David A. Garvin, "Product Quality: An Important Strategic Weapon," *Business Horizons*, Vol. 27, May–June 1984, pp. 40–43
8. David Woodruff, "A New Era for Auto Quality," *Business Week*, October 22, 1990, pp. 84–96; Alex Taylor III, "Why Toyota Keeps Getting Better and Better and Better," *Fortune*, November 19, 1990, pp. 66–79.
9. A. Parasuraman, Valarie A. Zeithaml, and Leonard L. Berry, "A Conceptual Model of Service Quality and Its Implications for Future Research," *Journal of Marketing*, Fall 1985, pp. 41–50.
10. David Walker, "At Sheraton, the Guest Is Always Right," *Adweek's Marketing Week*, October 23, 1989, pp. 20–21.
11. Valarie A. Zeithaml, Leonard L. Berry, and A. Parasuraman, "Communication and Control Processes in the Delivery of Service Quality," *Journal of Marketing*, April 1988, pp. 35–48.
12. Amna Kirmani and Peter Wright, "Money Talks: Perceived Advertising Expense and Expected Product Quality," *Journal of Consumer Research*, Vol. 16, December 1989, pp. 344–353.
13. Akshay R. Rao and Kent B. Monroe, "The Effect of Price, Brand Name, and Store Name on Buyers' Perceptions of Product Quality: An Integrative Review," *Journal of Marketing Research*, Vol. 26, August, 1989, pp. 351–357.
14. Harold J. Leavitt, "A Note on Some Experimental Findings About the Meaning of Price," *Journal of Business*, Vol. 27, July 1957, pp. 205–210.
15. Jacobson and Aaker, op. cit.

第5章

1. The Weight Watchers story is drawn in part from Rebecca Fannin, "Shape Up," *Marketing & Media Decisions,* February 1986, pp. 54–60; Brian O'Reilly, "Diet Centers Are Really in Fat City, *Fortune,* June 5, 1989, pp. 137–140; Warren Berger, "The Big Freeze at Heinz," *Adweek's Marketing Week,* August 21, 1989, pp. 20–25; Gregory L. Jiles, "Heinz Ain't Broke, But It's Doing a Lot of Fixing," *Business Week,* December 11, 1989, pp. 84–88; "Anthony O'Reilly—What's on His Plate?" *Advertising Age,* February 26, 1990, pp. 1 and 16; and annual reports of H. J. Heinz Company.
2. "Anthony O'Reilly—What's on His Plate?" *Advertising Age,* February 26, 1990, p. 16.
3. Warren Berger, "The Big Freeze at Heinz," *Adweek's Marketing Week,* August 21, 1989, pp. 20–25.
4. Regis McKenna, *The Regis Touch* (New York Addison–Wesley, 1986), p. 41.
5. Joseph W. Alba and J. Wesley Hutchinson, "Dimensions of Consumer Expertise," *Journal of Consumer Research,* Vol. 13, March 1987, pp. 411–454.
6. Jerry Flint, "A Brand Is Like A Friend," *Forbes,* November 14, 1988, pp. 267–270; and "Shirley Young: Pushing GM's Humble-Pie Strategy," *Business Week,* June 11, 1990, pp. 52–53.
7. Stuart Agres, *Emotion in Advertising: An Agency's View,* The Marschalk Company, 1986. Also see a selection by the same title which appears in Stuart J. Agres, Julie A. Edell, and Tony M. Dubitshy, *Emotion in Advertising: The Critical or Practical Explorations* (New York: Quorum), pp. 3–18.
8. Glen L. Urban, Philip L. Johnson, and John R. Hauser, "Testing Competitive Market Structures," *Marketing Science,* Vol. 3, Spring 1984, pp. 83–112.
9. Aimee L. Stern, "Maybelline Ascendant," *Adweek's Marketing Week,* April 3, 1989, pp. 22–28.
10. Stan Luxenberg, "Cadbury Trusts Anyone Over 30," *Adweek's Marketing Week,* August, 22, 1988, pp. 18–21.
11. "Perfect 10s Give Way to Families of Four," *Adweek's Marketing Week,* March 27, 1989, p. 34.
12. Tom Murray, "The Wind at Nike's Back," *Adweek's Marketing Week,* November 14, 1986, pp. 28–31.
13. Keith Reinhard, "How We Make Advertising," presented to the Federal Trade Commission, May 11, 1979, pp. 22–25.
14. Roger Enrico, *The Other Guy Blinked* (New York: Bantam Books, 1986).
15. C. Min Han and Vern Terpstra, "Country-of-Origin Effects for Uni-

National and Binational Products," *Journal of International Business Studies*, Summer 1988, p. 242.

16. N. G. Papadopoulos, L. A. Heslop, F. Graby, and G. Avlonitis, "Does 'Country-of-Origin' Matter?" Working Paper, Marketing Science Institute, 1989.

第6章

1. Drawn from Douglas Scott and Flaurel Englis, "Tracking Automotive Intentions and Imagery: A Case Study," *Journal of Advertising Research*, February/March 1989, RC-13 to RC-20.
2. Joseph S. Newman, *Motivation Research and Marketing Management* (Boston: Harvard University Press, 1957), p. 143.
3. David A. Aaker and Douglas M. Stayman, "Implementing the Concept of Transformational Advertising," *Psychology & Marketing*, 1991.
4. Joseph T. Plummer, "How Personality Makes a Difference," *Journal of Advertising Research*, Vol. 24, December 1984/January 1985, pp. 27–31.
5. Rena Bartos, "Ernest Dichter: Motive Interpreter," *Journal of Advertising Research*, February–March 1986, pp. 15–20.
6. Annetta Miller and Dody Tsiantar, "Psyching Out Consumers," *Newsweek*, February 27, 1989, pp. 46–47.
7. Plummer, op. cit.
8. Bartos, op. cit.
9. Joel N. Axelrod and Hans Wybenga, "Perceptions That Motivate Purchase," *Journal of Advertising Research*, June/July 1985, pp. 19–22.
10. Mason Haire, "Projective Techniques in Marketing Research," *Journal of Marketing*, April 1950, pp. 649–656.
11. Sidney J. Levy, "Dreams, Fairy Tales, Animals, and Cars," *Psychology & Marketing*, Vol. 2, Summer 1985, pp. 67–81.
12. Axelrod and Wybenga, op. cit.
13. Thomas J. Reynolds and Jonathan Gutman, "Advertising Is Image Management," *Journal of Advertising Research*, Vol. 25, February–March 1984, pp. 29–37; and Jonathan Gutman, "A Means–End Chain Model Based on Consumer Categorization Processes," *Journal of Marketing*, Vol. 46, Spring 1982, pp. 60–73. See also S. Young and B. Feigin, "Using the Benefit Chain for Improved Strategy Formulation," *Journal of Marketing*, Vol. 39, July 1975, pp. 72–74.
14. For more detail on scaling, see David A. Aaker and George S. Day, *Marketing Research*, 4th ed. (New York: John Wiley, 1990), Chapters 9, 17, 18, and 19.
15. George S. Day, Allan D. Shocker, and Rajendra K. Srivastava, "Customer-

Oriented Approaches to Identifying Product Markets," *Journal of Marketing*, Vol. 43, Fall 1979, pp. 8–19.

第7章

1. Iegor Siniavski, "Communication at Honeywell France," Unpublished Master's Thesis, University of California at Berkeley, 1990.
2. "Dutch Boy's Image Gets a Fresh Coat of Paint," *Adweek's Marketing Week*, May 22, 1989, pp. 65–67.
3. Joseph M. Winski, "No Caffeine—Choice: 7-Up," *Advertising Age*, May 30, 1983, p. 3.
4. Keith Reinhard, "How We Make Advertising," presented to the Federal Trade commission, May 11, 1979, pp. 22–25.
5. Regis McKenna, *The Regis Touch* (Boston: Addison–Wesley, 1986), Ch. 3.
6. Mita Sujan, "Consumer Knowledge: Effects on Evaluation Strategies Mediating Consumer Judgments," *Journal of Consumer Research*, June 1985, pp. 31–46.
7. Nicholas Glenn, "Auto Rebates Don't Cut the Mustard," *Promote*, April 9, 1990, p. 21.
8. Gary J. Gaeth, Irwin P. Levin, Goutam Chakraborty, and Aron M. Levin, "Consumer Evaluation of Multi-Product Bundles: An Information Integration Analysis," Working Paper, The University of Iowa, 1990.
9. R. T. J. Tuck and W. G. B. Harvey, "Do Promotions Undermine the Brand?" *ADMAP*, January 1972, pp. 29–33.
10. David Kiley, "Can J. C. Penney Change Its Image Without Losing Customers?" *Adweek's Marketing Week*, February 26, 1990, pp. 20–24.
11. Robert F. Hartley, *Marketing Mistakes*, 4th ed. (New York: John Wiley, 1989), pp. 117–153.
12. David Kiley, "How Suzuki Swerved to Avoid a Marketing Disaster," *Adweek's Marketing Week*, October 24, 1988, pp. 27–28.
13. Hartley, op.cit., pp. 30–45.

第8章

1. Material is drawn from Andy Keane, *The Volkswagen Story*, MBA Thesis, University of California, Berkeley, 1990; "A Battered VW Begins the Long Road Back," *Business Week*, February 5, 1972, pp. 52–56; and David Kiley, "Can VW Survive?" *Adweek's Marketing Week*, May 1, 1989, pp. 18–24. (The sales figures were provided by Volkswagen of America.)
2. Robert A. Mamis, "Name-Calling," *INC.*, July 1984, pp. 67–70.
3. Kim Robertson, "Strategically Desirable Brand Name Characteristics," *The Journal of Consumer Marketing*, Vol. 6, Fall 1989, pp. 61–71.

4. R. N. Kanungo, "Brand Awareness: Effects of Fittingness, Meaningfulness, and Product Utility," *Journal of Applied Psychology,* Vol. 52, 1968, pp. 290–295.
5. Robert A. Peterson and Ivan Ross, "How to Name New Brands," *Journal of Advertising Research,* Vol. 12, December 1972, pp. 34–39.
6. Jerome R. McDougal, "Apple Name Change Polishes Image of Thrift," *Bank Marketing,* February 1987, pp. 18–20.
7. Albert Mehradian and Robert DeWetter, "Experimental Test of an Emotion-Based Approach to Fitting Brand Names to Products," *Journal of Applied Psychology,* Vol. 72, 1987, pp. 125–130.
8. Robertson, op. cit.
9. Lorraine C. Scarpa, "Brand Equity at Kraft General Foods," Paper written for the Marketing Science Institute Brand Equity Conference, 1990; and Laurie Petersen, "Promotion of the Year," *Promote,* December 10, 1990, p. 36.
10. An excellent short book on naming products which provides good insight into the legal aspects is Henri Charmasson, *The Name Is the Game* (Homewood, Ill.: Dow Jones–Irwin, 1988), Ch. 5.
11. Rich Zahradnik, "More than Pretty Pictures," *Marketing & Media Decisions.* Business-to-Business Guide 1986, pp. B34–B41.
12. Dan Keoppel, "What Have Snoopy and Gang Done for Met Life Lately?" *Adweek's Marketing Week,* November 13, 1989, pp. 2–3.
13. James Ward, Barbara Loken, Ivan Ross, and Tedo Hasapopoulos, "The Influence of Physical Similarity on Generalization of Affect and Attribute Perceptions from National Brands to Private Label Brands," 1986 AMA Conference Educator's Proccedings, Chicago: American Marketing Association, 1986, pp. 25–20.
14. Kathy A. Lutz and Richard J. Lutz, "Effects of Interactive Imagery on Learning: Application to Advertising," *Journal of Applied Psychology,* Vol. 62, November 1977, pp. 493–498.

第9章

1. See Edward F. Ogiba, "The Dangers of Leveraging," *Adweek,* January 4, 1988, p. 42; and Lori Kesler, "Extensions Leave Brands in New Area," *Advertising Age,* June 1, 1987, S1.
2. Edward M. Tauber, "Brand Leverage: Strategy for Growth in a Cost-Controlled World," *Journal of Advertising Research,* August–September 1988, pp. 26–30.
3. Tauber, op. cit.
4. David A. Aaker, "Managing Assets and Skills: The Key to a Sustainable Competitive Advantage," *California Management Review,* Winter 1989,

pp. 91–106.

5. David A. Aaker and Kevin Lane Keller, "Consumer Evaluations of Brand Extensions," *Journal of Marketing*, Vol. 54, January 1990, pp. 27–41.
6. Mary W. Sullivan, "Brand Extension and Order of Entry," Working Paper, University of Chicago, February 1989.
7. Henry J. Claycamp and Lucien E. Liddy, "Prediction of New Product Performance: An Analytical Approach," *Journal of Marketing Research*, November 1969, pp. 414–420.
8. Bradley Johnson and Julie Liesse Erickson, "Popcorn Leaders Make Light Moves," *Advertising Age*, July 24, 1989, p. 2.
9. C. Whan Park, Sandra Milberg, and Robert Lawson, "Evaluation of Brand Extensions: The Role of Product Level Similarity and Brand Concept Consistency," Working Paper, University of Pittsburgh, 1990.
10. Deborah Roedder John and Barbara Loken, "Diluting Brand Equity: The Negative Impact of Brand Extensions," Working Paper, University of Minnesota, 1991.
11. John C. Maxwell Jr., "New Cereal Brands Put Snap in Market," *Advertising Age*, July 23, 1990, p. 43.
12. Al Ries and Jack Trout, *Positioning: The Battle for Your Mind* (New York: McGraw–Hill Book Company, 1985).
13. Walter Kennedy, "Marketing Solutions," *Adweek's Marketing Week*," January 2, 1989, pp. 44–45.
14. John Rossant, "Can Maurizio Gucci Bring the Glamor Back?" *Business Week*, February 5, 1990, pp. 83–84.
15. Kevin Lane Keller and David A. Aaker, "Managing Brand Equity: The Impact of Multiple Extensions," Working Paper, University of California at Berkeley, February 1990.
16. Mary Sullivan, "Measuring Image Spillovers in Umbrella Branded Products," Working Paper, University of Chicago, 1988.
17. Edward M. Tauber, "Brand Franchise Extension: New Product Benefits from Existing Brand Names," *Business Horizons*, Vol. 47, March–April, 1981, pp. 36–41.
18. David Kiley, "Chesebrough–Pond's Squeezes Another Brand Out of Vaseline," *Adweek's Marketing Week*, July 18, 1988, p. 21.

第10章

1. This section was stimulated by Kenichi Ohmae, "Getting Back to Strategy," *Harvard Business Review*, November–December 1988, pp. 149–156. (Carter Schuld of Yamaha provided helpful information.)
2. This section draws upon the excellent paper by Philip E. Hendrix, "Product/Service Consumption: Implications and Opportunities for Marketing Strategy," Working Paper, Emory University, 1986.

3. Barnaby J. Feder, "Baking Soda Maker Strikes Again," *The New York Times*, June 16, 1990, p. 17.
4. Jack J. Honomichl, "The Ongoing Saga of 'Mother Baking Soda'," *Advertising Age*, September 20, 1982, pp. M2–M3.
5. Linden A. Davis, Jr., "Market Positioning Considerations," in E. L. Bailey (Ed.), *Product-Line Strategies* (New York: The Conference Board, 1982), pp. 37–39.
6. Robert Hanson, "Angostura's Past Helps Revive Bitters," *Adweek's Marketing Week*, May 23, 1988, pp. 53–55.
7. Aimee Stern, "TI Liberates the Calculator," *Adweek's Marketing Week*, August 22, 1988, p. 3.
8. Matthew Grimm, "Waterloo, Iowa Wakes Up and Smells the Pepsi," *Adweek's Marketing Week*, November 27, 1989, pp. 2–4.
9. Ronald Alsop, "Giving Fading Brands a Second Chance," *The Wall Street Journal*, January 24, 1989, p. B1.
10. Joseph O. Eastlack, Jr. and Ambar G. Rao, "Modeling Response to Advertising and Pricing Changes from 'V-8' Cocktail Vegetable Juice," *Marketing Science*, Vol. 5, Summer 1986, pp. 245–259.
11. Ronald Alsop, "Folksy Ads Help in Reviving Old-Time Headache Powder," *The Wall Street Journal*, January 20, 1987, p. 18.
12. Theodore Levitt, "Marketing Success Through Differentiation—of Anything," *Harvard Business Review*, January–February 1989, pp. 83–91.
13. Foremost–McKesson: "The Computer Moves Distribution to Center Stage," *Business Week*, December 7, 1981, pp. 115–119; and Tom Peters, *Thriving on Chaos* (New York: Knopf, 1987), p. 110.
14. Tom Peters, *Thriving on Chaos* (New York: Knopf, 1987), pp. 56, 57, and 112.
15. Robert F. Hartley, *Marketing Mistakes*, 3d ed. (New York: Wiley, 1986), pp. 91–105.
16. For an excellent treatment of strategies in declining industries see Kathryn Rudie Harrigan, *Strategies for Declining Businesses* (Lexington, Mass.: Lexington Books, 1980); and Kathryn Rudie Harrigan and Michael E. Porter, "End-Game Strategies for Declining Industries," *Harvard Business Review*, July–August 1983, pp. 111–120.
17. Bill Saporito, "Has-Been Brands Go Back to Work," *Fortune*, April 28, 1986, pp. 123–124.
18. Milton Moskowitz, "Last Days of Chase & Sanborn," *The San Francisco Chronicle*, February 22, 1982, p. 56; and Ruth Stroud, "Chase & Sanborn Gets Back in the Chase," *Advertising Age*, Februry 25, 1985, p. 12.

第11章

1. David Kalish, "Cat Fight," *Marketing & Media Decisions*, April 1989, pp. 42–48.
2. Joseph M. Winski and Laurel Wentz, "Parker Pen: What Went Wrong?" *Advertising Age*, June 23, 1986, pp. 1, 60, 61, and 71.
3. Kamran Kashani, "Beware the Pitfalls of Global Marketing," *Harvard Business Review*, September–October 1989, pp. 91–98.